ARGUMENT
POLITIQUE SOCIÉTÉ HISTOIRE

17, n° 2, printemps-été 2015

www.revueargument.ca

SOMMAIRE

D1180950

Sous peine d'être ignorant

Contributions libres

DOSSIER
La mort en face

Présentation

> *L'homme ne pouvait plus tenir la mort à distance, ayant*
> *goûté de la douleur ressentie pour le défunt, mais il ne*
> *voulait pas l'admettre et se créa une âme immortelle, et*
> *un précepte premier entre tous : « Tu ne tueras point. »*
>
> Sigmund Freud
> *Considérations actuelles sur la guerre et la mort* (1915)

Après s'être débarrassée de tous les *arrière-mondes*, les considérant comme autant d'illusions, la modernité s'est retrouvée dans la situation de ne plus valoriser que la vie… et par conséquent de ne plus savoir trop que faire de la mort, qui, évidemment, n'a pas pour autant disparu. Les hommes sont mortels, quoi qu'en disent les chantres d'une humanité nouvelle, désireuse, voire capable, croient-ils, de repousser indéfiniment ou presque les limites de sa longévité. L'homme moderne, rejeton de ces Lumières qui ont contribué à reléguer au rang de colifichets toutes les consolations offertes jusqu'alors par les religions ou la métaphysique, ne peut donc ignorer la mort. Ce qui ne l'empêche pas de s'employer avec méthode à l'oublier. Car voilà que cette mort inévitable l'embarrasse. N'ayant plus en elle-même la moindre valeur et privée du sens qu'elle puisait dans l'espoir d'une *autre vie*, elle ne peut plus apparaître que de manière négative, dans sa scandaleuse nudité, comme le signe d'une injustice suprême, à corriger coûte que coûte.

La valorisation de la vie représente indéniablement une avancée de l'esprit. Mais elle a aussi son envers, et c'est celui-ci que nous voulons ici interroger, explorer.

Il est ainsi clair que considérer la vie comme le bien le plus précieux s'accompagne d'une difficulté particulière à accepter ce qui en est la négation souveraine et inévitable. Théoriquement plus conscient que ses ancêtres du caractère tragique de la mort, l'homme d'aujourd'hui a-t-il pour autant gagné en lucidité? Éloigné comme il l'est du cadre social et religieux qui, traditionnellement, s'efforçait de donner un sens à ses fins dernières, ne s'en remet-il pas plutôt, devant l'inévitable, à une forme de déni silencieux prenant le plus souvent la forme d'un refus obstiné d'y penser, d'affronter les conséquences existentielles de sa nature mortelle? D'où la tendance, soulignée par maints observateurs, de la société actuelle à éloigner la mort, à la tenir à distance par tous les moyens (euphémismes, refus d'en parler, de l'évoquer), à la cacher (dans des hôpitaux, derrière des rideaux tirés, au moyen de pratiques thanatologiques destinées à en masquer les traits les plus dérangeants, etc.), à la refouler enfin psychologiquement.

Poussons plus loin, à travers les textes qui suivent, la réflexion sur ce nouvel impensé. Cette mutation des mentalités à l'égard de la mort entraîne en effet de multiples conséquences, depuis les plus concrètes jusqu'à celles qui soulèvent des questions existentielles liées, par exemple, à la définition — ou à la redéfinition — du sujet humain lui-même.

Parmi les plus triviales, il y a les défunts eux-mêmes et le traitement réservé à leur dépouille. Ainsi, Valérie Garneau, présidente de la Corporation des thanatologues du Québec, attire l'attention sur les problèmes d'ordre éthique et juridique que posent aux thanatologues certaines demandes en matière de nouveaux rites funéraires. Pour sa part, Guillaume Cuchet analyse en historien ce «possible tournant anthropologique» (comme il l'écrit prudemment), c'est-à-dire en le replaçant dans la perspective d'une génération qui, sur bien d'autres sujets, a déjà fait couler beaucoup d'encre : celle des *baby-boomers*, qui arrive peu à peu à l'âge où l'on ne peut plus différer la pensée de sa propre mortalité. Dans une réflexion magistrale sur «Les vertus de notre condition mortelle», le célèbre scientifique et *scholar* américain Leon R. Kass s'interroge quant à lui sur les raisons pour lesquelles les Juifs se sont en général montrés très ouverts aux avancées de la recherche biomédicale, mais aussi sur les limites qui devraient peut-être être imposées à de telles recherches. Pierre-Jean Dessertine s'arrête lui aussi sur cette «immortalité-par-la-science» que font miroiter sous nos yeux les nouvelles technologies et sur les mobiles pour lesquels celle-ci doit être fermement rejetée[1].

Mais la mort, c'est aussi bien évidemment le moment du trépas, de l'agonie, où chacun est confronté à la plus intime de ses peurs : celle de n'être plus. Or, en Occident, aujourd'hui, la plupart des gens meurent seuls[2], dans un lit d'hôpital, sans être entourés de leurs proches, sans le secours des rites qui pourraient donner sens à cette expérience ultime, et souvent dans une demi-inconscience que favorise l'usage à peu près généralisé de la morphine. Tenter de pallier la détresse que connaissent les mourants et leurs proches dans ces derniers moments, telle est la fonction des «intervenants en soins spirituels», profession nouvelle dont Claudine Papin témoigne. C'est également à partir de ces derniers instants de la vie que Louis-André Richard tente de penser une relation féconde entre soins palliatifs hospitaliers et philosophie comme apprentissage de la mort, la possibilité d'aborder sereinement les rives d'une «belle mort». Quant à Benoît Castelnérac, c'est sous l'éclairage de la philosophie qu'il traite de la mort dans ses «Considérations atemporelles sur un thème inépuisable», où il aboutit à la conclusion, dont seule l'apparence est paradoxale, que «l'expérience de la mort» peut «nourrir l'amour de la vie».

Chacun à sa manière et selon leurs propres présupposés, les sept contributeurs du présent dossier interrogent les réalités actuelles de la mort profondément marquées par l'indéniable nouveauté anthropologique qu'est une vie humaine qui trouve sa justification en soi, soustraite aussi bien aux anciennes perspectives métaphysiques qu'à une quelconque transcendance.

Marie-Andrée Lamontagne
Patrick Moreau

---

1. Sur tous ces sujets liés à la quête d'une forme technicienne d'immortalité et à leurs enjeux, on ne peut pas ne pas mentionner l'excellente contribution de la sociologue québécoise Céline Lafontaine : *La société postmortelle*, Paris, Seuil, 2008.

2. Norbert Elias a consacré un bel essai à cette *Solitude des mourants* (Paris, Christian Bourgois, 2012).

Petit lexique contemporain de la mort[1]

ACHARNEMENT : n. m. – 1611 ◊ de *acharner* Ardeur furieuse et opiniâtre dans la lutte, la poursuite, l'effort. – LOC. *Acharnement thérapeutique* : utilisation systématique de tous les moyens médicaux pour garder en vie qqn qui est perdu. [PR]

AIDE : n. f. – 1268 : *aiudha* ◊ de *aider* I Action d'aider 1 Action d'intervenir en faveur d'une personne en joignant ses efforts aux siens. [PR]

AIDE MÉDICALE À MOURIR : Fait pour un professionnel de la santé de fournir un service médical, qu'il s'agisse de soins ou de toute autre intervention, dans le but d'aider son patient à mourir dans des conditions strictes, à la demande de ce dernier, que ce soit en lui fournissant des moyens de mourir, soit en l'aidant directement à mourir. Cette aide est limitée aux personnes majeures, aptes à consentir aux soins, atteintes d'une maladie grave et incurable qui provoque des souffrances constantes et insupportables à un stade où le déclin est avancé et irréversible. [T]

AIDE MÉDICALE AU SUICIDE : lorsqu'un médecin, sciemment et intentionnellement, fournit à une personne les connaissances et (ou) les moyens nécessaires pour mettre fin à sa propre vie, notamment en lui donnant des conseils au sujet de doses mortelles de médicaments, en lui fournissant l'ordonnance nécessaire pour les obtenir les doses mortelles en question ou en lui fournissant les médicaments. On considère souvent que l'euthanasie et l'aide médicale au suicide s'équivalent sur le plan moral, même s'il existe clairement entre les deux une distinction sur le plan pratique de même que devant la loi. [A]

EUTHANASIE : n. f. – 1711 ◊ de *eu-* et du grec *thanatos* « mort » 1 MÉD. VX Mort douce et sans souffrance. 2 (1907) COUR. Usage de procédés qui permettent d'anticiper ou de provoquer la mort, pour abréger l'agonie d'un malade incurable ou lui épargner des souffrances extrêmes. *Euthanasie active* (par administration de substances), *passive* (par suspension de soins). [PR]

MÉDICAL, ALE, AUX : adj. – 1752 : « qui guérit » 1660 ◊ du latin *medicus* « médecin ». Qui concerne la médecine. [PR]

---

1. Les définitions sont tirées de : A : Association médicale canadienne, 2014 ; PR : *Petit Robert*, 2011 ; T : *Thesaurus de l'activité gouvernementale*, Services Québec. Compilé par Marie-Andrée Lamontagne.

MORT : n. f. – fin IXe ◊ du latin *mors, mortis* I Cessation définitive de la vie (d'un être vivant) 1 Cessation de la vie, considérée comme un phénomène inhérent à la condition humaine ou animale. 2 Fin d'une vie humaine (ou animale), circonstances de cette fin. 3 (XIVe) Cette fin provoquée. 4 Terme de la vie humaine considérée dans le temps. 5 BIOL. MÉD. Arrêt complet et irréversible des fonctions vitales (d'un organisme, d'une cellule) entraînant sa destructions progressive. *Mort apparente* : arrêt temporaire ou ralentissement extrême des fonctions cardiaques et respiratoires. *Mort clinique*, constatée par un examen critique, correspondant à un arrêt brutal des fonctions cardiaques, respiratoires, cérébrales. *Mort biologique* : arrêt du métabolisme des cellules (surtout nerveuses). *Mort cérébrale* : cessation de l'activité électrique de l'encéphale mise en évidence par électroencéphalogramme plat. II Sens figurés 1 *Mort civile* : privation définitive des droits civils. – (fin XIIe) RELIG. *La mort éternelle, de l'âme* : la condamnation du pécheur aux peines de l'enfer. 2 (1670) Destruction (d'une chose). 3 (milieu XVe) Douleur mortelle. 4 LOC. *La petite mort* : l'orgasme. [PR]

MOURIR : v. intr. – fin X^e ◊ du latin *morire*, de *moriri* «mourir» I Cesser d'exister A. (Êtres vivants) 1 Cesser de vivre, d'exister, d'être 2 (XIXe) PAR EXAGÉR. Dépérir 3 FIG. (fin XIIe) Éprouver une grande affliction. [PR]

PALLIATIF, IVE : adj. et n. m. – 1314 ◊ latin médiéval *palliativus* 1 MÉD. Qui atténue les symptômes d'une maladie sans agir sur sa cause. *Soins palliatifs*, donnés à des malades incurables, des personnes en fin de vie. [PR]

SÉDATION PALLIATIVE : utilisation de médicaments sédatifs chez un patient atteint d'une maladie en phase terminale, dans l'intention de soulager la souffrance et de gérer les symptômes. L'intention n'est pas d'accélérer le décès, bien que la mort puisse être une conséquence prévisible, mais non voulue de l'utilisation de tels médicaments. Il ne s'agit PAS d'euthanasie ou d'aide médicale au suicide. [A]

SUICIDE : n. m. – 1734 ◊ du latin *sui* «de soi» et *cide*, d'après *homicide*. Le fait de se tuer, de donner la mort. 1 Action de causer volontairement sa propre mort (ou de le tenter) pour échapper à une situation psychologique intolérable, lorsque cet acte, dans l'esprit de la personne qui le commet, doit entraîner à coup sûr la mort. 2 PAR EXT. Le fait de risquer sa vie sans nécessité. 3 FIG. Action de se détruire, de se nuire. 4 EN APPOS. Qui comporte des risques mortels. [PR]

Quand le souci des morts rejoint celui des vivants

Valérie Garneau

Entretien avec Patrick Moreau

> *Montrez-moi la façon dont une nation ou une société s'occupe de ses morts, et je vous dirai avec une raisonnable certitude les sentiments délicats de son peuple et sa fidélité envers un idéal élevé.*
>
> William Ewart Gladstone

Dans une lettre ouverte au ministre de la Santé et des Services sociaux Gaétan Barrette publiée dans Le Devoir *le 17 novembre dernier, vous avez attiré l'attention sur certains problèmes que rencontrent depuis quelques années les thanatologues. Disons, pour résumer, que la sécularisation ainsi que l'individualisme croissant de la société amènent en matière de cérémoniaux ou simplement de pratiques funéraires des changements profonds, une volonté de certains mourants ou de certaines familles de rompre avec les traditions et de créer des rituels nouveaux, plus personnalisés. Pouvez-vous donner des exemples de telles demandes inédites auxquelles vous-mêmes ou d'autres thanatologues avez ainsi été confrontés?*

Il faut d'abord préciser que la plupart des gens, pour ce qui est de leurs funérailles, ont encore des exigences traditionnelles. Mais on commence tranquillement à recevoir des demandes plus inusitées et parfois surprenantes. Une femme nous a ainsi récemment demandé à être, au moment de son décès, exposée assise sur une chaise, un livre entre les mains. Un homme souhaitait quant à lui être exposé dans le bar qu'il avait l'habitude de fréquenter. On peut dire qu'en général les gens plus âgés sont plus traditionnels, et que les baby-boomers ont des demandes de plus en plus spéciales. En fait, ce qu'on entrevoit, ce sont des pratiques déjà très présentes dans les funérariums aux États-Unis.

Dans la même lettre, vous évoquez également la « décence humaine ». Concrètement, quels cas de conscience, ou problèmes moraux, certaines de ces demandes sont-elles susceptibles de poser aux thanatologues ?

L'un des principaux problèmes que pose ce genre d'exposi-tions a trait à leur impact sur ceux qui y assistent et qui ont un deuil à faire. Je ne crois pas que voir sa mère ou sa grand-mère, mortes, assises sur une chaise exactement comme elles l'étaient de leur vivant permette à la famille et aux proches de comprendre qu'elles sont décédées et de faire correctement leur deuil. Un confrère me racontait qu'on lui a demandé, il y a peu, de placer à la verticale plutôt qu'à l'horizontale le cercueil où le défunt était exposé. Imaginez les gens qui entrent dans la salle et qui voient ainsi un défunt debout ! C'est un peu étrange, non ? Le problème est que la loi ne fixe à peu près aucune limite à ces pratiques. Si un naturiste, par exemple, demande à être exposé nu, il n'y a pas grand-chose, juridiquement, qui permette de lui dire non. Et si on lui dit non, il s'adressera à quelqu'un d'autre.

Vous exigez justement du ministre Barrette qu'il légifère afin de permettre aux thanatologues de refuser éventuellement des demandes qui leur sont faites. Quels genres de problèmes juridiques peuvent en effet poser certaines d'entre elles ? Et quelles balises minimales faudrait-il que le législateur fixe pour les encadrer ?

Il faut des balises, oui, parce qu'il y a des demandes formu-lées lors des préarrangements funéraires qui soulèvent des questions légales. Et que, de ce point de vue, de nombreux aspects des services funéraires restent flous. Prenons le cas d'un homme qui ne souhaite pas être exposé après son décès, mais qui demande, en revanche, que son cercueil soit ouvert au cimetière, avant la mise en terre, afin que ses enfants puissent constater *de visu* que c'est bien leur père qui va être enterré. Or, la loi dit qu'on ne peut pas ouvrir un cercueil dans un lieu public si le défunt n'a pas été préalablement embaumé. Donc, normalement, le thanatologue devrait refuser une telle demande. Mais il y a toujours moyen, comme on dit, de moyenner : entrouvrir un cercueil aux seules fins d'identification est-ce exposer un corps ? Peut-être, mais la loi ne le précise pas.

Autre exemple : il n'existe actuellement au Québec aucune loi sur la disposition des cendres. Or, il y a quelques années, une dame a été mise en accusation en Estrie pour avoir, par esprit de vengeance, jeté les cendres d'un défunt dans un cours d'eau. Elle a été reconnue coupable d'outrage commis sur des restes humains et condamnée, mais pour ce faire le juge a dû se reporter à des lois en vigueur dans les autres provinces, car il ne trouvait rien à ce sujet dans la législation québécoise. De la même manière, bien des gens dispersent les cendres dans le fleuve. Aucune loi québécoise ne l'interdit. En revanche, il existe une loi fédérale qui interdit expressément la dispersion des cendres dans les fleuves ou les rivières, à moins qu'elles ne soient enfermées dans un contenant hermétique lui-même conçu de manière à reposer au fond du cours d'eau.

Un dernier cas, si vous le voulez bien : j'ai moi-même été témoin d'agissements pour le moins problématiques concernant les cendres. Une femme avait décidé de répandre celles de son époux dans un parc où il aimait se promener, et donc elle les dispersait sur les pelouses, dans les taillis, etc., tandis que les enfants jouaient un peu plus loin… Une telle manière de faire n'est pas aujourd'hui explicitement interdite.

De la même façon, aucune loi n'interdit la subdivision des cendres.

Le problème n'est pas qu'immédiat. Que feront nos enfants de l'urne contenant les cendres de leur grand-père qui trône sur le meuble du salon ? Aujourd'hui, après un déménagement, on trouve fréquemment des cendres au fond d'un vieux placard. Qu'est-ce qu'on en fait ? On les met tout simplement aux ordures ? Une femme de ma connaissance dont la mère venait d'être confiée à un centre de soins prolongés a découvert les cendres de son père au fond d'un sac de golf dont elle allait se débarrasser. C'est là un aspect important de la question auquel le législateur doit penser.

Il n'existe pas non plus de loi, au Québec, qui encadre la pratique de l'incinération. On pourrait probablement, de ce fait, incinérer deux corps côte à côte; s'il existe actuellement une loi qui l'interdit — ce que j'ignore —, elle vient sans doute du ministère de l'Environnement et non pas de celui de la Santé, dont relève pourtant la pratique des thanatologues.

Concernant l'embaumement, j'y ai fait allusion, la seule loi qui existe stipule simplement qu'on ne peut exposer un corps plus de vingt-quatre heures après le décès, à moins qu'il n'ait été préalablement embaumé. En dehors de cette règle, rien n'empêche d'exposer un corps dénudé, ou assis, ou bien encore à l'extérieur.

Ce qu'on demande donc au gouvernement, c'est de se doter d'une loi qui nous permette, et qui permette à nos clients, de connaître précisément les limites à ne pas dépasser. Le besoin est d'autant plus criant qu'en raison de la diversité culturelle, plus grande aujourd'hui qu'autrefois, en raison aussi de l'individualisme ambiant, les rituels deviennent très différents d'une personne à l'autre et que nous sommes confrontés à des demandes de plus en plus diverses auxquelles il nous faut réagir et nous adapter. Dans certaines religions, par exemple, l'exposition doit impérativement avoir lieu à la maison. D'accord. Mais à quelles conditions? Quelles sont les normes à respecter? Une autre religion, à vrai dire il s'agit plutôt d'une secte — celle des raéliens, je crois —, exige qu'on prélève un os ou un fragment d'os sur le défunt. Or cela contrevient à une loi qui interdit la mutilation des corps. Dernier exemple de cas litigieux : un proche a demandé qu'on coupe un orteil au défunt et qu'on le dépose dans l'urne avec les cendres, de manière à conserver son ADN. Que faire quand on est confronté à de telles demandes? Je crois pour ma part que c'est au législateur de trancher.

Selon vous, les problèmes que vous rencontrez en tant que professionnels du domaine funéraire sont-ils le signe d'un malaise plus général de la société contemporaine par rapport à la mort?

Oui. On a caché la mort. Au début du siècle dernier, on exposait encore les corps à la maison et on vivait beaucoup plus en compagnie de la mort. Aujourd'hui, on meurt à l'hôpital et on incinère ensuite les dépouilles très rapidement. Et puis, on ne veut plus parler de la mort. Les seuls qui veulent en parler, ce sont les enfants. Les adultes, eux, repoussent la question le plus loin possible. Or, l'incinération rapide après le décès et le refus de parler de la mort privent en quelque sorte les proches de leur deuil. D'ailleurs, la société actuelle n'a pas de temps pour le deuil ; les congés par exemple, suite au décès d'un parent, sont très courts. On veut que les gens se remettent très vite de leur peine, et reprennent rapidement le travail.

Mais on voit aussi se dessiner un changement ; on observe ainsi chez les plus jeunes un retour relatif à la tradition : l'exposition, l'inhumation, etc. Comme s'ils éprouvaient un manque de rituels. Mais les baby-boomers, eux, voient les choses différemment. Ils veulent souvent réinventer des rituels, plus personnalisés, très différents des rituels religieux qu'ils ont connus autrefois. Ils vont par exemple faire incinérer très vite le corps, puis organiser en guise d'obsèques une grosse fête où l'on parlera du disparu. Si prendre ainsi un verre en son honneur fait du bien à ceux qui restent, tant mieux. Car c'est bien cela le rôle des rituels qui entourent la mort. Ils aident à faire le deuil. De notre point de vue, tout le problème est là. Car aider à faire le deuil est une part importante du travail des thanatologues.

Quand on a voulu former un ordre professionnel, le gouvernement a rétorqué que ce n'était pas nécessaire, puisque nous ne pouvions en aucune façon nuire à nos patients : ils étaient déjà morts ! En fait, notre véritable responsabilité ne s'exerce pas à l'égard des morts, mais à l'égard des vivants, de ceux qui restent. Notre véritable responsabilité consiste à permettre aux gens de faire un deuil digne de ce nom.

Valérie Garneau est présidente de la Corporation
des thanatologues du Québec.

La mort annoncée des baby-boomers : un possible tournant anthropologique

Guillaume Cuchet

Comment les baby-boomers entendus au sens large, qui ont aujourd'hui entre cinquante et soixante-dix ans, vont-ils faire pour mourir? Avec quels effets, à court et moyen terme, sur nos attitudes face à la mort? Et comment font-ils, d'ores et déjà, pour vieillir, être malades, enterrer leurs parents et se consoler de la perte de ceux qui leur sont chers? À cette batterie de questions un peu étranges (on est plus habitué, les concernant, à s'interroger sur l'avenir du financement des systèmes de retraite ou les conséquences du vieillissement de la population), on sera peut-être tenté de répondre de prime abord : comme ils pourront, c'est-à-dire probablement pas très bien, mais ni plus ni moins que leurs prédécesseurs puisque, comme le disait déjà François Villon, «quiconque meurt, meurt à douleur», et qu'on ne voit pas ce qui pourrait venir, dans un futur proche, bouleverser cette donnée de base de la condition humaine. Aussi bien ne s'agit-il pas de savoir s'ils mourront «mieux» ou «moins bien» que les autres — le moyen d'en juger? —, mais si, à cette occasion, ils ne vont pas, comme on croit le pressentir, introduire du nouveau dans les annales anthropologiques de l'humanité.

Car si les baby-boomers forment bien cette génération «mutante» si souvent décrite par les sociologues et les historiens depuis vingt ou trente ans, on peut légitimement se demander si, après avoir révolutionné la jeunesse, le mariage, la sexualité, la parentalité, la religion et désormais la vieillesse, ils ne finiront pas, pour terminer, par révolutionner la mort elle-même. À moins que, le fait d'être devenu vieux atténuant celui d'appartenir à cette génération révolutionnaire — l'«effet d'âge» corrigeant l'«effet de génération», en termes techniques —, ils ne reviennent en nombre à des modèles plus traditionnels dont le potentiel de consolation aura finalement été jugé par eux sans équivalent pour franchir cette dernière étape. Ce ne serait pas la première fois en effet qu'on verrait la mort geler ou ralentir une évolution culturelle. Les historiens de la première guerre mondiale ont pu montrer, par exemple, que le deuil de masse avait, en lui donnant une sorte de rallonge d'existence, renforcé la religion du cimetière et des morts du dix-neuvième siècle parce que, sur le moment, aucune formule nouvelle n'avait paru capable de s'y substituer avantageusement[1]. Le modernisme culturel peut bien représenter un gain en termes d'intelligibilité ou de capacité à exprimer le désespoir et la révolte, il aide rarement à mourir et les attitudes devant la mort sont en général plus familières des rythmes lents et des évolutions insensibles.

En général, mais pas toujours.

Une question d'actualité

Or, la question est d'actualité. Il suffit de jeter un coup d'œil à la pyramide des âges pour s'en rendre compte. Certes, elle n'a pas exactement le même profil selon les pays: le «gâteau» français ou états-unien, avec sa base relativement large, diffère sensiblement du «losange» allemand ou italien, mais, dans tous les cas, les baby-boomers forment dans les pays occidentaux une génération nombreuse qui se présente sous la forme d'un rectangle massif d'une vingtaine de cohortes, nées en gros entre 1945 et 1965.

En France, pays de tradition malthusienne où la transition démographique était déjà pratiquement terminée à la fin du dix-neuvième siècle, le baby-boom a été particulièrement spectaculaire et il s'est traduit dans les générations nées après

---

1. Voir sur ce point les analyses de Jay Winter dans *Sites of Memory : Sites of Mourning*, Cambridge, Cambridge University Press, 1995.

1945 par un surcroît de 200 000 à 250 000 naissances tous les ans par rapport à la natalité des années 1930.

Ces cohortes plus nombreuses ont été, par ailleurs, épargnées par les guerres auxquelles leurs prédécesseurs ont payé un lourd tribut, comme en témoignent, dans les pyramides plus anciennes, les grandes échancrures correspondant aux deux conflits mondiaux. Après 1962, en France, s'est achevé un « double cycle guerrier [2] » particulièrement meurtrier : celui des deux guerres mondiales, inauguré en 1870 par la défaite face à la nouvelle Allemagne et la perte de l'Alsace-Lorraine, et celui des guerres coloniales, marqué par la succession de la guerre d'Indochine (1946-1954), guerre lointaine conduite par des professionnels, et de la guerre d'Algérie (1954-1962), à laquelle le contingent a participé à partir de 1956, c'est-à-dire peu ou prou, par fils interposés, l'ensemble de la société française.

La particularité des baby-boomers est qu'ils sont parvenus à l'âge adulte après la fin de ce double cycle, de sorte qu'ils ont été largement épargnés par ses conséquences matérielles, physiques et psychologiques. Ils arrivent donc aujourd'hui près de la chute finale, sinon tout à fait au complet, du moins inhabituellement préservés, n'étaient les décès assez nombreux dus dans les décennies précédentes au cancer (plus qu'au sida) et aux accidents de la route (très fréquents jusque dans les années 1990). La montée du divorce et de la dérégulation conjugale dans les classes moyennes, bien analysée dans les romans de Michel Houellebecq, après avoir dans un premier temps accru les inégalités entre « gagnants » et « perdants » sur le nouveau marché sentimental et sexuel, est à l'origine de cas de plus en plus nombreux de solitude complète devant la vieillesse et la mort. La canicule de 2003 en France et les cadavres de personnes âgées retrouvés en nombre significatif parfois plusieurs semaines après leur décès ont révélé une situation insoupçonnée.

Les évolutions récentes de notre régime démographique, dues notamment aux progrès considérables de la médecine, sont à l'origine d'une double évolution.

---

2. J.-F. Sirinelli, *Les baby-boomers. Une génération 1945-1969*, Paris, Fayard, 2003, p. 70.

En premier lieu, les baby-boomers enterrent leurs parents de plus en plus tard, ce qui a pour effet non seulement de retarder considérablement la survenue de cet évènement capital dans la maturation personnelle qu'est la levée du rideau de protection face à la mort qu'ils constituent, mais, compte tenu des progrès de la médecine et de l'allongement de la durée de la vie, de leur faire toucher du doigt très concrètement ce qu'est devenue la fin de vie dans notre société et ce qui les attend s'ils se prolongent indéfiniment (surmédicalisation, dépendance etc.). Non seulement la «mort-délivrance» de leurs parents donne à leurs obsèques les allures d'une libération, mais il est probable que cette expérience traumatisante ne soit pas pour rien dans la montée, partout palpable, du désir d'euthanasie dans notre société, tout particulièrement dans cette génération.

En second lieu, la majorité des décès se concentrent désormais après soixante-cinq ans. En amont, nos contemporains y ont gagné une sécurité psychologique extraordinaire, inconnue des âges antérieurs, que certains observateurs ont pu comparer à un «sentiment d'immortalité[3]», même s'il est tempéré, à partir de quarante ans, par la menace planante du cancer. La démographie actuelle, en ce sens, a rejoint les vœux de l'inconscient dont Freud disait que, comme les religions, il ne «croyait» pas à notre mortalité. Elle lui permet en tout cas de s'entretenir dans cette illusion plus longtemps et plus sûrement qu'autrefois. L'ordre de passage des générations face à la mort s'est mécanisé et il est devenu quasi infaillible, de sorte qu'une génération, tant qu'elle n'est pas en première ligne, reste largement à l'abri des questions qui fâchent. Tout au plus l'allongement de la durée de la vie fait-il que désormais un nombre croissant de parents ont de bonnes chances de voir leurs enfants vieillir et parfois mourir. Le revers de la médaille de ce gain bien réel en termes de sécurité est qu'au-delà de soixante-cinq ans se produit un effet de rattrapage particulièrement anxiogène puisque, la mortalité finale d'une génération étant toujours de 100 %, elle doit désormais disparaître intégralement en trente ans, moyen-

---

3. P. Yonnet, *Le recul de la mort. L'avènement de l'individu contemporain*, Paris, Gallimard, «NRF», 2006.

nant une assez déplaisante impression collective d'embarquement pour nulle part. Nous y sommes.

Les invasions barbares

Un des premiers, à ma connaissance, à avoir posé parmi nous cette question décisive est Denys Arcand en 2003 dans son grand film *Les invasions barbares*, qui venait à la suite du déjà très inspiré *Déclin de l'empire américain* sorti en 1986. Il suffira d'y renvoyer les spécialistes de sciences humaines qui s'interrogent parfois sur l'intérêt des « sources filmiques » dans le développement de leur discipline.

Le film porte précisément sur la mort d'un baby-boomer issu de la chrétienté québécoise des années 1950 (il est censé être né à Chicoutimi en 1950), qui a vécu avec beaucoup d'entrain toutes les « libérations » des décennies suivantes, surtout la « libération sexuelle », ainsi que toutes ses modes politiques et intellectuelles : indépendantisme, souverainisme, existentialisme, marxisme, structuralisme, maoïsme etc., tous « ismes » qui ont manifestement fonctionné pour lui et ses amis comme autant de voies de sortie, successives ou simultanées, de l'« Isme » par excellence qu'était le catholicisme.

Dans une scène mémorable, un vieux prêtre fait visiter à une jeune femme, commissaire-priseur, des entrepôts souterrains de l'archidiocèse de Montréal remplis de statues sulpiciennes, de vases sacrés et de mobilier liturgique, désormais sans usage. « Vous savez, lui dit-il, ici autrefois tout le monde était catholique, comme en Espagne ou en Irlande. Et, à un moment très précis en fait, pendant l'année 1966, les églises se sont brusquement vidées, en quelques mois. C'est un phénomène très étrange que personne n'a jamais expliqué. Alors maintenant on ne sait plus quoi faire avec cela. Les autorités voudraient savoir si quelque chose a une valeur quelconque. » À quoi la jeune femme, un peu embarrassée, est obligée de répondre que non, sinon peut-être « pour les gens d'ici », du point de vue de la « mémoire collective ».

L'intelligence du film est d'avoir choisi de faire mourir le personnage principal vers cinquante ans, c'est-à-dire de façon relativement prématurée au regard des tendances actuelles de la démographie. Il est donc symboliquement le premier «sortant» de sa génération, c'est-à-dire celui pour qui se pose avec le plus d'acuité le problème de savoir comment mourir, *crash test* décisif de tout système de valeurs, comme de toute révolution culturelle. Il serait probablement mort à l'hôpital dans la solitude et l'oubli si son épouse, abondamment trompée par le passé (voir sur ce point les glaçantes humiliations de la fin du *Déclin de l'empire américain*), n'avait, par un reste de conjugalité traditionnelle, entrepris de l'accompagner jusqu'au bout et appelé pour cela à son secours son fils et ses amis.

Il pourrait alors opter pour une version modernisée de la religion de son enfance, celle que lui présente, avec beaucoup d'humanité, la religieuse en civil de l'hôpital avec qui il a des discussions régulières, y compris sur l'inévitable «silence» de Pie XII face à la Shoah qui nous vaut, comme il fallait s'y attendre, un pic de vertueuse indignation rétrospective. «Acceptez le mystère et vous êtes sauvé», lui dit-elle, dans une formule où le salut apparaît certes encore comme conditionnel, pas tout à fait acquis, mais assez bon marché tout de même, conformément aux tendances «rousseauistes» qui prévalent dans le catholicisme depuis le concile Vatican II (1962-1965).

Telle n'est pourtant pas la voie qu'il emprunte. Le baby-boomer selon Arcand ne viendra pas à résipiscence *in articulo mortis*, comme le pécheur des anciens catéchismes. Pas à vue d'homme, du moins. Loin de mourir dans la pénitence finale et la religion retrouvée, après avoir pris de l'héroïne à la fin de sa vie pour éviter de souffrir, il invente avec ses amis et l'aide de son fils, *trader* à la City, un nouvel art de mourir plus adapté à ce qu'ils sont devenus. Il meurt donc par euthanasie, à la campagne (et non à l'hôpital), au milieu de sa «tribu» (ses amis, ses anciennes maîtresses, son ex-femme, tous réunis sur un pied d'égalité), dans un bouquet final d'hédonisme impénitent d'autant plus pur ou héroïque qu'il est désormais contemplatif, faute de pouvoir encore être pratiqué. Comme ce genre de contemplation ne peut pas durer très longtemps, après avoir assisté à un dernier repas gastronomique et fait d'ultimes avances à l'infirmière compatissante venue lui apporter, en dehors de ses heures de service, l'injection mortelle, il conclut son existence par cette formule bien frappée : «Chers amis, j'ai eu beaucoup de plaisir à partager cette modeste vie en votre compagnie, et ce sont vos sourires que j'emporte avec moi. »

Les inconnues d'une projection

Qu'en sera-t-il — qu'en est-il d'ores et déjà peut-être — des baby-boomers de chair et d'os ? Est-il imaginable de les voir évoluer en nombre significatif vers des scénarios de sortie de l'existence de ce genre ? Le succès du film en tout cas paraît indiquer qu'il a saisi une attente collective, mais peut-on aller plus loin ? Les sociologues se risquent rarement à émettre des pronostics de ce genre, ce qui est un peu dommage (même si on les comprend) parce qu'une projection argumentée, qu'elle s'avère en définitive bonne ou mauvaise, est toujours, rétrospectivement, une source éclairante pour l'historien.

Commençons par signaler quelques inconnues de taille qui rendent périlleuse la projection en question.

La première tient évidemment à la diversité interne de cette génération, qui est grande et qui nous garantit à tout le moins que tous les cas seront représentés. Le « héros » d'Arcand est un baby-boomer de chrétienté (au sens sociologique du terme), passé par le petit séminaire, qui a connu dans son enfance le « boom » religieux des années 1950 désormais bien repéré par les historiens, mouvement qui n'est pas étranger aux phénomènes de décompensation brutale qui ont marqué les deux décennies suivantes. On lui trouverait des équivalents ailleurs, dans d'autres pays ou d'autres régions, comme la Bretagne. Mais tous n'ont pas connu ce type de parcours. En France, les situations étaient très contrastées. Le spécialiste de sociologie religieuse qu'était Fernand Boulard estimait que le taux de pratique dominicale au milieu des années 1960 était de 25 % environ. Mais la moyenne ne signifiait pas grand-chose puisqu'un même dimanche, il pouvait être de presque 100 % dans un village du nord de la Vendée et de 0 % dans un autre village de la Creuse. Il ne faut pas perdre de vue non plus que les cohortes les plus anciennes, nées entre 1945 et 1950 *grosso modo*, ont souvent un profil assez différent de celles qui ont suivi. Parce qu'elles ont reçu une autre éducation et qu'elles ont mieux connu le « monde d'hier », elles constituent une «génération courte» assez particulière qui ne quittera peut-être pas ce monde de la même manière que ses cadets.

La deuxième inconnue tient à la question cruciale de savoir si les baby-boomers, en vieillissant, modifieront leur comportement et reviendront dans les églises ou les allées des cimetières, comme ils ont pu le faire dans leur enfance avec leurs parents et grands-parents (sans toujours en garder de bons souvenirs). Les travaux qui se sont multipliés ces dernières années sur la «crise religieuse des années 1960» ont tous insisté sur l'aspect générationnel de la rupture : ce sont les adolescents du milieu des années 1960 qui, avec ou sans le consentement de leurs parents (c'est un autre problème), ont «cassé» le système. Autrefois, les enfants étaient plus pratiquants que les jeunes et les jeunes que les adultes, même si un décrochage spectaculaire se produisait après la communion ou la confirmation. À partir du milieu des années 1960, les jeunes sont devenus le groupe le moins pratiquant de la société. En remontant dans la pyramide des âges, les baby-boomers en ont mécaniquement laminé tous les échelons, avant que la rupture ne s'élargisse encore à la génération suivante. En Europe, à la différence de ce qui paraît s'être passé aux États-Unis, ils sont peu revenus dans les églises dans les années 1970 pour y élever leurs enfants. Y reviendront-ils pour vieillir et mourir? Dans les enquêtes de pratique religieuse des années 1950-1960 en France, on constatait qu'une génération, sauf évènement imprévu, avait tendance à prendre ses positions philosophiques et religieuses vers vingt ans et à s'y tenir jusqu'au bout, même si l'on constatait un léger ressaut final de la courbe lié aux loisirs de la retraite, au veuvage et à l'aiguillon de la mort. Les baby-boomers procéderont-ils différemment? Ce serait bien étonnant.

Une autre inconnue est liée à l'attitude des femmes. Compte tenu de leur longévité supérieure (quatre-vingt-cinq ans contre soixante-dix-neuf pour les hommes, aujourd'hui en France), ce sont elles qui en décideront en grande partie parce qu'elles enterreront la génération, avec le concours de leurs enfants et petits-enfants. Or ce que les sociologues appelaient autrefois (avant la mode du *gender*), dans leur langage métallique, le «dimorphisme sexuel de la pratique religieuse», c'est-à-dire le fait que les femmes sont toujours plus pratiquantes que les hommes et que, moins le pays est religieux, plus l'écart est important, reste en grande partie vrai pour cette génération. Le phénomène pourrait limiter les évolutions en cours.

Comment, par ailleurs, se solderont au lit de mort les parcours conjugaux et sentimentaux chaotiques de beaucoup de baby-boomers ? Par quelle réconciliation ou absence de réconciliation ? Et si le deuil est bien, comme on le sait depuis Freud et ses prédécesseurs, l'une des sources de la vie onirique, quels effets *post-mortem* faut-il en attendre ? Quels revenants de nouvelle génération, produits nocturnes du désordre sentimental et familial contemporain, viendront hanter nos nuits et celles de nos enfants ?

Vers un nouveau système de la mort?

Un nouveau système de la mort, c'est-à-dire à la fois un nouvel art de mourir, de nouveaux rituels funéraires et un nouveau rapport aux morts, se cherche manifestement parmi nous, dans le cinéma, la littérature, les arts etc., et probablement aussi dans la vie réelle. Les exemples sont légion. Pensons, par exemple, à la filmographie du dernier Clint Eastwood qui est comme hantée par cette question. Il suffit de parcourir les rayons « ésotérisme » (généralement fort bien fournis) d'un magasin de produits culturels de consommation courante, type Fnac ou Virgin en France, pour constater, devant le nombre des livres sur l'au-delà et les *near death experiences*, à quel point la question de la mort est loin d'avoir déserté la mentalité contemporaine.

Si l'on replace le phénomène dans le temps long, on peut dire que ce n'est pas la première fois qu'une telle mutation se produit dans l'histoire des attitudes occidentales devant la mort. La précédente, dans une chronologie française, date des années 1770-1840. Elle a été marquée par la naissance de ce que Philippe Ariès a appelé la « mort romantique », en commençant par les milieux de la bourgeoisie et de l'aristocratie, et par la mise en place d'un nouveau système funéraire très différent de celui qui prévalait sous l'Ancien Régime. Celui-ci était marqué par l'idéal de l'inhumation *ad sanctos* (le plus près possible des autels), la dualité du système de sépultures à la fois dans (si possible) et autour des églises (qui étaient pleines de cadavres et d'ossements) et une grande familiarité avec les corps morts. Avec beaucoup d'intelligence des enjeux anthropologiques de la période, Philippe Muray a fait du transfert en 1786 des restes du cimetière des Saints-Innocents à Paris vers les nouvelles catacombes le vrai départ de la révolution moderne, trois ans avant la Révolution proprement dite[4].

À cet Ancien Régime funéraire a succédé au dix-neuvième siècle un nouveau système marqué par le transfert progressif des cimetières à la périphérie des agglomérations (c'est déjà le cas de la moitié des grandes villes de France à la veille de la Révolution), l'idéal social de la concession funéraire et du tombeau, la hantise de la fosse commune, le pèlerinage régulier sur les tombes accompagné de dépôts de fleurs et de couronnes.

Cette religion des morts du dix-neuvième siècle était fondamentalement une religion du deuil, au sens où le travail du deuil était devenu la source principale de la religiosité et son dernier bastion. Après en avoir été la matrice originelle (selon une hypothèse anthropologique en vogue à l'époque, notamment dans l'œuvre du théoricien de l'animisme Edward Tylor), le deuil semblait devoir en être l'ultime étape: la «porte de sortie», après la «porte d'entrée». D'où le spiritisme culturel latent de cette société qui s'est exprimé de bien des manières, bien au-delà de la naissance du spiritisme proprement dit[5]. Religion du deuil, cette religion des morts était aussi, à bien des égards, une religion de la sortie du catholicisme, même si elle devait encore beaucoup à sa matrice cultuelle originelle, comme l'avait très bien vu au départ le clergé, qui n'y reconnaissait pas ses propres usages, même s'il a fini par s'y rallier.

Le «long dix-neuvième siècle» de cette religion des morts, dont le cimetière du Père-Lachaise à Paris avait été l'un des principaux laboratoires, s'est prolongé fort avant dans le vingtième. La rupture collective avec elle ne remonte pas avant le milieu des années 1960, même si elle a été préparée dans les vingt ou trente ans qui ont précédé. La naissance en France de l'historio-

---

4. Philippe Muray, *Le XIXᵉ siècle à travers les âges*, Paris, Denoël, 1984.
5. Je me permets de renvoyer ici à mon livre, *Les voix d'outre-tombe. Tables tournantes, spiritisme et société au XIXᵉ siècle*, Paris, Seuil, 2012.

graphie du sujet, dans le cadre de ce qu'on a appelé l'«histoire des mentalités», en était déjà en soi un indice significatif.

En 1966, Ariès publiait un article pionnier intitulé «Contribution à l'étude du culte des morts à l'époque contemporaine» dans lequel il montrait que ce culte familial du souvenir et de la tombe était plus récent qu'on ne l'imaginait et qu'il était né pour l'essentiel au début du dix-neuvième siècle. Sous sa forme religieuse ou laïque, il constituait l'un des ancrages anthropologiques et culturels les plus profonds et les plus unanimes de la société française, dont témoignaient, à la Toussaint, le jour de la «fête des morts» (2 novembre), le dimanche des Rameaux ou le 11 novembre (après l'armistice de 1918), les foules qui envahissaient les cimetières. Dans son texte de 1966, à aucun moment Ariès ne paraissait se douter d'un possible déclin de ce culte.

Pourtant en 1967, le même publiait un article intitulé «La mort inversée. Le changement des attitudes devant la mort dans les sociétés occidentales[6]» dans lequel il expliquait que celle-ci était devenue le tabou contemporain par excellence et qu'elle avait remplacé le sexe dans cette position fondamentale, comme si *Eros* et *Thanatos* avaient subitement échangé leur place dans la culture. La chronologie ici est essentielle : c'est à ce moment-là, dans les années 1966-1967, que se situe le tournant fondamental, aussi bien dans le domaine de la pratique religieuse que dans celui, connexe, des attitudes devant la mort. Au moment même où Ariès montrait que le «culte des morts» moderne, que l'on avait cru jusqu'alors plus ou moins immémorial, avait eu parmi nous une date de naissance, à situer quelque part au dix-huitième ou au dix-neuvième siècle, selon les hypothèses, on allait s'apercevoir dès l'année suivante qu'il pouvait aussi avoir une date de décès. Belle illustration du fait que l'historien, suivant la célèbre formule de Hegel «La chouette de Minerve prend son envol au crépuscule», est généralement un oiseau de mauvais augure pour la vitalité culturelle des croyances qu'il étudie.

---

6. L'un et l'autre ont été repris dans ses *Essais sur l'histoire de la mort en Occident du Moyen Âge à nos jours*, Paris, Seuil, «Points histoire», 1975.

Où en sommes-nous aujourd'hui de cette «transition funé-raire[7]» dans laquelle nous sommes pris depuis la fin des années 1960, après celle des années 1770-1840? Elle se poursuit, mais il semblerait qu'à une première phase, marquée principalement par la dévitalisation ou la destruction du système précédent (généralisation de la mort à l'hôpital, «solitude du mourant», silence sur les «fins dernières», y compris dans le monde reli-gieux, tabou de la mort), en ait succédé une autre, qui se voudrait plus constructive, pour tenter de remplir le vide rituel et spirituel créé par le déclin de l'ancienne culture de la mort. Le problème est toujours de trouver un point d'équilibre entre le déni et l'obsession. Jusqu'où ira-t-elle? Quelles sont ses perspectives de développement réelles? L'avenir le dira. Mais il est possible que prévale finalement la tentation de noyer ce vieux problème de l'humanité dans la chimie, voire de lui apporter une solution radicale à travers l'euthanasie dont on ne voit pas très bien, à vrai dire, ce qui pourrait l'empêcher à terme de se généraliser, sous certaines formes du moins. Il est probable que les consi-dérations financières — le coût de la prise en charge collective de la fin de vie dans des systèmes de protection sociale qui peinent déjà à se financer — y aideront.

Quoi qu'il en soit de ces perspectives à moyen terme, la situation évolue rapidement. La bataille pour la légalisation de l'euthanasie bat son plein et rappelle, dans ses orientations et ses méthodes, celle menée jadis en faveur de l'avortement, dans les années 1970. Des «affaires» défraient régulièrement la chronique, qui contribuent, dans un grand concours d'émotion, à faire avancer la «cause». En Europe, elle est déjà légale en Belgique, en Suisse et en Hollande. Le candidat François Hollande avait promis en 2012 une loi sur le sujet mais la mobilisation suscitée en 2013 par la protestation contre le mariage homosexuel semble avoir provisoirement refroidi ou tempéré ses ardeurs réformatrices. En France toujours, si de 35 % à 40 % de la génération est désormais baptisée dans l'Église catholique (contre environ 92 % au milieu des années 1960), 70 % des funérailles restent religieuses, même si leur part décline,

7. Régis Bertrand, *Mort et mémoire. Provence, XVIIIᵉ-XXᵉ siècles. Une approche d'historien*, Marseille, La Thune, 2011, p. 21-56.

ce qui donne à penser qu'elles pourraient rester statistiquement majoritaires dans le cas des baby-boomers.

Mais les enterrements civils progressent rapidement et ils constituent déjà la majorité des incinérations, pratique encore marginale au début des années 1980 qui représente de nos jours 35 % des décès dans les grandes agglomérations et qui pourrait monter, nous dit-on, à 60 % dans quinze ou vingt ans. Le culte des morts, si longtemps prévalant en France, fait de moins en moins recette. En 2003, la loi Sueur a même été obligée de rappeler le respect que l'on devait aux restes humains, devant la multiplication des urnes que l'on retrouvait dans les décharges. On voit se multiplier les nouveaux rituels, comme les dispersions de cendres, dans les cimetières mais aussi dans la nature et même — nouveauté inconnue des âges antérieurs — clandestinement dans certains lieux publics de la ville, comme les squares, les fleuves ou les entours de monuments. Assurément, cette tendance des morts actuels à sortir des cimetières n'est pas le moins intéressant de nos symptômes.

Quel rôle les baby-boomers jouent-ils et joueront-ils dans cette révolution? Si ses prémices remontent bien au milieu des années 1960, cela signifie que les baby-boomers n'en ont pas été les initiateurs: la génération est peut-être moins révolutionnaire que révolutionnée, à tout prendre. Les innovations décisives ont plutôt été le fait de leurs aînés, nés dans les années 1920-1930[8]. « Je n'ai qu'un corps et c'est lui qu'il faut sauver », dit le cantique de la modernité depuis une cinquantaine d'années, « et à défaut qu'on en finisse », a-t-il tendance à ajouter de plus en plus. Les anthropologues et les sociologues qui s'intéressent au changement culturel savent bien qu'il faut toujours, pour que les choses évoluent, une première ligne de transgresseurs, qui donnent l'exemple et prouvent par le fait que le changement est possible sans que le ciel ne nous tombe sur la tête. On peut penser — du moins est-ce l'hypothèse que l'on avancera ici — que les baby-boomers seront les piétons de cette révolution dont ils n'ont pas été les initiateurs. Ils n'auront pas fait la brèche mais, par leur nombre et leurs tendances spontanées,

8. Voir sur ce point le roman de Benoîte Groult, *La touche étoile* (c'est-à-dire l'euthanasie), Paris, Grasset, 2006.

ils pourraient bien emporter la place et contribuer à généraliser parmi nous une nouvelle façon (post-chrétienne) de mourir, d'être en deuil et de cultiver le souvenir des morts. Rien moins, en somme, qu'une révolution culturelle et anthropologique. C'est alors seulement que commencera parmi nous cet inconnu réel dont s'inquiétait Renan à la fin de sa vie : « Les personnes religieuses vivent d'une ombre, écrivait-il. Nous vivons de l'ombre de l'ombre. *De quoi vivra-t-on après nous ?* »

Guillaume Cuchet est professeur d'histoire contemporaine à l'université Paris-Est. Il travaille sur l'histoire et l'anthropologie religieuses des sociétés contemporaines. Il a publié récemment Les voix d'outre-tombe. Tables tournantes, spiritisme et société au XIXe siècle *(Seuil, 2012) et* Faire de l'histoire religieuse dans une société sortie de la religion *(Publications de la Sorbonne, 2013).*

Les vertus de notre condition mortelle[1]

Leon R. Kass

Nul besoin d'être juif pour boire *L'Chaim* et lever son verre « à la vie ». Tout être normalement constitué vous dira que la vie est un bien et que la mort est un mal. Mais les Juifs ont toujours eu une appréciation singulièrement positive de la vie, et cela pas seulement parce qu'on la leur a trop souvent enlevée de manière fort cruelle. Célébrer la vie — *cette* vie, non quelque vie à venir — a été, depuis le début, au cœur de la sensibilité éthique et religieuse des Juifs. Dans la Torah, le premier bienfait et le premier commandement de Dieu est « Soyez féconds et prolifiques ». Depuis ses débuts, le judaïsme a refusé de pratiquer les sacrifices humains et estimé qu'une longue vie était une forme de juste récompense divine à une vie vertueuse. Simultanément, le judaïsme accueille à bras ouverts la médecine et l'activité humaine qui s'emploie à guérir les malades. Au nom de la Torah les médecins juifs ne sont pas seulement incités par les rabbins à soigner les gens : ils en ont l'obligation absolue. Le respect de la vie est en effet si grand dans le judaïsme que le devoir de *pikuah nefesh* —

---

1. Traduit de l'anglais par Mathieu Robitaille. Le titre original de cette conférence est « *L'Chaim* and Its Limits : Why Not Immortality ? » (reprise dans Leon R. Kass, *Life, Liberty and the Defense of Dignity : The Challenge for Bioethics*, San Francisco, Encounter, 2002, p. 257-274). Toutes les notes sont du traducteur. Texte traduit et repris dans *Argument* avec l'aimable autorisation de Leon R. Kass. Mathieu Robitaille est professeur de philosophie au cégep de Sainte-Foy et chargé de cours à la faculté de philosophie de l'université Laval.

porter secours à toute personne en danger de mort — permet aux Juifs d'enfreindre le sacro-saint Shabbat si une vie est en jeu. Ce n'est donc pas un hasard si nous autres juifs levons nos verres *L'Chaim*.

Ce n'est pas un hasard non plus si la contribution des Juifs à la médecine moderne et à la science biomédicale est si remarquable. Sans égard à leur importance numérique dans la société, les Juifs construisent des hôpitaux et des laboratoires, encouragent la recherche médicale ; leurs fils et leurs filles occupent le devant de la scène partout où de nouvelles découvertes scientifiques sont à faire et de nouveaux remèdes à découvrir. Or, la recherche biomédicale, si appréciée en raison de ses bienfaits, lance aujourd'hui aux Juifs et à l'ensemble de l'humanité plusieurs défis moraux considérables, et souvent sans précédent. Reproduction assistée en laboratoire, organes de synthèse, manipulation génétique, médicaments psychoactifs, implants informatiques dans le cerveau, technologies censées vaincre la vieillesse — ces technologies, et bien d'autres, qu'elles soient déjà devenues réalités ou envisageables dans un avenir rapproché, et qui visent à transformer notre corps et notre esprit, remettent en question la définition même de notre humanité. La maîtrise de plus en plus étendue que nous exerçons sur la vie humaine pourrait bien nous obliger à fixer des limites au principe de *L'Chaim*.

Un premier ensemble de défis inattendus soulevés par les progrès de la médecine en matière de prolongement de la vie est bien connu. Il vient du fait que de plus en plus de gens sont maintenus en vie par des moyens artificiels, dans des conditions pénibles ou dégradantes. À partir de quand — sans parler de « si » — les médecins peuvent-ils se penser en droit de ne plus administrer d'antibiotiques, de débrancher le respirateur artificiel, de retirer le tube d'alimentation, voire d'aider au suicide ou de pratiquer l'euthanasie ?

Un deuxième ensemble de défis vient de la portée morale des moyens utilisés pour soigner les maladies ou pour engendrer la vie. Est-il moral de créer des embryons humains et de les garder vivants uniquement à des fins expérimentales ? Est-il moral de concevoir un enfant pour en faire un donneur de moelle osseuse compatible avec son frère ou avec sa sœur

malade ? Est-il moral de cloner un être humain pour permettre
à un couple stérile d'avoir un enfant ?

Le troisième défi qui nous attend bientôt risque fort de
concerner le but en soi : puisque nous défendons la vie, devrions-
nous chercher à accroître non seulement l'espérance de vie
moyenne, mais également l'espérance de vie *maximale*, en
tentant de vaincre le vieillissement, la dégénérescence et, en fin
de compte, la mort elle-même ?

Dans les débats ayant cours aux États-Unis sur ces questions
et sur d'autres liées à l'éthique médicale, les commentateurs
juifs se déclarent presque toujours fortement en faveur du
progrès médical et du côté de la vie — plus de vie, une vie plus
longue, une vie vécue sur des bases nouvelles. Ils font du remède
à trouver aux maladies, de la prévention de la mort et de l'allongement de l'espérance de vie des valeurs quasi absolues, presque
toujours au mépris de toute considération morale, voire en
balayant toute objection en la matière. À la différence, par
exemple, de la morale défendue par l'Église catholique romaine,
qui s'appuie sur les enseignements de la loi naturelle pour fixer
des limites à ce qui est permis, les éthiciens juifs, non sans
reconnaître la difficulté de la chose, finissent par dire que la
vie et la santé sont des bienfaits et que, par conséquent, tout
ce qui contribue à accroître l'une ou l'autre, voire les deux, est
un plus grand bienfait encore.

Permettez-moi d'en donner deux exemples empruntés à
mon expérience personnelle. Il y a cinq ans, alors que je devais
témoigner, devant la National Bioethics Advisory Commission,
sur la dimension éthique du clonage humain, je fus surpris de
découvrir que les deux experts issus du judaïsme et invités à
témoigner n'étaient pas spécialement inquiets des nouvelles
possibilités offertes dans ce domaine. Au motif que la vie est un
bien en soi et que l'être humain doit se montrer fécond et se
multiplier, le rabbin de mouvance orthodoxe soutint que la loi
juive n'interdisait en aucune manière le clonage de l'homme ou
de la femme dans le but de donner un enfant à un couple stérile.
Pour sa part, le rabbin s'inscrivant dans un courant conservateur,
tout en se montrant inquiet par ailleurs, conclut : « Si le clonage
humain vise à faire progresser la recherche médicale et à guérir
l'infertilité, alors il a sa place dans l'ordre des choses voulu par

Dieu d'après la tradition juive. » En somme, laissons aux autres le soin de s'inquiéter de la possibilité de faire de la procréation une production industrielle (façon *Meilleur des mondes*) ou des conséquences qu'aurait le remplacement d'un mode de procréation hétérosexuelle par un modèle asexué. Le traitement des maladies et la possibilité donnée aux couples stériles d'avoir des enfants suffiraient à justifier le clonage humain — et, conséquemment, l'élevage industriel d'embryons humains aux fins de production d'organes de remplacement, voire la création de bébés en bouteille dès lors que la technologie le permettra.

Second exemple : lors d'une rencontre sur le thème «Vie prolongée, vie éternelle», qui eut lieu en mars 2000, des scientifiques et des théologiens furent invités à discuter du désir exprimé par certains de repousser l'espérance de vie humaine maximale à, disons, cent cinquante ans et, plus radicalement encore, de traiter la mort elle-même comme une maladie exigeant d'être vaincue. Le principal intervenant juif, professeur dans une école rabbinique réputée, dit qu'il accueillait l'idée — excusez du peu — à bras ouverts. S'en prenant gentiment à ses collègues chrétiens, il rappela que, pour les Juifs, Dieu est moins amour que vie, et que ce principe justifiait toutes les technologies visant à préserver et à prolonger la vie, y compris celles pouvant se traduire par une augmentation considérable de l'espérance de vie humaine maximale. Pendant la discussion qui suivit, et alors que je le pressais de me dire quelles seraient ses objections éventuelles à une forme de recherche biomédicale qui serait en quête d'immortalité, le rabbin répondit que le judaïsme ne pouvait qu'être favorable à un tel projet.

J'admets volontiers que les sources traditionnelles du judaïsme demeurent silencieuses sur ces questions, étant donné que la loi juive, le *halakhah*, ne savait rien des bébés-éprouvettes, du clonage ou de la recherche en vue de vaincre le vieillissement. J'estime cependant que l'appui inconditionnel aux progrès d'une médecine repoussant sans cesse les limites de la longévité humaine ne relève pas de la sagesse, et encore moins de la sagesse juive. *L'Chaim*, oui, mais assorti de certaines limites.

Permettez-moi d'aborder la question de *L'Chaim* et de ses limites sous la forme la plus brutale et la plus radicale qui soit : si la vie est un bien et si l'allongement de l'espérance de vie est un plus grand bien encore, ne devrions-nous pas envisager la mort comme une maladie dont il faut guérir ? Une telle façon de poser la question pourra sembler trop futuriste et irréaliste. Toutefois, plusieurs raisons font en sorte qu'il convient de la prendre au sérieux.

Premièrement, il faut savoir que des scientifiques de renom répondent aujourd'hui à la question par l'affirmative et s'emploient déjà à mettre au point un traitement contre la mort. Trois domaines de recherche, qui n'en sont encore qu'à leurs balbutiements, retiennent l'attention et mobilisent les esprits. Il y a d'abord l'utilisation d'hormones, et tout particulièrement d'hormones de croissance humaine (hGH) pour rétablir et accroître la vigueur physique liée à la jeunesse. Aux États-Unis, plus de dix mille personnes (y compris des médecins eux-mêmes) s'administrent déjà, sur une base quotidienne, des hGH pour contrer les effets du vieillissement, avec pour conséquences une amélioration notoire des aptitudes et des performances physiques — et cela, en l'absence de toute preuve permettant de conclure, jusqu'à présent, que de telles hormones allongent l'espérance de vie de quelque manière que ce soit. Le brevet sur les hGH étant venu à échéance en 2002 et le coût du traitement aux hGH ayant diminué jusqu'à n'être plus que de mille dollars par mois, comme c'est le cas actuellement, on peut penser qu'un nombre croissant de personnes voudra s'abreuver à cette fontaine de jouvence hormonale.

Deuxièmement, il y a la recherche sur les cellules souches, ces cellules primitives et totipotentes qui, selon les stimuli qu'elles reçoivent, peuvent se diviser et former n'importe quel organe spécifique du corps humain — foie, cœur, rein, cerveau, etc. Les technologies issues de la recherche sur les cellules souches assurent un approvisionnement infini en tissus et en organes de remplacement pour toutes les parties du corps dysfonctionnelles. C'est là un domaine de la biotechnologie commerciale en pleine croissance, et l'un de ses plus importants entrepreneurs vend les fruits de la recherche menée dans ses laboratoires accompagnés de la promesse d'une prolongation indéfinie de la vie.

Troisièmement, il y a la recherche sur les échanges génétiques qui contrôlent le processus biologique du vieillissement.

L'espérance de vie maximale pour chaque espèce — en gros cent ans pour l'espèce humaine — est sans contredit déterminée par des facteurs génétiques. Récemment, des généticiens ayant étudié les drosophiles ont fait une découverte fascinante : des mutations survenant sur un seul gène augmentent de 50 % l'espérance de vie normale des insectes. Dès que seront identifiés les gènes impliqués dans la régulation du cycle de vie humain et qui font sonner le glas pour chacun, les scientifiques estiment pouvoir augmenter considérablement l'âge maximum que peut atteindre l'être humain par rapport à sa limite habituelle. En toute honnêteté, je trouve certaines de ces prétentions et de ces prédictions plutôt exagérées, mais force est de reconnaître qu'il est risqué de parier contre les progrès technoscientifiques sur de telles questions.

Or, malgré le fait que des remèdes contre le vieillissement et contre la mort ne sont pas pour demain, il y a une deuxième raison, plus fondamentale encore, de s'interroger sans détours sur la légitimité du désir de trouver un moyen de guérir de la mort. À vrai dire, vaincre la condition mortelle est le but implicite de la médecine moderne ; plus encore : de l'ensemble du projet scientifique moderne auquel l'humanité a été conviée, il y a près de quatre cents ans, à la suite de Francis Bacon et de René Descartes. Ces derniers en ont alors appelé ouvertement à la maîtrise de la nature afin de contribuer au soulagement de la condition humaine et ont jeté les bases d'une science dont l'ambition avouée était de rendre caduque la malédiction pesant sur Adam et Ève et, tout particulièrement, de redresser l'arbre de vie à l'aide de l'arbre de la connaissance (scientifique). Les progrès fulgurants de la médecine accomplis surtout au cours de la deuxième moitié du siècle dernier ont fait en sorte que la mort, peu importe le moment où elle survient, est de plus en plus considérée comme prématurée, comme une forme d'échec de la médecine du temps que les recherches à venir sauront empêcher.

Parallèlement aux avancées de la médecine, une nouvelle sensibilité morale a vu le jour qui va précisément dans le sens d'une guerre menée par la médecine contre la condition mortelle : est permis tout ce qui sauve des vies, soigne les maladies et empêche la mort. Par conséquent, au-delà de l'apparition imminente de remèdes contre le vieillissement, il vaut la peine de réexaminer le présupposé qui dicte chacune de nos interventions, à savoir que tout doit être fait pour que l'être humain demeure en santé et voie sa vie prolongée aussi longtemps que possible, moyennant quoi toutes les autres valeurs n'ont plus qu'à s'incliner devant ces divinités biomédicales que sont une meilleure santé, une vigueur plus grande et une vie plus longue.

Récemment, des propositions visant à vaincre le vieillissement et la mort ont fait l'objet de critiques. Celles-ci sont de deux ordres : de telles mesures peuvent avoir des conséquences sociales néfastes ; elles font fi de la justice la plus élémentaire. Dans le premier lot de critiques, il y a ceux qui s'inquiètent de l'effet de ces technologies sur la démographie et sur la pyramide des âges. Comment un nombre et une proportion grandissants de plus que centenaires affecteront-ils, par exemple, le marché de l'emploi, les caisses de retraite, l'embauche et l'avancement professionnel des travailleurs, les croyances et les coutumes, les structures familiales, les relations intergénérationnelles, voire les instances décisionnelles et de pouvoir au sein de l'État, des entreprises ou des professions ? L'examen même rapide de ces questions montre que les effets cumulés d'interventions diverses en vue de prolonger et d'améliorer l'existence humaine pourraient entraîner plusieurs bouleversements non souhaités, allant même jusqu'à faire en sorte que nombre d'individus s'en sortent *plus mal* pendant une bonne partie de leur existence, ou du moins suffisamment mal pour annuler les bénéfices découlant du fait de pouvoir jouir d'une meilleure santé à la fin de leur vie. Plusieurs observateurs ont en effet prédit que le report du vieillissement se traduira par un cas patent de « tragédie des biens communs[2] », alors que les gains réels ou escomptés par quelques individus seront neutralisés, si ce n'est pis encore, par des conséquences néfastes sur le plan social s'il fallait que tous soient logés à la même enseigne.

D'autres critiques s'inquiètent de ce que le cadeau technologique que serait une vie prolongée, sinon transformée en

2. Allusion à l'expression *The Tragedy of the Commons*, forgée par le penseur américain Garrett Hardin, dans un article paru dans le magazine *Science*, le 13 décembre 1968.

immortalité, ne puisse être le lot de tous, en particulier si le traitement est coûteux, comme c'est probable. N'y aurait-il pas une profonde injustice à l'idée de penser que seuls quelques-uns pourraient jouir d'une existence sans la dimension de la mort, à l'idée que notre monde soit divisé non seulement entre riches et pauvres, mais aussi entre mortels et immortels?

À ces critiques, les défenseurs de la recherche sur l'immortalité rétorquent tranquillement que nous trouverons peu à peu une solution à tous ces problèmes. Nous saurons lutter contre les conséquences sociales néfastes de l'immortalité au moyen d'une planification rigoureuse; nous viendrons à bout des inégalités sociales en matière d'immortalité en réduisant les coûts des technologies en cause. Même si un tel optimisme relève à mon avis de la plus grande naïveté, je suis prêt à l'admettre dans un premier temps, aux fins de la discussion. Mais les défenseurs comme les détracteurs de cette vision de la vie humaine ne doivent pas perdre de vue ce qui demeure au cœur de l'affaire : ce qu'il y a de bien dans le but recherché. La question essentielle est donc la suivante : est-il vrai que vivre plus longtemps est, pour un être humain, un bien inconditionnel?

L'espérance de vie acceptable

Une vie plus longue, certes, mais de *combien* d'années au juste pour qu'elle soit un bienfait? Dans l'ignorance des méfaits possibles pour l'individu d'une vie plus longue assortie de conséquences sociales néfastes, et toutes choses égales d'ailleurs, combien d'années de vie supplémentaires sont un bienfait? Combien d'années supplémentaires voulons-nous avoir, à supposer qu'elles soient liées à une vie placée sous le signe de la santé et de la vigueur? Enfin, et à supposer qu'une telle chose soit de notre ressort, jusqu'où pourrions-nous ou devrions-nous fixer l'espérance de vie humaine, et pour quelles raisons?

La réponse la plus simple consiste à dire qu'aucune limite ne devrait être fixée, la vie étant un bien et la mort, un mal. Par conséquent, plus la vie est longue, mieux cela vaut pour chacun, à condition, bien sûr, de demeurer en forme, et qu'il en aille de même pour ses amis.

Une telle réponse a le mérite d'être claire et honnête. Mais bien des défenseurs de la victoire sur le vieillissement ne sont pas aussi exigeants. Ils n'ambitionnent pas d'accéder à l'immortalité ; ils escomptent obtenir quelque chose de plus raisonnable : juste quelques années de plus.

Bien. Mais à combien d'années de plus est-il raisonnable de s'attendre ? Commençons par dix années. Qui, parmi nous, trouverait déraisonnable d'ajouter dix années à une vie en santé et pleine de vigueur (comme on peut la connaître entre trente et quarante ans) ? On pourrait occuper ces années à acquérir d'autres connaissances, à gagner plus d'argent, à voir et à faire davantage de choses. Du coup, peut-être vaudrait-il mieux ajouter cinq années à ces dix années de vie additionnelles ? Ou dix ? Et pourquoi pas quinze ? ou vingt ? ou plus encore ?

Puisqu'on est incapable de fixer dès maintenant le nombre d'années additionnelles qu'il serait raisonnable d'obtenir, on pourrait peut-être tenter d'en formuler le principe sous-jacent. Quel principe devrait nous guider pour fixer le nombre raisonnable ? Le temps nécessaire pour réaliser ses plans et ses projets ? Le passage d'une génération, ce qui permettrait par exemple de vivre assez longtemps pour voir ses arrière-petits-enfants accéder à l'âge adulte ? Quelque conception — traditionnelle, naturelle ou révélée — de ce que doit être l'espérance de vie pour un être humain ? Bien malin qui pourrait répondre à ces questions. On serait même incapable de choisir entre ces différents principes pour déterminer ce que doit être la nouvelle espérance de vie humaine.

Par conséquent, c'est-à-dire en l'absence de critère pour déterminer ce qui est raisonnable ou non, il faut en revenir à ses aspirations et à ses désirs. Dans une démocratie libérale, cela suppose de s'en remettre aux désirs de la majorité pour qui l'amour de la vie — ou la peur de la mort — est sans limites. En définitive, il se trouve que la réponse la plus simple est aussi la meilleure : nous voulons vivre, et vivre encore, nous ne voulons ni dépérir ni mourir. Pour la plupart d'entre nous — et la remarque vaut tout particulièrement dans nos sociétés modernes et sécularisées, où de plus en plus de gens estiment que la vie ici-bas est la seule dont nous disposions —, le désir d'augmenter l'espérance de vie (fût-ce modestement) doit être interprété comme un désir de ne pas vieillir ni de mourir. Aussi naïfs soient-ils, ceux qui aspirent à l'immortalité ont le mérite de formuler ce désir honnêtement et sans honte.

Certes, il se trouve aussi des gens pour ne pas souhaiter jouir d'une vie plus longue. Ceux-là ne cherchent pas à ajouter des années à la vie, mais de la vie aux années. Pour ces gens, l'espérance de vie idéale serait l'espérance de vie naturelle, soit quatre-vingt-dix ans de nos jours (soixante-dix ans jusqu'à il y a peu) ou encore cent ans, chez les sujets particulièrement vigoureux, avec pleine jouissance de ses facultés jusqu'à la mort, laquelle surviendrait de manière soudaine et sans douleur, une fois atteint l'âge maximum. Cette vision des choses est séduisante. Qui ne voudrait s'épargner la sénilité, l'arthrite avancée, les indispensables prothèses auditives et dentaires, et les multiples et humiliantes formes de dépendance qui accompagnent la vieillesse ? Mais précisément : en l'absence de ce type de dégénérescences, ne serions-nous pas enclins à vouloir vivre plus longtemps ? Ne serions-nous pas encore moins disposés à quitter ce monde ? La mort ne ferait-elle pas encore plus injure à notre envie de vivre ? La peur et le refus de la mort ne seraient-ils pas plus grands en l'absence de signes avant-coureurs ? Impossible, dès lors, de consoler la veuve en lui rappelant que la mort a mis fin aux souffrances de son mari. La mort apparaîtrait toujours comme une réalité inopportune, inattendue, terrible. Montaigne l'avait bien compris :

> « […] je m'aperçois qu'à mesure que je m'engage dans la maladie, j'entre naturellement dans quelque dédain de la vie. Je trouve que j'ai bien plus de difficultés à digérer cette résolution de mourir quand je suis en bonne santé que lorsque j'ai la fièvre. Parce que je ne tiens plus aussi fort aux agréments de la vie, dans la mesure où je commence à en perdre l'usage et le plaisir, je vois la mort d'une vue beaucoup moins effrayée. Cela me fait espérer que plus je m'éloignerai de celle-là et m'approcherai de celle-ci, plus aisément je m'accommoderai de l'échange. […] Si nous y tombions tout d'un coup, je ne crois pas que nous serions capables de supporter un tel changement. Mais nous conduisant par la main, sur une pente douce et pour ainsi dire insensible,

peu à peu, de degré en degré, la Nature nous roule dans ce misérable état et nous y apprivoise, en sorte que nous ne sentons aucune secousse quand la jeunesse meurt en nous, ce qui est, en substance et en vérité, une mort plus cruelle que n'est la mort complète d'une vie languissante et que n'est la mort de la vieillesse, car le saut du "mal être" au "non être" n'est pas aussi grave qu'il l'est d'un état doux et florissant à un état pénible et douloureux[3]. »

Il y a fort à parier, par conséquent, que la possibilité de prolonger, aussi peu que ce soit, une vie pleine de vigueur, voire de préserver la jeunesse sans accroître pour autant la longévité, rende la mort moins acceptable et attise le désir de la repousser le plus tard possible — à moins que, pour une raison quelconque, la vie ne se révèle du coup moins satisfaisante.

Une vie plus longue et en meilleure santé peut-elle se révéler moins satisfaisante ? Comment une telle éventualité serait-elle possible, dès lors que la vie est un bien et la mort, un mal ? Cette manière simpliste d'envisager le problème est peut-être une erreur. Qui sait ? la condition mortelle n'est peut-être pas qu'un mal. Peut-être est-elle même un bienfait — non seulement du point de vue de la communauté, mais également de celui de l'individu. Mais comment peut-on penser une chose pareille ?

J'entends me faire ici le défenseur des vertus de notre condition mortelle. À l'encontre de mon amour profond de la vie et de mon souhait, encore plus grand, de ne voir mourir quiconque parmi les êtres que j'aime, j'entends faire entendre raison à mes désirs en montrant que la finitude de la vie humaine est un bienfait pour tout être humain, qu'il en soit conscient ou non.

Je sais que je ne rallierai guère de gens à mon point de vue. Cependant, j'espère pouvoir convaincre ceux-ci de la gravité — je dirais : de la gravité exceptionnelle — de mon propos. Ce qui est en cause ici, ce n'est pas quelque invention nouvelle et de peu d'importance, qui pose des problèmes d'ordre éthique que l'on peut commenter et vouloir réguler comme d'habitude. La victoire sur la mort n'est pas une réalité que l'on peut mettre

---

3. Montaigne, *Essais*, I, 20 (*Que philosopher c'est apprendre à mourir*), Paris, Gallimard, « Quarto », 2009, p. 111-112.

à l'essai pendant un certain temps pour ensuite décider si les conséquences en sont meilleures ou pires — suivant Dieu sait quelle norme. Au contraire. Il s'agit d'une question qui met en jeu notre humanité même, et renvoie non seulement aux conséquences du choix, mais également à sa signification profonde. Soutenir que la vie humaine serait meilleure si elle n'était pas mortelle revient, c'est mon hypothèse, à soutenir que la vie humaine serait meilleure si elle n'était pas humaine. Être immortel ne consiste pas à continuer de vivre la vie qui est la nôtre, à nous qui sommes mortels, à cette différence près qu'elle serait éternelle. Les nouveaux immortels résultant de cette perspective tout à fait inouïe ne seraient en rien comme nous. Si cette éventualité devenait réalité, l'être humain qui choisirait d'être physiquement immortel serait victime d'un profond malentendu, puisqu'il ne jouirait de ce grand bien qu'au prix de se transformer en un être tout à fait différent. De plus, j'estime que la vie de cet être immortel serait bien inférieure à celle que nous connaissons en tant que mortels, et cela précisément en raison de notre condition mortelle.

Les vertus de notre condition mortelle

Il va sans dire que la mort d'un enfant, celle d'un jeune adulte ou celle de qui que ce soit, dès lors qu'elle n'est pas désirée et qu'elle survient avant qu'on ait accompli le cycle de ses jours, ne peut avoir aucune vertu. Pas plus que je ne voudrais faire croire qu'il y ait une quelconque vertu à cet *évènement* singulier qu'est la mort de quelqu'un, quel qu'il soit, ou qu'il faille compter pour peu de chose la douleur née de la privation, causée par la mort, chez ceux qui restent, pour qui le défunt était partie intégrante de leur vie. Ma question porte plutôt sur le fait de notre finitude, le fait de notre condition mortelle — le fait que *nous devons mourir*, le fait qu'une vie humaine envisagée dans sa complétude est pourvue d'une limite biologique implicite, et sujette à la même évolution que l'être humain. Le fait a-t-il une valeur en soi ? Notre finitude est-elle un bien pour nous — en tant qu'individus ? Je pose la question uniquement du point de vue de la raison naturelle, en faisant abstraction des questions sur la vie après la mort.

Faire l'éloge de notre condition mortelle peut paraître insensé. Si la condition mortelle est un bienfait, elle n'est certainement pas envisagée ainsi la plupart du temps. La vie cherche à durer et se méfie, à juste titre, de tous ceux qui plaident en faveur de la finitude. «Mieux vaut être un esclave sur terre que le roi des morts», dit Achille à Ulysse qui lui rend visite dans l'Hadès, en semblant regretter son choix précédent d'une vie brève mais glorieuse. En outre, même si, dans certaines cultures — par exemple chez les Inuits —, le désir de vivre est quelque peu tempéré et régulé par la nécessité, nos sociétés libérales occidentales lui donnent libre cours, depuis l'élaboration d'une philosophie politique fondée sur la peur de la mort violente jusqu'au culte présent de la jeunesse et de la nouveauté, en passant par le gommage cosmétique des rides et l'anxiété éprouvée par chacun devant la maladie et les façons d'y survivre. En fin de compte, les vertus de notre finitude — si tant est qu'il y en ait vraiment — risquent de ne jamais être pleinement reconnues, quels que soient l'époque ou le lieu, dès lors que cette reconnaissance est tributaire d'une forme de sagesse exigeant de savoir prendre ses distances avec l'amour de soi et des siens, sachant qu'un tel détachement n'est donné qu'à quelques-uns. Il n'empêche que, s'il s'agit bien là d'une forme de sagesse, il nous faut pouvoir en tenir compte pour apprendre quelque vérité sur soi-même.

Comment, demandera-t-on, la finitude pourrait-elle être un bien pour chacun?

Je vois quatre raisons à cela, la première ayant trait à l'*intérêt* et à l'*engagement*. Si l'espérance de vie humaine était augmentée ne serait-ce que d'une vingtaine d'années, les plaisirs de la vie augmenteraient-ils de manière proportionnelle? Les joueurs de tennis professionnels aimeraient-ils vraiment pouvoir jouer 25 % de parties de tennis supplémentaires? Les don juan de ce monde se sentiraient-ils mieux d'avoir séduit mille deux cent cinquante femmes plutôt que mille? Quels parents ayant connu les joies et les vicissitudes des responsabilités familiales et de l'éducation des enfants jusqu'au moment où le cadet quitte la maison pour aller à l'université voudraient prolonger l'expérience pendant dix ans de plus? De même, n'y a-t-il pas lieu de penser que ceux qui sont stimulés par la perspective de gravir un à un les échelons dans leur profession en seraient sans doute réduits à s'interroger sérieusement sur les défis encore à relever pendant les quinze prochaines années, une fois qu'ils auront été, disons, président-directeur général de Microsoft, ou membre du Congrès, ou recteur de Harvard pendant un quart de siècle? Il n'est pas du tout sûr que le prolongement de ces tâches, qui ne sont pas des plus agréables ni des plus épanouissantes, et auxquelles bon nombre d'entre nous sommes presque toujours astreints, se traduise par un plus grand bonheur individuel. Il en irait sans doute de nos vies ce qu'en dit le poète : « Et puis l'on tourne en rond à rester toujours là, et nul plaisir nouveau ne vient frapper la vie[4]. »

Le deuxième bienfait tient au *caractère sérieux de la vie et aux aspirations de chacun*. La vie pourrait-elle être prise au sérieux et avoir du sens sans les limites que lui pose notre condition mortelle ? Le fait que notre temps soit compté n'est-il pas la meilleure raison de prendre la vie au sérieux et de désirer la vivre passionnément ? Savoir et sentir qu'on ne vit qu'une seule fois, que l'échéance n'est pas si éloignée, voilà pour plusieurs l'aiguillon qui leur fera poursuivre un but qui en vaille la peine. « Enseigne-nous à compter nos jours, dit le Livre des Psaumes, afin que nous développions un cœur de sagesse[5]. » Savoir compter ses jours est la condition pour qu'ils comptent. Chez Homère, beauté et jeunesse éternelle ont beau faire, les dieux immortels — Zeus et Héra, Apollon et Athéna — ont une existence plutôt superficielle et frivole ; de manière éphémère, leurs passions ne font que les jeter ici, puis là. Les dieux vivent en spectateurs des mortels, qui ont, eux, au contraire, des convictions profondes, des aspirations, des sentiments authentiques, lesquels donnent, par conséquent, un vrai centre à leur vie. C'est la condition mortelle qui donne à la vie toute son importance.

Chez certaines personnes, il est des occupations qui n'ont pas besoin de la finitude pour aiguillon. Le profond désir de comprendre n'a pas besoin de stimuli extérieurs, et encore

---

4. Lucrèce, *De la nature*, III, v. 1080-1081, Paris, GF-Flammarion, 1998, p. 241.
5. Ps 90 :12.

moins de stimuli reliés à la condition mortelle. Et comme le temps pour apprendre et pour comprendre finit toujours par nous faire défaut, il semble qu'une vie plus longue, assortie d'une vigueur accrue, ne puisse être qu'un bienfait. Les plus belles amitiés semblent elles aussi capables de grandir indéfiniment, particulièrement là où grandir est lié d'une façon ou d'une autre au fait d'apprendre — bien que, par ailleurs, l'on puisse penser que l'amitié véritable dépend en partie du sentiment d'avoir un destin en commun. Quoi qu'il en soit, je veux croire qu'il s'agit là d'exceptions. J'estime que, la plupart des gens, dans presque toutes leurs occupations, ont absolument besoin de se savoir tenaillés par l'idée que le monde n'est pas assez grand et qu'ils n'auront pas assez de temps pour vivre tout ce qu'ils veulent vivre.

Troisième bienfait de notre condition mortelle : la *beauté* et l'*amour*. La mort, dit le poète Wallace Stevens, est la mère de la beauté. Ce qu'il entend par là n'est pas facile à expliquer. Peut-être veut-il dire que seul un être mortel, conscient de sa condition mortelle et de la vulnérabilité du monde naturel, ressent le besoin de créer de beaux objets qui dureront, qui ne seront pas destinés à disparaître comme leur auteur, de beaux objets qui exprimeront et embelliront un monde qui a besoin d'être embelli, de beaux objets destinés à d'autres êtres mortels qui, tout en étant incapables de les fabriquer, peuvent les apprécier au nom d'un goût pour le beau, goût peut-être lié à la conscience de la laideur de la décrépitude.

Peut-être le poète fait-il allusion aussi à la beauté naturelle, qui, à la différence de la beauté qui naît de l'art, dépend de son impermanence. Qui sait ? la beauté des fleurs ne dépend-elle pas du fait qu'elles se faneront bientôt ? La beauté des fauvettes au printemps ne dépend-elle pas de la désolation de l'automne survenu avant et de celui qui viendra après ? Et que dire du crépuscule, de la lumière d'une fin d'après-midi d'hiver ou d'un coucher de soleil se déployant sur l'horizon ? La beauté est-elle nécessairement fugace, un sommet sur lequel nul ne peut se maintenir ? À moins que le poète veuille dire que la beauté est beauté non pas parce qu'elle est mortelle, mais surgit parce que nous prenons la mesure de la part mortelle présente en nous et dans la beauté en soi ? L'amour ne s'émeutil pas en présence de la beauté justement parce qu'il reconnaît qu'elle (pas plus que chacun de nous) ne durera toujours? Notre condition mortelle n'est-elle pas ce qui nous fait apprécier encore davantage ce qui est beau et a une valeur, ce qui nous donne envie de le préserver et de le chérir? Dans quelle mesure un «être humain» immortel pourrait-il aimer un autre de ses semblables?

Le quatrième bienfait de notre condition mortelle tient à ces traits proprement humains que sont la *vertu* et l'*excellence morale*. Être mortel signifie qu'il est possible de donner sa vie, non seulement à un moment précis, par exemple sur un champ de bataille, mais aussi en toute autre circonstance pouvant nous amener à faire fi de l'instinct de survie. En faisant preuve de courage moral, d'endurance, de bonté d'âme, de générosité, de souci de justice — et cela à travers les petits gestes comme à travers les grands —, nous nous élevons au-dessus de notre condition de simple créature pour être prêts à sacrifier le précieux intervalle de temps alloué à notre existence au profit de ce qui est noble, juste et sacré. Nous nous débarrassons de nos peurs, de notre recherche des plaisirs physiques ou de notre amour des richesses — toutes choses en grande partie liées à notre instinct de survie —, et en accomplissant de tels actes vertueux nous dépassons nos simples besoins. Or à cela la noblesse, la vulnérabilité et la condition mortelle sont des prérequis tout à fait nécessaires. Des créatures immortelles sont incapables de noblesse.

Cela aussi, les poètes l'enseignent. Quand il se voit offrir l'immortalité par la nymphe Calypso, Ulysse, qui se languit depuis plusieurs années, a déjà entendu l'ombre d'Achille lui faire l'éloge de la vie. Calypso est une superbe déesse, aux charmes et aux attraits nombreux, et qui exerce une grande séduction; elle chante d'une voix douce et tisse sur un métier à tisser doré; son île est ordonnée, agréable et ne connaît ni malheurs ni souffrances. Le poète écrit: «Arrivé en ces lieux, tout Immortel, à cette vue, se fût senti émerveillé et le cœur plein de joie[6].» Pourtant, Ulysse rejette l'offre de Calypso de devenir le maître de sa maison et d'accéder à l'immortalité:

6. Homère, *Odyssée*, chant V, v. 73-74, Paris, Babel, 1995, p. 89.

> Déesse auguste, ne te fâche pas. Je le sais bien,
> Oui, je sais que la sage Pénélope ne te vaut,
> Quand on la voit, ni par la taille ni par la beauté :
> Ce n'est qu'une mortelle, et toi, tu seras toujours jeune.
> Pourtant je ne désire et ne souhaite qu'une chose :
> Rentrer dans mon pays et voir le jour de mon retour.
> Si un dieu me tourmente encor sur les vagues vineuses,
> Je m'y résignerai ; mon cœur en a pris l'habitude.
> J'ai déjà souffert tant de maux et subi tant d'épreuves
> Sur les flots, à la guerre ! advienne encore ce surcroît[7] !

Souffrir et supporter mille maux, se faire du souci pour son foyer, sa famille, sa communauté et ses amis les plus chers, voilà ce qui s'appelle vivre vraiment, et c'est là, incontestablement, le choix que fait ce mortel exemplaire. Un tel choix à la fois témoigne de son excellence et lui donne l'occasion d'en faire la démonstration en accomplissant des actions nobles et justes. L'immortalité est une sorte d'oubli, comme l'est la mort elle-même[8].

Désir d'immortalité

Mais, pourrait-on raisonnablement objecter, à supposer que la condition mortelle soit un tel bienfait, comment se fait-il qu'aussi peu de civilisations[9] le reconnaissent ? Pourquoi celles qui enseignent la promesse d'une vie après la mort, la promesse de quelque chose d'éternel et d'impérissable, sont-elles aussi nombreuses ? Cette objection nous conduit au cœur de l'affaire.

Que signifie ce souci d'immortalité ? *Pourquoi* nous autres, êtres humains, désirons-nous être immortels ? Pourquoi voulons-nous vivre plus longtemps, voire à jamais ? Est-ce avant tout parce que nous ne voulons pas mourir, parce que nous ne voulons pas renoncer à notre corps terrestre, à nos occupations terrestres, et parce que nous voulons voir et accomplir davantage

---

7. *Ibid.*, v. 215-224, p. 94.
8. En grec, le nom «Calypso» signifie précisément «ce qui cache, dissimule ou recouvre».
9. Le mot «civilisation» traduit ici le mot anglais *culture*.

de choses ? Je ne le crois pas. C'est peut-être là ce que nous disons ; mais, en fin de compte, ce n'est peut-être pas là ce que nous voulons dire. Notre condition mortelle n'est pas en soi une tare, et notre but n'est pas de rendre notre corps immortel. Notre condition mortelle est plutôt un indicateur, un effet secondaire, le symptôme d'un manque plus profond. L'aspiration à l'immortalité et à l'éternité est en réalité une réponse à cette vérité profonde de l'âme humaine : chez l'être humain, l'âme veut, désire, aspire à une certaine condition, à un certain état ou à un certain but vers quoi tendent nos activités terrestres, sans pouvoir l'atteindre ici-bas. La portée de notre âme est au-delà de ce que nous pouvons en saisir ; l'âme cherche plus qu'à se maintenir ; elle tend vers quelque réalité au-delà de nous, quelque réalité qui nous échappe en grande partie. L'affliction qui naît de notre condition mortelle découle d'un conflit entre, d'une part, le désir de transcendance éprouvé par notre âme et, d'autre part, les capacités ô combien limitées et les préoccupations ô combien charnelles de notre corps.

Quelle est donc cette réalité qui nous fait défaut et à laquelle nous aspirons, sans pouvoir l'atteindre ? Une première possibilité serait d'avoir enfin le sentiment d'être complet grâce à l'autre. Chez Platon, Aristophane dit ainsi que nous cherchons la plénitude au moyen de l'union physique et psychique totale et permanente avec l'unique être humain que nous aimons, cette « autre moitié manquante » de nous-mêmes. Chez le même Platon, Socrate, en revanche, dit que nous cherchons plutôt la plénitude au moyen de la sagesse, de la connaissance parfaite de cette belle vérité à propos du tout, objet que poursuit la philosophie sans jamais l'atteindre. La Bible et les religions qui en sont nées disent que nous cherchons la rédemption et la plénitude sous le regard de Dieu, dans Son amour — façon de renouer avec l'innocence qui régnait dans le jardin d'Éden. Remarquez que, par-delà leurs différences, ces multiples variantes données aux aspirations humaines (et d'autres encore) s'accordent sur un point essentiel : l'être humain aspire moins à l'absence de la mort qu'à la plénitude, à la sagesse, à la bonté et à la sainteté — désirs qui ne sauraient être entièrement satisfaits dans l'intervalle d'une vie terrestre, qui est pourtant la seule vie dont nous disposions, dit la raison naturelle. Dès lors, on comprend mieux l'attrait exercé par la perspective ou la promesse d'une autre vie, plus satisfaisante, après celle-ci.

La conclusion qui en découle est on ne peut plus claire : aucun de ces désirs ne saurait être satisfait en prolongeant la vie terrestre. Même l'ajout illimité à notre vie d'années semblables à celles que nous connaissons ne saurait satisfaire nos aspirations les plus profondes.

Si le raisonnement est juste, il a pour corollaire l'affirmation suivante en ce qui concerne notre combat contre la mort : le goût de l'être humain pour l'immortalité, pour l'impérissable et l'éternel n'est pas un goût que la victoire biomédicale sur la mort est en mesure de satisfaire. Cette victoire nous laisserait incomplets, car il nous manquerait encore la sagesse ; nous serions encore en manque de la présence de Dieu et de la Rédemption qu'il peut accorder. Une vie plus longue n'est pas forcément une vie plus accomplie. Pis, la prolongation de la vie menace — menace déjà — le bonheur de l'être humain en le détournant des buts vers lesquels son âme se tourne naturellement. En nous détournant de nos buts, en nous faisant tendre toutes nos énergies, sur le plan individuel et social, vers l'immortalité du corps, il est fort possible que nous réduisions à néant nos chances de vivre au mieux de nos capacités et de satisfaire dans une certaine mesure, même si ce doit être de manière incomplète, nos aspirations les plus profondes à ce qu'il y a de meilleur. S'engager à vivre pleinement est tout sauf nihiliste : du moment que nous reconnaissons notre condition mortelle et l'acceptons, nous pouvons nous appliquer à bien vivre et, surtout, à nous soucier du *bien-être* de notre âme et pas seulement de son existence.

La durée

Mais peut-être faisons-nous fausse route. Peut-être l'âme n'a-t-elle pas un tel désir. Peut-être l'âme n'existe-t-elle pas. Sans contredit, la science moderne ne se préoccupe pas de l'âme ; médecins et psychiatres (étymologiquement, « médecins de l'âme ») ne s'en préoccupent pas davantage. Peut-être ne sommes-nous que des animaux, des animaux assurément complexes, mais animaux tout de même, qui se satisfont d'être là, ont peur devant le danger, évitent la douleur et recherchent le plaisir.

Étonnamment, la biologie a toutefois sa propre vision de notre nature et de nos inclinations. La biologie se préoccupe elle aussi de transcendance, mais sans faire mention de l'âme. Depuis longtemps, la biologie fournit à l'homme un moyen facile de s'élever au-dessus de sa condition mortelle et de participer à quelque réalité permanente et éternelle : je ne fais pas allusion ici aux cellules souches, mais à la procréation — au fait de permettre la gestation de sa progéniture puis de veiller sur elle, progéniture pour laquelle bien des animaux sont prêts à risquer leur vie, voire à la sacrifier. En effet, chez tous les grands animaux, la reproduction *en tant que telle* implique à la fois l'acceptation de sa propre mort et la soumission à une forme de transcendance. Le saumon qui remonte volontairement le cours d'une rivière pour y frayer et mourir est un témoignage patent de cette vérité.

Mais la nature pousse l'homme à autre chose qu'à frayer. La biologie humaine nous montre à quel point notre existence implique un au-delà d'elle-même — vers sa progéniture, vers sa communauté, vers l'espèce. Comme les autres animaux, l'homme est fait pour se reproduire. Plus que les autres animaux, l'homme est aussi fait pour la vie en société. Et, seul de tous les animaux, l'homme est aussi fait pour la civilisation — non seulement en raison de sa capacité à transmettre et à hériter d'habiletés et de savoir-faire, mais aussi en raison de sa capacité à partager certaines croyances, opinions, rituels ou traditions. Nous sommes faits d'une propension et d'une capacité à nous perpétuer. Se pourrait-il que le vieillissement et la mort fassent partie de ce schéma, que le vieillissement rapide et la courte espérance de vie humaine se soient imposés au nom de la reproduction ? Se pourrait-il que le fait d'accroître l'espérance de vie humaine exerce une telle pression sur notre nature même qu'elle mette en danger nos projets et entravent notre réussite ? Il est intéressant de noter que se perpétuer est un but aisément atteignable, une forme en soi de transcendance (facilement) accessible. Il s'agit là d'une manière de participer à une forme de durée qui est à notre portée, sans exception — pourvu, bien sûr, que nous demeurions ouverts à celle-ci.

Au-delà de ces considérations biologiques, le simple fait de désirer augmenter son espérance de vie pour soi-même est à la fois le symptôme et la cause de notre impossibilité à nous ouvrir

à la procréation et à quelque dessein supérieur. Ce n'est probablement pas un hasard si la génération dont l'intelligentsia a
proclamé la mort de Dieu et l'absurdité de la vie est précisément
celle qui nourrit l'ambition de prolonger indéfiniment la vie et
qui aspire à combler son vide existentiel en prolongeant indéfiniment la vie. Vouloir prolonger sa jeunesse n'est pas seulement
en effet le désir infantile de disposer de sa vie pour soi seulement ;
c'est aussi exprimer un désir puéril et narcissique, qui se révèle
incompatible avec une vision de la postérité. Ce désir est à la
recherche d'un présent infini, coupé de tout lien avec l'éternité
et de toute continuité véritable avec le passé et le futur. Un tel
désir est par nature hostile aux enfants, car les enfants (ceux qui
viennent après) sont ceux qui prendront la place de ceux qui
l'expriment ; les *enfants* sont la réponse apportée par la vie à notre
condition mortelle, et leur présence dans nos foyers est un rappel
constant que nous ne sommes plus de la nouvelle génération.
Nul ne peut vouloir ne jamais vieillir et demeurer fidèle à l'esprit
de la perpétuation de l'espèce et à sa signification.

En nous perpétuant, nous ne faisons pas que semer le germe
de nos corps ; nous portons aussi nos espoirs, nos vérités et
certaines de nos traditions. Si la graine de nos enfants doit
fleurir, alors nous devons la semer et accorder tous nos soins à
cette plante, nous devons la cultiver dans un sol riche et sain,
l'entourer de convictions et de mœurs droites et honnêtes, en
la faisant se tourner vers la plus haute lumière afin que nos
enfants s'élèvent droits et grands — de manière qu'ils prennent
notre place comme nous avons pris la place de ceux qui nous
ont un jour semés et ouvert la voie. Ainsi, le moment venu,
sauront-ils eux aussi ouvrir la voie et semer. Or pour que la
graine de nos enfants fleurisse vraiment, il nous faut semer ; il
nous faut dépérir et libérer le sol.

À l'encontre de ces idées, les petits malins diront que si
nous pouvions nous passer de la mort, nous pourrions nous
passer de la nécessité d'avoir une postérité. C'est là une réponse
égoïste et superficielle, une réponse qui envisage la vie et le
vieillissement uniquement du point de vue du corps. Une telle
réponse ignore ne serait-ce que les effets psychologiques du
passage du temps — à savoir l'expérience et la connaissance de
la nature des choses. Après un certain temps, qu'importent la

santé, la considération d'autrui et le rang social, bon nombre d'entre nous cessent de regarder la vie avec des yeux nouveaux. Peu de choses nous surprennent encore, rien ne nous bouleverse : l'indignation légitime face à l'injustice disparaît. Nous avons déjà vu ceci ou cela, nous avons déjà tout vu. Nous avons souvent été déçus, nous avons commis quantité d'erreurs sur le plan individuel. Plusieurs d'entre nous voient leur âme se rétrécir, non pas parce que le corps décline ou que nous avons perdu des êtres chers, mais parce que la vie elle-même nous a rendus humbles. Alors nos ambitions commencent à s'éteindre, du moins nos ambitions les plus nobles. En vieillissant, Aristote l'avait déjà remarqué, nous ne « [désirons] rien de grand ni d'extraordinaire, mais juste ce qui sert à vivre[10] ». À un moment donné, la plupart d'entre nous s'adressent ainsi à leurs proches : est-ce là tout ce qui existe ? On s'installe, on accepte sa situation — si l'on a été assez gâté par le sort pour pouvoir l'accepter. De différentes manières, et peut-être même profondément, la plupart d'entre nous s'endorment bien avant leur mort — et il se pourrait même que cette réalité survînt plus tôt dans la vie si l'échéance de la mort n'était pas là pour nous rappeler de faire quelque chose de nous-mêmes.

À l'opposé, c'est chez les jeunes que l'aspiration, l'espoir, la fraîcheur, l'audace et l'ouverture jaillissent à nouveau — y compris quand ils déboulonnent nos statues. Il se peut que l'immortalité conférée à l'individu à travers ses enfants soit une illusion, mais participer au renouvellement naturel et permanent des possibilités humaines à travers ses enfants n'est en rien une illusion — même dans le monde actuel.

Les paroles qu'Homère fait dire à Glaukos lorsqu'il s'adresse à Diomède sont toujours vraies :

> Il en est de la race des humains comme des feuilles :
> Le vent a beau les coucher sur le sol, il en vient d'autres
> Dans les bois verdoyants, dès que s'annonce le printemps.
> Ainsi les hommes tour à tour naissent, puis disparaissent[11].

---

10. Aristote, *Rhétorique*, livre II, chap. 13, 1389 b 26, Paris, GF-Flammarion, 2007, p. 334.

11. Homère, *Iliade*, chant VI, v. 146-149, Paris, Babel, 1995, p. 127.

Or, il est également vrai, comme cette idée même présente chez Homère en est la preuve, que les hommes sont différents des feuilles en ceci que l'éternel renouveau des êtres humains comprend également l'éternelle possibilité d'apprendre et d'être conscient de soi ; que nous aussi nous pouvons, ici et maintenant, participer avec Homère, Platon, la Bible, et même avec Descartes et Bacon, à saisir au moins quelques bribes de vérités inaliénables sur la nature, sur Dieu et les choses humaines ; et que nous aussi nous pouvons transmettre et perpétuer cette quête de sagesse, cette aspiration à la bonté, à nos enfants et aux enfants de nos enfants. La réponse de la vie — et de la sagesse — à notre condition mortelle, ce sont les enfants et l'éducation de ces enfants, non quelque hormone de croissance ou organe de remplacement offerts à perpétuité.

En vérité, l'antique sagesse homérique n'est pas si éloignée de la sagesse juive traditionnelle. Car bien que nous croyions que la vie est un bien et qu'une vie longue est encore meilleure, nous tenons pour supérieure encore une réalité plus haute que la vie elle-même. Nous violons le *Shabbat* pour sauver une vie afin que le survivant puisse observer plusieurs autres *Shabbatoth*. Nous préférons la mort à l'idolâtrie, au meurtre ou à l'indécence. Même si nous aimons la vie et buvons *L'Chaim*, on nous a depuis longtemps enseigné à aimer davantage la sagesse, la justice et la sainteté ; chez les Juifs, les maîtres sont plus estimables que les médecins, c'était du moins le cas jusqu'à tout récemment. En ce qui concerne l'immortalité, Dieu lui-même dit — dans l'épisode du jardin d'Éden — que les êtres humains, une fois qu'ils ont acquis la lourde connaissance du bien et du mal, ne doivent pas pour autant accéder à l'arbre de vie. Plutôt, ils doivent s'en remettre avec confiance à la Torah comme à un arbre de vie, comme à un chemin qui parachève la vie et l'entraîne dans la direction de la vertu et de la sainteté. À la différence des Égyptiens, qui défiaient la mort et ont été les premiers à vouloir atteindre l'immortalité des corps, les enfants d'Israël ne pratiquent ni la momification ni l'embaumement ; nous inhumons nos ancêtres, mais nous les gardons vivants dans notre mémoire, et, acceptant notre condition mortelle, nous tournons nos regards vers la prochaine génération. En effet, la *mitzvah* qui enjoint d'être féconds et prolifiques (le premier commandement positif de la Bible) célèbre, si on la comprend bien, non pas la vie dont nous disposons et à laquelle nous nous agrippons, mais la vie qui nous remplace.

Confrontés aux défis moraux croissants posés par les progrès de la science et des technologies biomédicales, résistons au chant des sirènes qui nous promet de vaincre le vieillissement et la mort. Appelons-en à l'antique sagesse, élevons nos voix et levons nos verres comme il se doit *L'Chaim*, à la vie par-delà la nôtre, à la vie de nos petits-enfants et de leurs petits-enfants. Qu'ils puissent vivre, si Dieu le veut, en santé et longtemps, mais d'une vie telle qu'ils pourront eux aussi être en quête de la vérité, de la vertu et de la sainteté. Et qu'ils pourront transmettre aux générations futures le désir de chercher à améliorer sans cesse une condition qui demeurera humaine, rigoureusement, et à jamais.

Éminent scientifique américain, Leon R. Kass s'intéresse depuis longtemps aux débats bioéthiques. Entre 2001 et 2005, il a présidé le Conseil présidentiel sur la bioéthique et publié plusieurs ouvrages sur ces questions.

L'épreuve de l'immortalité

Pierre-Jean Dessertine

Le mot « mort » désigne d'abord un évènement d'expérience commune, celui du passage d'un individu actif et répondant — vivant — à un corps inanimé. Cet évènement est toujours vécu de l'extérieur car un évènement n'existe que par le témoignage de ceux qui restent. Il manifeste néanmoins une loi universelle du vivant dans laquelle nous sommes pris : être témoin de la mort d'un autre vivant, même d'un insecte aux premiers frimas, c'est être rappelé à sa propre mortalité. Et c'est là qu'apparaît la mort en première personne — « je vais mourir » — qui est un mystère, car la proposition qu'on croit pouvoir en tirer — « dans quelque temps je serai mort » — est fort malaisée à entendre. La position du sujet « je » n'est-elle pas la plus éminente affirmation de la vie ?

Mais cette difficulté théorique à penser l'échéance de sa mort se redouble d'une difficulté sensible puisque notre mouvement d'âme le plus primaire — l'instinct de survie — nous porte à tout faire pour éviter la mort. Nous sommes ainsi faits que nous sommes affectivement portés à refuser la mort. Même s'il faut peut-être nuancer cette proposition : la prégnance du sentiment de survie ne décline-t-elle pas avec l'arrivée du grand âge à la mesure de la perte de l'énergie vitale du vieillard ? Mais c'est alors l'arrivée de ce déclin qui est considérée comme redoutable.

Ces difficultés — théorique et affective — à penser la mort permettent de mieux comprendre la persistance, à travers l'histoire humaine, de sa négation pure et simple, autrement dit de l'idée d'immortalité.

L'idée d'immortalité, c'est l'effacement merveilleux de l'échéance de la mort rendu possible au moyen d'une histoire qu'on se raconte pour contourner les impasses de la pensée de la mort. Et aussi loin qu'on remonte dans la culture humaine, on trouve de telles histoires — qu'on appelle alors « mythes » —, depuis l'épopée sumérienne de Gilgamesh (troisième millénaire av. J.-C.) jusqu'à « la fin des temps » et « la résurrection des morts » de la mythologie chrétienne.

Mais les récits mythiques ne peuvent conduire l'individu à adhérer à la croyance en l'immortalité qu'à la condition de poser la réalité d'« arrière-mondes » (Nietzsche) et d'êtres surnaturels qui dérogent à l'expérience commune des hommes. Or, depuis le dix-huitième siècle, les progrès de la raison conjugués à l'avancée des sciences ont lentement désagrégé la crédibilité de tels récits. Si bien que l'idée d'immortalité semblait destinée à être reléguée au rang d'une curiosité des cultures du passé.

Il n'en est pourtant rien. On constate depuis quelques années un retour en force de l'idée d'immortalité. Et d'où on l'attendait le moins : la science ! Pas toute la science, certes, mais en tous cas la plus dynamique, celle qui se déploie du côté de la Silicon Valley, en Californie, grâce à la plus grande concentration mondiale de cerveaux dûment sélectionnés et investis dans ce qu'on appelle les nouvelles technologies — soit essentiellement l'informatique, les biotechnologies, les nanotechnologies et les sciences cognitives (qu'on réunit volontiers sous l'acronyme NBIC). L'immortalité est au cœur de la doctrine d'une idéologie montante — le transhumanisme — qui prétend résoudre les problèmes actuels de l'humanité par son dépassement radical en exploitant sans réserve les possibilités extraordinaires de transformation de l'homme que révèlent ces nouveaux domaines du savoir.

Nous sommes ainsi confrontés à une nouvelle idée — l'« immortalité-par-la-science » — qui prend chaque jour une place plus centrale dans notre culture. Plutôt que de recourir à un arrière-monde et à des êtres surnaturels, elle part des hommes tels qu'ils sont et prétend les transformer radicalement. Cette immortalité est présentée comme horizon de l'augmentation indéfinie de la durée de vie en bonne santé par l'extension du champ d'intervention de la médecine réparatrice aux symptômes de sénescence. Les techniques évoquées sont alors la culture de cellules souches et l'ingénierie des prothèses (pour remplacer tissus et organes), la thérapie génique (pour réparer ou modifier le patrimoine génétique), les nanotechnologies (pour intervenir à l'intérieur des cellules), etc. Parmi les transhumanistes, certains sont dans une démarche beaucoup plus radicale en préconisant la numérisation de toute l'information permettant le fonctionnement de l'esprit humain afin de la télécharger sur un support artificiel. Ils prévoient sa faisabilité pour la cinquième décennie de ce siècle. À ce moment, l'esprit, ainsi libéré de toute chair et branché sur tous les savoirs numérisés, déploierait une intelligence au-delà de tout ce qu'on peut concevoir et permettrait de franchir les obstacles qui nous séparent de l'immortalité. Ils appellent ce moment le passage à la « Singularité ».

Cette idée de séparer l'esprit du corps peut-elle être prise au sérieux ? N'est-il pas essentiel à un esprit d'être l'expression d'un point de vue singulier donné par un corps ? Ces questions laissent soupçonner que, nonobstant les qualifications scientifiques de ses promoteurs, il pourrait y avoir une forte part d'irrationalité dans cette appréhension de l'immortalité.

On comprendra mieux l'apparition de l'immortalité-par-la-science en constatant qu'elle est à la confluence de deux aspirations contemporaines : 1) Les individus sont orientés par l'idéologie régnante vers la quête d'une vie réussie comme maximisation des sensations de bien-être. Or, dans le cadre d'un tel idéal, la perspective de la mort apparaît comme le mal absolu. Ce qui prépare les esprits à tout sacrifier pour la conjurer. 2) Le pouvoir marchand mondialisé est aujourd'hui en procès de disqualification pour les excès d'injustice sociale et de dommages écologiques qu'il provoque. Les annonces transhumanistes sont pour lui une inestimable possibilité de relance ! C'est pourquoi les capitaux ne manquent pas pour soutenir les projets transhumanistes et en populariser la doctrine dans les médias.

Ce nouvel oriflamme pour une immortalité séculière est brandi haut et attire les regards pour rallier les esprits et les cœurs en leur proposant ce qu'ils sont supposés désirer le plus. Ainsi, indépendamment des doutes qui enveloppent sa faisabilité, l'immortalité-par-la-science est désormais une réalité collective dont il faut tenir compte. Mais est-elle finalement si désirable? Et que nous révèle-t-elle sur notre rapport à la mort?

En son sens rigoureux, l'immortalité est le caractère d'un être qui est inaccessible à la mort. Or, dans l'univers, rien — c'est-à-dire aucun des êtres composés qui à un moment est né — n'échappe à la mort. C'est la loi de l'univers, déjà formulée par Héraclite il y a plus de vingt-cinq siècles : «Tout se fait et se défait par discorde.» Pour le dire en termes contemporains : l'univers est essentiellement contingent, car il est le lieu de continuelles transformations qui peuvent avoir pour effet la suppression de vies humaines — ce que nous appelons un «accident». Même si la science apportait les remèdes aux processus biologiques qui aboutissent à la mort, l'homme resterait mortel, au sens où il serait nécessairement victime d'un accident mortel — car plus on allonge la ligne du temps, plus la probabilité de l'accident se rapproche de 100%. Contrairement à l'immortalité absolue propre aux arrière-mondes des récits mythiques, l'immortalité annoncée par la science en ce bas monde n'est que relative. Elle consiste à différer, plus ou moins longtemps, la mort qui, auparavant, advenait spontanément au bout d'une dizaine de décennies.

Les tenants de la Singularité pensent échapper à cette contingence fatale en supprimant le facteur de vulnérabilité qu'est le corps par téléchargement de l'esprit de l'individu sur des supports artificiels indéfiniment reproductibles. Laissons à la science-fiction le soin d'imaginer ce qui peut subsister d'un sujet individuel dont l'esprit aurait été téléchargé, ici sur un robot, là comme application d'un ordinateur, ailleurs sur une clé USB… Le problème n'est que déplacé, car ces supports artificiels restent vulnérables à des évènements géologiques (tremblement de terre) ou astronomiques (météorite) majeurs.

Il s'ensuit que la vie rallongée de l'humain «augmenté» (c'est ainsi que les transhumanistes qualifient l'homme qu'ils veulent promouvoir) doit satisfaire à deux conditions. 1) Être constamment sous la dépendance — et sous la surveillance — de systèmes techniques médico-biologiques. Cette dépendance ne pourra être que lourde et intrusive. L'individu sera en permanence connecté à une structure médico-technique et

subira à tout moment des injonctions à bien se comporter —
pour sa santé. Rappelons qu'il n'existe pas un seul et unique
remède au vieillissement, mais une multitude, à la mesure de
plusieurs facteurs biologiques internes, mais aussi de facteurs
externes liés aux situations vécues. 2) Donner toujours la priorité
aux comportements qui réduisent les risques d'accident, car
tout le sens de l'entreprise tient dans la possibilité de continuer
à vivre : la valeur principale de l'homme augmenté sera donc
la sécurité.

La longue vie de cet homme nouveau, ainsi cadenassée par
les nécessités techniques de son maintien en bonne forme et
la prévention de l'accident mortel, ne pourra être qu'une vie
très prévisible, surtout consacrée aux soins pour l'entretien de
sa santé. Ce sera nécessairement une vie de fermeture, au sens
où, comme on le voit aujourd'hui dans les résidences isolées
par une barrière de sécurité, seront a priori évités les contacts
avec des étrangers et toutes les rencontres impromptues. Une
vie de laquelle on proscrira l'aventure et où l'on se méfiera
d'emblée de tout ce qui pourrait faire évènement, car l'évènement, par nature, comporte une part de risque. Une vie de
retrait, donc, voire de retraite, autant dire de retraités, d'éternels
retraités frileux, reclus, redoutant les menaces du monde,
toujours faisant face à l'éventualité de la mort, s'affairant à la
repousser. On aboutirait ainsi au paradoxe que la mort soit
plus présente que jamais dans la conscience des futurs
quasi-immortels !

Ne sera-ce pas une vie de grande solitude, finalement, que
celle de ces élus de l'« augmentation » — les ressources à mobi-
liser excluant qu'elle puisse profiter à plusieurs milliards d'humains
—, une vie sans aucune possibilité de connaître des situations
qui suscitent la joie de vivre ? Une telle vie ne trouverait-elle
pas désirable la perspective de la délivrance sur un lit de mort
comme celui de son ancêtre du millénaire précédent, dans la
maison familiale, entouré de tous les siens pour l'accompagner
dans ses derniers moments ?

Mais, bien sûr, le progrès technoscientifique saura se donner
les moyens d'accompagner le spleen du nouvel homme quasi
immortel. En le divertissant d'abord : il lui proposera une
pseudo-vie « passionnante » et sans risques au moyen des machines

pourvoyeuses de réalités virtuelles. Cela ne saurait suffire cependant, car il faut bien à un moment rejoindre sa réalité quotidienne. C'est pourquoi le «pack augmentation» ne saurait se dispenser des acquis des neurosciences qui sont déjà capables, par de petites pilules, de supprimer toute inquiétude existentielle. Au prix, certes, d'une diminution du niveau de conscience, c'est-à-dire d'une perte de lucidité.

Or, cette lucidité — dont le foyer est l'interrogation sur le sens de l'existence — n'est-elle pas notre part la plus authentiquement humaine ?

S'il est bien, en effet, une spécificité partout manifeste et irrécusable de l'espèce humaine, c'est qu'elle n'est vouée à aucun lieu défini, contrairement aux autres espèces (ce qu'on appelle leur biotope). Elle doit choisir où se mettre. Et elle ne peut le choisir qu'en fonction d'une conception du bien qu'elle se donne. Le florentin Brunetto Latini, au treizième siècle, avait déjà dit l'essentiel : «Où que j'aille, je serai en la mienne terre, puisque nulle terre ne m'est exil, ni pays étranger ; car bien-être appartient à l'homme, non pas au lieu» (*Livre des trésors*). «Bien-être appartient au lieu» : c'est la biosphère qui le définit, et l'espèce animale ne peut s'épanouir qu'en s'y conformant ; «bien-être appartient à l'homme» : tous les hommes se retrouvent dans la liberté, qui est aussi le souci, de décider du bien, c'est-à-dire de la valeur finale suprême qui les guidera dans leur vie.

Or, l'homme attendu par les transhumanistes n'a plus à choisir le bien : il a déjà un bien assigné. Ce bien est de continuer à vivre en forme — c'est-à-dire capable d'un maximum de sensations bonnes —, même à contre-courant de sa biologie. Il s'ensuit qu'il a un biotope assigné — comme l'ensemble des espèces animales —, mais essentiellement artificiel, hautement technicisé, et rigoureusement protégé de l'espace ouvert.

Il restera néanmoins à l'homme augmenté quelques libertés : il pourra choisir une profession, un environnement personnalisé de vie, un ou une partenaire, etc., le tout correspondant au mieux à son idiosyncrasie.

Mais quelle valeur accorder à cette liberté résiduelle, quand l'essentiel — le sens de la vie — est déjà déterminé par les règles qui conditionnent la prolongation indéfinie de sa vie en bonne forme? On peut penser d'ailleurs qu'assez vite une intelligence organisatrice supérieure s'avisera de rendre virtuels, au mieux, ces paramètres annexes de la vie de l'homme augmenté. Il sera alors tellement simple de fixer de nouveau à volonté les paramètres de la réalité virtuelle — environnement sonore, visuel, avatar de partenaire, etc. — exprimant sa personnalité!

Mais n'y a-t-il pas un problème plus général de liberté pour cet homme placé dans une perspective en laquelle l'échéance de sa mort n'est plus posée? Quand il choisit, ne peut-il pas toujours se dire: «Si j'ai mal choisi, je referai le choix autrement!»? C'est en effet une liberté qui ne prend pas de risques puisque, le temps vécu qu'elle engage n'apparaissant pas limité, elle a toujours le temps de refaire ses choix. C'est une liberté sans enjeu. Ce n'est donc qu'un jeu. Car c'est le propre du jeu de créer une situation où l'on peut perdre sans risque quant à son existence. C'est pourquoi la liberté de l'enfant se cantonne dans le domaine du jeu, laissant aux adultes les choix qui engagent sa vie.

La liberté de l'homme dont la perspective de vie apparaît sans limite ne vaut pas plus que celle du joueur de console vidéo pressant ou non le pouce sur la touche. A-t-il mal enclenché sa partie? Alors il appuie sur le bouton «reset».

Le seul acte humainement libre possible serait de refuser la prolongation de la vie à tout prix, autrement dit de se remettre dans la perspective de l'échéance de la mort. Dans le contexte d'un système de pouvoir technoscientifique disposant de moyens sans précédent, ce serait là un choix héroïque.

Mais cette conclusion n'emporte pas seulement avec elle le projet contemporain d'immortalité séculière; elle emporte toute idée d'immortalité. Désirer être immortel, c'est désirer une vie de liberté sans risque et sans valeur. C'est désirer une vie non humaine au sens où elle resterait, comme l'enfance, en deçà de l'humanité.

Cela peut se vérifier dans la représentation qui est donnée du paradis dans la tradition chrétienne. On peut voir dans des églises anciennes (par exemple la cathédrale Sainte-Cécile d'Albi) des fresques représentant une cohorte d'«élus», personnages tous semblables, avec le même visage, le même sourire, regardant dans la même direction où trône le Dieu qui a jugé.

Il s'en dégage une impression de passivité et d'uniformisation propres à l'absence d'expression d'une liberté proprement humaine, et aussi le sentiment d'une infantilisation, tous ces « élus » ressemblant irrésistiblement à une réunion d'enfants très sages sous l'autorité de leur maître.

On pourrait le constater ailleurs : toujours l'imaginaire du paradis met en scène des réminiscences du monde de l'enfance. C'est qu'en effet l'enfant n'a pas encore conscience de la mort comme limite temporelle de sa vie. La conscience d'être mortel survient tardivement — pas avant l'âge de raison (6-7 ans) —, et cela parce qu'elle est un acquis qui dépend de l'éducation. Et l'idée d'immortalité, quelle que soit sa version culturelle, c'est toujours celle d'un état où l'on échappe à la conscience de l'échéance fatale.

L'innocence de l'enfant, ce n'est pas d'être sauf du désir sexuel (comme Freud l'a montré), c'est d'être en deçà du savoir de sa mortalité. C'est pourquoi les sociétés humaines prévoient des rites de passage de l'enfance à l'âge adulte qui consistent en une situation qui met l'adolescent en présence de la possibilité de sa mort. Notre société occidentale a abandonné ce type de rituel. Ce qui doit être rapporté à sa mise en valeur du projet d'accéder à l'immortalité par le progrès technoscientifique.

Toutefois il est clair que la science ne sera jamais capable de réaliser l'immortalité. Ce qu'elle peut réaliser, dans une mesure indéterminable, c'est forcer la biologie humaine pour allonger le temps de vie. Mais loin d'emmener les individus vers une libération de l'échéance de leur mortalité, une telle éventualité exacerbera l'importance de la peur de la mort dans leur existence.

Finalement, cette mise à l'épreuve de l'immortalité enseigne qu'il faut toujours se détourner des projets qui visent à supprimer ou amoindrir la conscience de sa mortalité.

C'est à elle, du reste, que l'on doit tout ce qui donne à l'humanité sa valeur propre : le fait qu'elle ait une histoire, qu'elle s'aventure et essaime, qu'autrui soit son motif essentiel d'action, qu'elle s'interroge sur le bien, qu'elle ait soif de connaître, qu'elle crée des œuvres constituant une culture et qu'elle transmette celle-ci aux générations qui suivent.

Ce sont bien là les registres de la liberté proprement humaine. C'est en se les appropriant pleinement qu'on se rapproche de la mort, au point de pouvoir l'accueillir au moment de l'échéance. *Es ist gut* («C'est bien»), aurait dit Kant, juste avant de mourir.

Pierre-Jean Dessertine est professeur de philosophie à Aix-en-Provence. Il a publié plusieurs ouvrages d'enseignement de la philosophie dont une histoire de la philosophie — Premiers pas en philosophie *(Ellipses, 2013) — et un essai sur la philosophie de l'écologie :* Pourquoi l'homme épuise-t-il sa planète? *(Aléas, 2011).*
Il anime le site www.anti-somnambulique.org.

Dans la chambre du mourant

Claudine Papin

Entretien avec Raphaël Arteau McNeil[1]

Il y a deux ans, vous avez obtenu un diplôme d'études supérieures spécialisées (DESS) en soins spirituels en milieu de la santé à l'université Laval. Il s'agit d'un programme très récent qui semble révélateur de l'état de notre société sur le sujet de la mort. À quels besoins, sur le plan social, cette formation veut-elle répondre ? Et qu'est-ce qui vous a motivée, personnellement, à vous inscrire à ce programme ?

Je ne pense pas que le programme en tant que tel réponde d'abord à un besoin social, mais plutôt à un besoin politique. La question qu'il soulève est la suivante : une société en processus de laïcisation ressent-elle le besoin de remplacer ce qui disparaît du domaine religieux mais sert de passage dans la vie des individus ? Au Québec, les hôpitaux, comme les écoles, ont été fondées par des communautés religieuses. Le DESS en soins

---

1. À l'automne 2012, Claudine Papin, qui œuvrait depuis plus de trente ans en économie sociale, quitte un emploi assuré pour préparer un diplôme d'études supérieures spécialisées (DESS) en soins spirituels en milieu de santé à l'université Laval. Ce nouveau programme vise, entre autres objectifs, à former ceux et celles qui, dans un Québec sécularisé, ont pour tâche d'accompagner, à l'hôpital ou dans les CLSC, les malades et les mourants ainsi que leurs proches. Claudine Papin a généreusement accepté de répondre à nos questions sur cette formation peu banale qui offre un point de vue privilégié sur les manières de mourir aujourd'hui.

spirituels en milieu de santé n'existait pas avant la déconfessionnalisation des hôpitaux. Dans les hôpitaux, à la fonction
ancienne d'aumônier, puis à celle d'agent de pastorale, puis
encore à celle de prêtre salarié par le diocèse correspond maintenant un poste d'intervenant en soutien spirituel tel que le
définit le ministère de la Santé et des Services sociaux. Les
programmes de formation ont dû s'ajuster à cette réalité nouvelle.
Aujourd'hui, des prêtres sont encore présents dans les hôpitaux
parce que certains d'entre eux sont devenus des intervenants
en soins spirituels, et il en va de même en ce qui concerne les
agents de pastorale. Il s'agit des mêmes personnes, mais dotées
de mandats différents : intervenants en soins spirituels, ils
offrent aujourd'hui une réponse aux besoins spirituels des
patients, y compris ceux qui donnent une dimension religieuse
à leur existence, et cela même si certains actes demeurent réservés
aux prêtres, telle l'onction des malades, qui est un sacrement.
Mais ce programme a aussi ouvert la porte à d'autres personnes
qui n'étaient ni des ministres du culte ni des agents de pastorale.
C'est mon cas. J'ai un profil plutôt atypique au sein de la
clientèle étudiante habituelle de ce programme.

Ma lecture de la situation m'amène à dire que ce programme
a d'abord été une réaction gouvernementale à la laïcisation.
Cependant, la présence de ce genre d'intervenants dans les
hôpitaux ne suppose pas l'absence de besoins sur le plan social.
Devant la maladie et la mort, les gens sont souvent en perte de
repères, en perte de sens, soit eux-mêmes malades, vulnérables
ou mourants, soit leur famille. Avec la déconfessionnalisation,
le milieu hospitalier lui-même cherche ses repères : quand
l'hôpital disposait d'un prêtre attitré, la répartition des tâches
était claire ; le soignant, infirmier ou médecin, n'avait pas à
s'occuper de la dimension spirituelle des soins, cette fonction
s'incarnait dans le prêtre de manière exemplaire. La déconfessionnalisation a entraîné la disparition d'une figure aussi
archétypale. Il en a résulté une sorte de flou dans la définition
des rôles, et parfois un vide. De ce point de vue, le milieu
hospitalier se retrouve aussi en perte de repères devant la mort
et la souffrance. Aujourd'hui, la médecine atomise le corps :
l'hôpital soigne les organes. Alors qu'auparavant les communautés religieuses œuvrant en milieu hospitalier soignaient le

corps et l'âme. Or celui qui est malade ou en fin de vie, hier comme aujourd'hui, n'est pas qu'un corps malade; il a aussi des besoins à satisfaire sur le plan existentiel, et par là je veux dire des besoins qui ne sont pas uniquement d'ordre psychologique. À l'hôpital, le psychologue s'efforcera, entre autres, de poser un diagnostic afin de diminuer le stress du mourant ou de faire en sorte que le malade accepte ses traitements. Mais ces réponses psychologiques, au sens médical du terme, signifient peu sur le plan existentiel. Des questions comme «Qui suis-je?», «Où irai-je après ma mort?», «Vais-je laisser un héritage spirituel?», sont de nature existentielle, ce n'est ni le rôle du psychologue ni celui du médecin d'y répondre.

Notre condition sociale actuelle est donc placée sous le signe de la perte.

D'une certaine manière oui, mais cette perte est aussi une opportunité. Nous assistons à une perte de repères devant la maladie, la mort et parfois du sens même de la vie. Dans la religion catholique, souffrir revêt un sens, alors que maintenant plusieurs se demandent si la souffrance et la mort peuvent avoir un sens. La sécularisation de la société québécoise a entraîné un vide devant ces questions. Il s'agit d'une situation nouvelle sur le plan historique. Mais elle s'accompagne aussi d'un gain. Je songe à ce livre d'un professeur de philosophie intitulé *Les héritiers du vide*[2]. Pour ma part, je pense plutôt que nous sommes les héritiers de la liberté. Et la liberté est un gain. Par liberté, j'entends la liberté de choisir et de s'autodéterminer. À mes yeux, une différence significative entre le religieux et le spirituel réside dans la plus grande marge de manœuvre que laisse ce dernier, sur le plan de la liberté et de la créativité. Si le dogme religieux est strict, la liberté et la créativité sont réduites d'autant. Plus les interventions se situent dans l'espace spirituel non confessionnel, plus elles font appel à la liberté et à la créativité et, par conséquent, plus elles ouvrent un espace pour que s'installe une relation de soins. Un espace qui prendra en compte la liberté de l'autre et la singularité de son être.

2. Steve Melanson, *Les héritiers du vide*, Rosemère, Clermont, 2012.

Dans la chambre du mourant

La présence d'un intervenant en soins spirituels n'est donc pas utile à celui qui adhère à une religion structurée, avec des croyances solides et fortes, respectueuses des dogmes, et au sein d'une communauté unie?

Bien au contraire! Dans ce cas de figure, l'action de l'intervenant en soins spirituels cherchera à accroître les forces déjà à l'œuvre : devant la maladie ou la mort, nombre de gens très religieux demandent à voir l'intervenant en soins spirituels, car la perspective de la mort soit conforte les croyances, soit les remet radicalement en question.

Vous avez connu ce genre de situations?

Oui. Je me souviens d'une femme âgée, chrétienne, atteinte d'un cancer en phase terminale, qui me confie : «Je continue d'y croire, mais je ne Le prie plus, je ne Lui parle plus.» Accompagner veut dire s'attacher à l'expérience existentielle de l'autre, peu importe ses croyances et les miennes qui, par ailleurs, gagneront à être clarifiées.

Précisément. Pouvez-vous nous parler de votre propre cheminement? Qu'est-ce qui vous a convaincue de quitter un emploi stable et bien rémunéré pour acquérir une formation dans un tout autre domaine?

Je viens du milieu communautaire et coopératif; je suis animée du désir de changer le monde par l'économie sociale. Or j'ai décidé de prendre une pause en me lançant dans ce genre d'études. Pourquoi? C'est une bonne question, à laquelle je n'ai pas eu de réponse précise au départ. Ce que je comprends mieux maintenant, le phénomène étant bien documenté, c'est que le deuil est un moment pivot, qui incite à prendre des décisions importantes. En ce qui me concerne, c'est le décès de mes parents qui a provoqué mon retour aux études à cinquante-sept ans. Soudain, je me suis sentie libre. Pourtant, je ne vivais pas une relation fusionnelle avec eux. Leur mort m'a donné le sentiment d'être affranchie d'une certaine forme d'autorité, même si, dans les faits, mes parents n'exerçaient plus une influence sur ma vie quotidienne. Leur mort a remué en moi quelque chose de profond que je saisis mieux par couches successives, au fil du temps. J'ai assisté à la mort de mes deux parents, je m'y suis impliquée sans retenue et j'ai été fascinée par ce moment-là : quelle affaire! Comment dire…

Notre perception de la mort a évolué au fil des siècles : dans l'Égypte ancienne, au Moyen Âge, à la Renaissance, à l'époque moderne, puis postmoderne, notre vision de la mort a changé, elle a même changé beaucoup ; mais la mort, elle, n'a pas changé. En quoi la mort est-elle différente aujourd'hui de ce qu'elle était il y a deux mille ans ? Je tends à penser que la théorie du big bang est un phénomène moins mystérieux que la mort d'un être humain. La science n'en sait-elle pas davantage aujourd'hui sur la naissance de l'univers, et même sur sa fin — il existe différentes hypothèses scientifiques à ce sujet —, que sur la mort d'un être humain ? C'est tout de même étonnant!

Conséquence de la perte des repères : la question de la mort est renvoyée à chacun ; l'individu n'est plus soumis à un dogme, à une explication, à une croyance. Cette liberté nouvelle remet les questions existentielles à l'ordre du jour, et ce non seulement pour quelques athées, mais pour l'ensemble de la société. Nous sommes tous confrontés à la question : « Qu'est-ce que la mort? », « Qu'est-ce que ma mort? » Comme la plupart des Québécois de ma génération, j'ai reçu une éducation catholique. Là où la religion apporte à la question de la mort des réponses toutes faites, je me suis trouvée devant un phénomène immense, mystérieux, et en même temps d'une grande beauté. C'est là le paradoxe! Objectivement parlant, le corps des mourants est souvent défait et laid : visage émacié, bouche édentée — je vous laisse imaginer le reste. Mais au même moment, on dirait que l'imminence de la mort révèle ce qu'il y a en dessous : l'essence, l'âme, enfin quelque chose de très intime, la présence singulière au monde qui est celle de cette personne et la présence de la vie elle-même. Avoir accès à cette intimité qui devient beauté est un privilège. Je me dis que c'est une condition pour faire ce métier : être capable de voir cette beauté. Ce qui m'a fascinée, c'est ce dépouillement, ce dénuement à l'approche de la mort, pour ceux qui la voient venir.

Je ne sais pas si «fascination» est le bon mot. Je ne veux pas dire par là une fascination morbide, ou romantique, pour la mort. Ma fascination pour la mort est plus naïve et ressemble à de l'émerveillement. Quand j'étais enfant, à sept ans, j'ai été hospitalisée, et j'ai vu des gens mourir. Ce fut mon premier contact avec la mort. Et je me rappelle avoir été fascinée par cette réalité. Quand un malade mourait, tout un rituel se mettait en place. Les gens arrivaient, ils pleuraient, se donnaient des accolades, chuchotaient, à cette époque-là il était permis de fumer dans les hôpitaux, donc on fumait, on mangeait du chocolat, on tirait les rideaux, le prêtre venait, ce monsieur «déguisé dans un beau costume» — c'est ainsi qu'il apparaissait à l'enfant de sept ans que j'étais. Bref, il se passait quelque chose hors du commun, qui m'attirait. En termes humains, en termes relationnels, il se passait quelque chose de beaucoup plus fort, de beaucoup plus intéressant, que ce que je vivais de mon côté, en tant qu'enfant malade, alitée et qui s'ennuie. Je me rappelle même avoir dit à l'infirmière que je voulais recevoir la même chose que ce qu'avait reçu cette vieille dame qui venait de mourir et qui, la veille encore, m'avait envoyé la main depuis son lit, en face du mien. Je revois encore l'air estomaqué de l'infirmière! Mais elle a parlé au prêtre, le prêtre est venu me voir, et il m'a donné la communion, lui qui était venu pour administrer l'extrême-onction.

Je pense que, pour moi, tout a commencé à ce moment-là. Ce fut une initiation, une fascination ressentie avec la curiosité d'un regard d'enfant, une fascination innocente que je crois avoir conservée et qui donne une assise à mon accompagnement aujourd'hui. Un autre enfant aurait peut-être vécu différemment la même scène, mais, pour ma part, il n'entrait aucune peur dans ce premier contact avec la mort. Beaucoup plus tard est survenue celle de mes parents à quelques semaines d'intervalle.

Le programme précise : «soins spirituels»; que veut dire l'expression au juste? Le mot «soins» renvoie à l'éventualité d'une thérapie alors que la spiritualité renvoie plutôt à la sphère religieuse. L'expression «soins spirituels» n'est-elle pas étrange, paradoxale?

Il est vrai que l'intervenant en soins spirituels ne dispense aucun traitement. Je pense qu'on a retenu la dénomination parce que le monde hospitalier est un lieu du *cure* plutôt que du *care*, pour reprendre une distinction qui apparaît plus clairement en anglais. Personnellement, ce n'est pas l'expression « soins spirituels » qui me pose problème. Qui refuserait la demande de soins faite par celui qui souffre ou est vulnérable ? C'est le mot « intervenant » qui me fait sursauter. Je préfère « travailleur » en soins spirituels, comme on parle d'un travailleur social. Pour moi l'idée de travail renvoie à la notion de service et à la co-construction d'une expérience à vivre avec l'autre plutôt qu'à l'idée d'une intervention qui, malgré tout, peut laisser entendre qu'on a la solution au problème de l'autre, à sa souffrance. Comme le disait Gandhi, « la vie n'est pas un problème à résoudre mais un mystère à vivre ». J'aime servir l'autre dans ce mystère qui rejoint tout autant l'univers spirituel, religieux, qu'existentiel. Du coup, mon rôle est plutôt d'attendre, d'accueillir l'autre et ce qui va émerger de l'expérience, la sienne, singulière.

« Attendre et voir ce qui va se passer » : la formule demeure énigmatique. De quoi s'agit-il ? C'est une disponibilité plus grande pour le mourant ? Être à l'écoute ? En quoi votre travail consiste-t-il ?

Dans les faits, il y a plusieurs situations où l'on peut offrir le service. La première : l'intervenant en soins spirituels circule à l'étage, entre dans une chambre, se présente et entame le dialogue pour signaler au malade qu'un tel service est disponible, qui tiendra compte de ses besoins. L'intervention peut aussi avoir lieu à la suite d'une demande, soit du malade, soit de la famille, soit encore de l'infirmière ou du médecin qui suggère au malade ou à la famille de faire appel à un intervenant en soins spirituels. Enfin, troisième possibilité, l'urgence : le malade est en crise ou en fin de vie, la famille est à son chevet, elle veut voir un intervenant en soins spirituels.

Dans ces trois cas de figure, je perçois l'intervenant en soins spirituels comme un médiateur, un intermédiaire. Dans les situations de fins de vie, qu'il s'agisse de sa propre mort ou de celle d'un proche, les rapports seront chargés d'émotion, d'où la nécessité d'un médiateur. Les gens ne savent pas encore très bien ce qu'est un intervenant en soins spirituels, mais ils l'associent spontanément à un prêtre, figure d'apaisement et de compétence, dans un tel contexte. L'intervenant est celui qui permettra de médiatiser et de réguler ce qui va se passer, situation qui en laisse plus d'un désemparé. Il m'est arrivé d'entrer dans la chambre d'un mourant et de voir que la famille et les amis se tenaient loin de ce dernier, comme éparpillés : l'un debout dans un coin, l'autre assis sur une chaise, un autre encore au téléphone. Tous ces gens ont de la peine, mais ils ne savent pas quoi faire. Ils n'ont guère de référents au moment d'agir. Il faut quelqu'un qui démarre l'affaire, comme on dit, et qui dise : « Voulez-vous vivre un moment d'exception avec cette personne qui va mourir ? Oui ? Bien. Qui est cet homme (ou cette femme) ? Pouvez-vous m'en parler ? Est-ce que je peux m'en approcher ? » Même si le moribond est dans le coma, je me présente à lui. Je dis : « M. Untel, je m'appelle Claudine Papin. Je suis en compagnie de votre épouse. Elle vient de me dire qui vous êtes, et elle m'a parlé de vos valeurs. » J'invite alors les gens à s'approcher. Je leur demande s'ils veulent dire un mot, exprimer des sentiments, faire une déclaration. Voilà qui médiatise, qui jette une passerelle entre les sentiments et le sens. Pour ma part, je considère n'avoir aucun message à transmettre. Les prêtres ou les gens issus de la pastorale sont porteurs d'un message, même s'ils gardent le silence. Bien sûr, si les gens présents ou le malade ont une pratique religieuse, je me réfère à certains textes ou prières de circonstance. Je vérifie, s'il se trouve un croyant parmi les gens présents et je lui demande s'il veut lire une prière. Le geste me semble ainsi contribuer à ce que les personnes présentes se réapproprient leur expérience.

Que faites-vous en l'absence de croyants ou de gens pourvus d'un esprit religieux ? Que faites-vous quand tous sont plutôt en perte de repères en présence de la mort ?

Il s'agit de créer un espace ritualisé, de prise de parole, de manifestations favorisant la transmission, par le malade, de son héritage spirituel ou, si le malade est dans le coma, favorisant la formulation de cet héritage par les proches qui sont présents.

Il s'agit donc d'inciter les gens à s'exprimer, à verbaliser leurs émotions ?

Tout à fait, et à faire en sorte que ces paroles s'accompagnent de gestes significatifs qui vont enraciner l'expérience et laisser des images de ce moment exceptionnel. Sinon le passage peut être si évanescent que ceux qui l'ont vécu auront du mal à se souvenir de ce qui s'est passé et de ce qu'ils ont ressenti. Il faut susciter un moment particulièrement significatif. L'agonie peut être très courte, et prendre les proches par surprise ; ou s'étirer, et alors l'attention se relâche. Ce moment à encadrer sera significatif autant pour le mourant que pour les proches.

Je comprends mieux. Il s'agit d'organiser la mémoire, de créer un souvenir.

Susciter un moment où les gens pourront éventuellement exprimer leurs émotions, qui leur permettra aussi, sans qu'ils en soient toujours conscients, de formuler leurs croyances à l'aide de mots. Des phrases comme « Tu vas aller rejoindre maman au ciel » ou « Je vais toujours te parler » traduisent une croyance. Une fois exprimée à voix haute, cette croyance devient extérieure et va les soutenir dans leur deuil.

Est-ce que la plupart des gens croient à une vie après la mort ? Vous est-il arrivé d'entendre dire, dans un pareil moment, qu'il n'y a rien après la mort, que tout ce rituel ne sert à rien, que c'est fini ? Avez-vous déjà été en présence d'une telle forme de nihilisme ?

Non. Certains pensent peut-être ainsi, mais ce n'est pas ce qu'ils disent dans ces moments-là. Ce n'est pas le lieu d'un tel discours. Le sociologue Raymond Lemieux parle d'« itinéraire de sens ». L'idée me paraît très féconde[3]. Actuellement, dit-il, toutes les croyances sont dans l'air, les traditionnelles

---

3. Raymond Lemieux, « Les croyances des Québécois », < http ://ww. crss.ulaval.ca/_docs/Conference_RLemieux_Croyances_des_Quebecois. pdf >.

religieuses comme les cosmiques, qui posent l'existence d'une force et d'un ordre inscrit dans l'existence humaine, déterminant l'évolution du monde. Il y a aussi, dit-il, les croyances liées au « moi sublimé », c'est-à-dire « qui veut peut ». Croire en un moi doté de pouvoirs de salut inhérents à sa propre force. Ou encore il y a ces croyances prenant appui sur le social réifié : les bonnes valeurs finiront pas s'imposer ; le bien l'emportera sur le mal. Lemieux estime que, dans la société québécoise actuelle, ces croyances, mêmes si elles sont affirmées, ont tendance à être « colonisées ». Chacun pioche dans les différentes croyances pour trouver des réponses par rapport à ses besoins et s'éloigner, si nécessaire, du sens fourni par les dogmes pour donner une signification à son expérience à partir d'une logique personnelle et affective. Il donne l'exemple de cette dame, bonne catholique qui, au cours d'une entrevue, se disait très contente que la réincarnation soit maintenant intégrée à sa religion. Évidemment, ce n'est pas le cas. Elle a intégré cette croyance aux autres dogmes catholiques qui faisaient son affaire. Dans mon travail, ce que j'observe le plus souvent, c'est ce que Lemieux appelle un « itinéraire de sens », c'est-à-dire un cheminement qui consiste à faire siennes des croyances et à les organiser selon une logique qui donnera un sens à l'expérience que l'on est en train de vivre.

Récapitulons. En matière de croyances et de repères, nous sommes passés du dogme à la liberté, mais le danger de cette liberté est qu'elle amalgame des croyances de toutes sortes, avec le résultat que, dans les moments clés de l'existence, par exemple en présence de la mort, eh bien, rien n'est cohérent ni organisé. L'intervenant en soins spirituels jouera donc un rôle de liant, de médiateur, afin de fournir un cadre à cet évènement qu'est la mort : il s'agit d'« organiser la mémoire », comme on a dit. Cela étant, je conçois mal un cadre sans un sens qui l'accompagne, à défaut d'un dogme. En l'absence de sens à donner à la mort, comment créer un souvenir organisé ? Or ce souvenir est nécessaire, sinon la vie quotidienne va l'emporter. La mort sera banale : vite arrivée, vite oubliée.

À mon avis, il s'agit de faire émerger du sens, pas de le fournir. Or, pour faire émerger du sens dans de tels moments, on ne discute pas : on vit. Le sens est vécu. La première chose qui donne du sens aux évènements, c'est de les éprouver par les sens : qu'est-ce que je vois ? qu'est-ce que j'entends ? qu'est-ce que je touche ? L'expérience ressentie et reconnue créera du sens, que mes croyances soient organisées ou pas.

N'est-ce pas un peu passif ? Il suffirait donc simplement d'être présent ?

Être simplement présent demande une sorte d'ascèse. L'expérience vécue suscite du sens. Ce n'est pas l'intervenant en soins spirituels qui interprète les gestes ou la situation. Imaginons celui qui était absent quand son père est mort, s'il le revoit sous forme de cendres, dans une urne, quelle expérience en aura-t-il et quel sens va-t-il en résulter ? Pour moi, le sens, ce n'est pas résoudre le mystère de ce qui existe ou non après la mort. C'est de consentir à vivre une expérience qui aura marqué les esprits, au point qu'on veuille la raconter à ses enfants, et qui aura aussi marqué la vision de sa propre mort à venir. En installant un cadre sacré pour vivre cette expérience, on permet aux gens de mieux ressentir ce qu'ils vivent et de donner un sens à tout cela. Le moment peut ne durer que dix minutes, il a lieu, et chacun s'en souviendra. La tâche de l'intervenant en soins spirituels consiste alors justement à favoriser l'expression de gestes, de paroles, de relations ou d'émotions qui vont donner un sens à la maladie ou à la perte de l'être cher.

Cela me rappelle cette fin de semaine, alors que j'étais de garde, sur appel, et cela pour l'ensemble des hôpitaux de Québec. On me téléphone. Je me rends à l'hôpital. J'y trouve une femme allongée sur une civière, aux urgences, avec ses deux filles qui ont à peu près le même âge que moi. L'espace est réduit, l'intimité minimale. La femme va mourir. Elle ne reprendra vraisemblablement pas conscience. Ses filles disent qu'elles auraient voulu voir un prêtre. Je le fais appeler, mais il faudra patienter. Une façon d'établir le contact avec les membres de la famille consiste dans ce genre de situation à leur demander de parler de celui ou de celle qui va mourir, et non d'eux-mêmes, ce qui libère la parole tout en se concentrant sur le malade. Ne sont-ils pas là réunis précisément dans ce but ? Ce jour-là, en attendant le prêtre qui aurait administré le sacrement de l'extrême-onction, je demande aux filles de me parler de leur mère, inconsciente. Puis, je m'adresse à la mère : « Bonjour, je suis Claudine Papin. Je suis là pour vous. Je suis en compagnie de vos deux filles. Elles m'ont parlé de vous. » En somme, je reformule dans mes propres mots ce que les filles m'ont dit de leur mère et j'ajoute : « Moi, ce que je sens ici, c'est que vos deux filles vous aiment vraiment beaucoup ». Cet amour filial sincère était vraiment ce que je percevais. Alors la mère ouvre les yeux ! Les deux filles sont de chaque côté de la civière, elles me regardent, étonnées ; je leur cède la place près de leur mère pour qu'elles puissent être pleinement avec elle. Elles disent : « On est là, maman, on est là. »

C'était une expérience à la fois merveilleuse, douloureuse et mystérieuse. La scène aurait pu être tout autre, mais c'est ainsi qu'elle s'est déroulée, et je me dis qu'elle va donner un sens à ce qui a eu lieu, qu'elle va organiser la mémoire. Je suis sûre que les deux filles se souviendront toute leur vie du moment, aux urgences, où leur mère a ouvert les yeux. Jusqu'alors elles avaient voulu lui parler, sans pouvoir le faire. Est-ce là une manifestation du spirituel ? Pour ma part, je partage l'idée que « [c]heminer spirituellement, c'est devenir conscient qu'on est un mystère pour soi-même, et c'est tenter de découvrir peu à peu qui on est et comment on est devenu ce qu'on est, c'est tenter de comprendre ce qu'on porte comme questions et comme appels[4] ». Les proches cheminent eux aussi devant le mystère dont ils sont témoins.

En philosophie, il existe deux grandes traditions au sujet de la mort. La première, qui remonte à Socrate, considère qu'il est possible d'apprendre à mourir. C'est précisément ce que Platon fait dire à Socrate au moment de sa mort, à savoir que toute la philosophie est un apprentissage de la mort. L'idée sera reprise par Montaigne : « Si nous avons besoin de sage femme à nous mettre au monde, nous avons bien besoin d'un homme encore plus sage à nous en sortir » (Essais, III, 9). La seconde tradition philosophique affirme

---

4. Jean-Luc Hétu, *L'humain en devenir : une approche profane de la spiritualité*, Montréal, Fides, 2001, p. 30.

qu'il est impossible d'apprendre à mourir, car la mort, ma *mort, est un évènement intime et unique qui ne se produira qu'une seule fois, ce qui rend improbable l'idée même d'un apprentissage. Jankélévitch, par exemple, affirme que la mort est un scandale tant pour l'individu que pour l'intelligence : loin d'être apprivoisable, elle est carrément impensable[5]. Sans doute vous situez-vous plutôt du côté de Socrate et de Montaigne. Est-ce le cas ? Peut-on apprendre à mourir ?*

Peut-on apprendre à vivre ? Si on répond oui à cette question, alors on devrait pouvoir apprendre à mourir, car mourir fait partie de la vie. La notion d'«itinéraire de sens» me fait penser à la quête du héros : un chemin que chacun doit tracer pour et par lui-même. Le héros a une mission, il répond à un appel, doit affronter plusieurs obstacles ou essuyer des pertes, mais lui seul peut faire cela. Il peut recevoir l'aide d'alliés dans sa quête, mais si l'un d'eux affronte le danger à sa place, le héros n'est plus un héros. Le héros doit lui-même parcourir le chemin. Selon l'anthropologue américain Joseph Campbell et suivant le modèle héroïque qu'il a tiré des nombreux mythes de différentes cultures, telle est notre quête. Au terme de celle-ci, le héros revient dans son village pour se mettre à son service. Je pense qu'apprendre à mourir est l'ultime quête héroïque, l'ultime service à rendre à l'humanité. Mais encore, c'est peut-être aussi la mort qui nous apprend à vivre !

Pour autant, je ne pense pas qu'il y ait une bonne façon de mourir. On cite souvent en exemple des gens qui sont morts en paix, sereins, en tenant la main de l'être cher et en s'abandonnant à ce qu'on appelle une bonne mort. Je ne vois pas pourquoi cette mort serait meilleure que d'autres. Il existe toutes sortes de morts : après une agonie de cinq minutes ou après une longue maladie, chez soi ou à l'hôpital. Il y a des gens très malades qui espèrent voir venir la mort et des gens très malades qui ne veulent pas mourir. La bonne mort, c'est celle que chacun connaîtra.

5. Vladimir Jankélévitch, *La mort*, Paris, Flammarion, «Champs essais», 1977, p. 274-278.

Du coup, que veut dire apprendre à mourir ?

Aller au bout de sa propre expérience de vie, dont la mort est le terme.

Et cela en étant conscient de ce que l'on vit. N'est-ce pas là, au fond, la tâche de l'intervenant en soins spirituels : nommer la mort ?

Être conscient de ce qui se passe peut aider à mourir comme on l'aurait souhaité. Parfois, le mourant peut avoir une perspective plus large sur la situation et être davantage attentif à ce qu'il vit et à ce qu'il fait vivre. Cependant, je m'élève contre l'idée qu'il *faut* que les gens appréhendent leur mort en pleine conscience. Une telle obligation laisserait croire que certains réussissent à bien mourir et d'autres non.

Pas de « il faut ».

Pas d'obligation. S'il faut quelque chose, c'est susciter un moment hors de l'ordinaire et un espace sacré, faire une place à l'œuvre de mémoire, au sentiment, à l'émotion, à l'expression, de manière à dire ce qui doit être dit. Ce moment ne sera peut-être pas parfait mais au moins il sera complet. Une fois la mort survenue, je ne revois pas les gens. Ce qui résulte de cette mort, je ne le vois pas.

Notre époque individualiste a de bons côtés, mais elle recèle aussi un piège. De nos jours, l'individu parle de « sa » mort, alors qu'auparavant il était plutôt question de « la » mort. L'existence de dogmes religieux induisait un effet de généralisation. Le processus d'individuation est sain : c'est la tâche de chacun que de devenir celui qu'il doit être. Cela étant, le processus d'individuation peut se transformer en quête narcissique : aspirer à être unique — unique et beau. La mort vient contrecarrer ce projet. La mort ne progresse pas dans le sens de la beauté ni de la réussite au sens où on l'entend habituellement.

Mais comme je l'ai dit plus tôt, il y a une beauté dans le dépouillement pour qui sait la voir. Je trouve touchant, très touchant, d'entrer en relation avec un être qui sait qu'il va mourir. Aucune autre relation sociale ne vaut un tel moment, même si on le vit avec un inconnu, même si ce moment ne dure que cinq minutes. Aucun autre échange ne vaut un tel échange. Celui qui sait que son interlocuteur ne sera plus là dans un, deux, trois jours, est attentif à ce qui se passe. Le malade sait qu'il va mourir, et toi tu sais qu'il va mourir. C'est toute la différence du monde avec l'échange que nous avons en ce moment, même si nous savons l'un et l'autre que nous allons mourir un jour.

Claudine Papin est intervenante en soins spirituels.

Les paradoxes de la confrontation au mourir : une enquête philosophique

Louis-André Richard

> *Il y a une faille dans toute chose, c'est par là qu'entre la lumière.*
>
> Leonard Cohen

Depuis ses débuts, la philosophie construit sa réflexion politique et anthropologique sous le regard du rapport à la mort. Proposée par les Grecs, l'une des plus vieilles définitions de la philosophie se traduit littéralement comme une « pratique de la mort ». Cicéron affirmait pour sa part que « philosopher c'est apprendre à mourir ». Montaigne, à son époque, disait que « la mort est bien le bout et non le but de la vie ». L'homme se sait mortel : cruelle certitude qui limite son horizon et l'oblige à composer avec sa propre disparition, comme avec celle des êtres auxquels il est attaché.

L'humanité, depuis ses origines les plus lointaines, a été contrainte de s'accommoder de trois réalités structurant son être au monde, à savoir : Dieu, l'amour et la mort. Les civilisations portent la trace de cette triade, devenue de grands invariants[1] de la condition humaine. Toutes les communautés politiques, qu'elles soient barbares ou civilisées, ont en commun les trois coutumes suivantes : toutes ont une religion, toutes

---

1. Au dix-huitième siècle, Giambattista Vico a développé l'idée dans *Principes d'une science nouvelle relative à la nature commune des nations* (1725), Paris, Gallimard, « Tel », 1993.

contractent solennellement des mariages, toutes honorent rituellement leurs morts. Chez les nations, les plus sauvages soient-elles, il n'est de manifestations qui ne revêtent plus d'éclat que les cérémonies religieuses, les mariages et les rites funèbres. C'est dire l'importance, pour l'être humain, de savoir mener une réflexion rétrospective sur sa condition mortelle dans la quête légitime du bonheur ou d'une « vie bonne ».

À notre époque, cette tentative d'arrangement avec la mort passe, entre autres mesures, par la médecine palliative. Dans cet univers-là, il est question de fin de vie, de soins respectant la dignité et l'autonomie des mourants, d'euthanasie comme de suicide assisté, d'acharnement thérapeutique ou de sédation terminale… Tout ce vocabulaire porte la trace d'une métamorphose du rapport politique à la mort. L'évolution des sciences et de l'art de la médecine a bouleversé la manière de concevoir la fin de l'existence humaine. Les sociétés réagissent à cette réalité en proposant divers arrangements privilégiant de plus en plus l'autonomie décisionnelle des mourants, lesquels arrangements cherchant à modifier les normes et les lois qui encadrent cette même autonomie. La question fondamentale est alors de savoir si cette modification du rapport politique à la mort, apparemment inéluctable, comporte plus d'avantages que d'inconvénients en ce qui concerne le développement des sociétés contemporaines. Je tenterai donc ici de montrer les pièges d'une telle évolution de manière à mieux encadrer la réflexion sur la fin de vie.

Savoir poser le problème

La relation de l'homme à sa condition mortelle est un sujet trop important pour souffrir d'être mal posé. Nous l'avons dit : la question du rapport à la mortalité est aussi vieille que l'espèce humaine elle-même. Mais à l'heure où les technosciences repoussent les limites de l'existence humaine et ont profondément modifié notre rapport à la douleur, en quels termes nos sociétés doivent-elles poser la question de la mort ? Envisagée sous l'angle politique, la question du rapport à la mortalité se traduit par un débat sur la question du « mourir dans la dignité ». Sur ce point, un consensus semble se dégager autour de la nécessité d'adapter les législations de manière à permettre l'aide médicale à mourir. Penser le mourir en notre temps semble donc indissociable de la nécessité de penser les conditions techniques et politiques ménageant la sortie de l'existence.

À cet égard, la situation du Québec offre un point de vue intéressant. Selon les plus récents sondages d'opinion[2], une majorité de Québécois (85 %) semblent favorables à la pratique de l'euthanasie. Si l'on considère ceux qui ont exprimé un avis devant la Commission spéciale sur la question de mourir dans la dignité[3], 59 % d'entre eux se sont prononcés contre un réaménagement de la loi allant dans ce sens. Plus étonnant encore, environ 90 % des personnes impliquées directement dans le milieu des soins palliatifs sont opposées à l'euthanasie[4]. Derrière ces paradoxes de l'opinion publique, quelques interrogations couvent. D'où vient l'étonnante différence entre l'opinion de ceux qui sont directement concernés par l'accompagnement des mourants et celle de la population en général ? Comment interpréter la réticence à procurer une aide à mourir, réticence moins grande numériquement parlant que celle de la population, mais tout de même réelle et qui concerne le plus grand nombre de ceux et celles ayant fait l'effort de

---

2. On trouve dans le document produit par la commission spéciale Mourir dans la dignité en mars 2012, dans son annexe 4, l'essentiel des données statistiques indiquées ici concernant l'opinion publique, < www. assnat.qc.ca/fr/document/54787.html >. Les chiffres faisant état de l'opinion des intervenants à la commission proviennent de la compilation des mémoires présentés lors de celle-ci. La liste de ces mémoires est disponible sur le site de l'assemblée nationale à l'adresse suivante : < http :// www.assnat.qc.ca/fr/travaux-parlementaires/commissions/CSMD/mandats/ Mandat-12989/index.html >. Pour ce qui est du chiffre concernant l'opinion des intervenants en soins palliatifs, il est établi en fonction des votes exprimés par les membres des associations de soins palliatifs lors de l'établissement de leurs politiques rejetant les pratiques euthanasiques.

3. Créée par l'Assemblée nationale du Québec le 4 décembre 2009, cette commission a remis son rapport le 22 mars 2012.

4. On observe le même phénomène en France comme le rappelle le philosophe Damien Le Guay, dans son dernier ouvrage : « N'oublions pas que l'immense majorité des médecins et des infirmières, eux qui sont en première ligne, qui savent ce qu'il en est, qui parlent en connaissance de cause, sont contre l'euthanasie » (*Le fin mot de la vie. Contre le mal mourir en France*, Paris, Le Cerf, 2014, p. 226-227).

répondre à l'appel des parlementaires? Comment interpréter l'écart paradoxal révélé par ces chiffres?

Une réponse lapidaire à ces questions serait de dire tout simplement qu'en démocratie *vox populi, vox Dei*, ce qui revient à faire de la voix de la majorité une raison suffisante pour modifier la loi en la matière. De nouveau, je voudrais en appeler ici à une sagesse antique dont le bien-fondé me semble toujours actuel. Je rappelle les critères posés par Aristote et la prudence qu'il invite à adopter en matière d'autorité de la *doxa*. Comme la nature des sujets concernant la réflexion sur le mourir relève du probable et exige enquête et délibération, Aristote suggère de discerner l'*endoxe* derrière la *doxa* et de ne pas se contenter du simple assentiment général. Qu'est-ce à dire?

Il s'agit de s'efforcer de moduler son jugement en fonction de l'importance donnée à certains citoyens reconnus pour leur sagesse, et dont le discours fait du coup autorité. Mais, dans le cas qui nous occupe aujourd'hui, qui sont les experts? Qui sont les sages? Ceux-ci ne sont-ils pas manifestement à chercher du côté des hommes et des femmes qui œuvrent quotidiennement au chevet des mourants? Se situant sur la ligne de front qu'est la mort imminente, lors même que penser la mort dans sa singularité échappe, ceux-là forment une communauté délibérante dont l'atout principal réside dans leur expérience du terrain et leur sagesse pratique, toutes deux avérées. La distinction entre le sage et l'expert est importante, car la figure de l'expert ne recoupe pas nécessairement celle du spécialiste[5]. Aristote parle souvent de l'homme d'expérience qu'il distingue du savant. Parfois, dans les affaires humaines, la sagesse inhérente au domaine de l'éthique et du politique passe par l'écoute attentive de la parole des gens d'action. Or, dans le cas qui nous occupe, la plupart des agents engagés dans la pratique des soins palliatifs font preuve d'un tel discernement[6].

Le fait que ces derniers soient réticents à provoquer la mort amène la réflexion à un autre niveau. Que se passe-t-il quand le problème de la mort est envisagé non pas dans une perspective

5. Je tiens à souligner l'extrême confusion dans les débats actuels sur la prise en compte de l'expertise dans le domaine de la mort.
6. Damien Le Guay (*op. cit.*) reconnaît d'emblée cette compétence aux personnels des soins palliatifs.

lointaine et anticipée, mais dans l'actualité et la proximité? Chacun est alors placé devant un autre paradoxe, celui de l'existence d'une sorte de «beau mal». Vraisemblablement, l'expérience palliative révèle que les peurs liées à la mort ne sont pas les mêmes que celles vécues au moment même des dénouements effectifs, lorsqu'elle survient bel et bien. Comme l'a écrit Paul Ricœur, «l'agonie n'est pas la *fin,* mais la lutte pour la fin, vers la fin; à cette lutte nous participons, aidant le moribond à lutter (comme dit Heidegger, nous n'assistons pas à la *mort,* nous assistons le *mort*), à moins que, frappés de stupeur, nous ne soyons résumés dans l'attente horrible que la *mort* vienne enfin rompre de son silence et de sa paix le tumulte de l'agonie: autre chose est le *dernier* acte, autre chose le dénouement[7]». L'accompagnement palliatif est peut-être ce lieu privilégié où la stupeur cède à la paix, où l'effort déployé dans l'accompagnement jusqu'au bout, jusqu'au terme d'une mort naturelle, offre un dénouement dont le bilan se révèle plus serein que malsain. L'agonie, dernière phase de lutte avant de quitter ce monde, offre un spectacle rebutant. L'état stuporeux des patients s'accompagne de signes dérangeants. Joues creuses, visage décharné, teint cireux, râles et respiration saccadée: tout ce qui précède le dernier souffle dit bien à quel point la mort se donne à voir dans toute sa laideur et son mal. À l'inverse, être présent à cette agonie en assistant les agonisants, par-delà le malaise qu'il est normal d'éprouver, loin d'être source de déprime, semble favoriser l'éveil de la conscience et assurer une meilleure compréhension du monde. La mort serait ainsi le révélateur de l'humanité présente dans l'homme.

C'est là toute la logique démontrée par un Soljenitsyne méditant sur la paille pourrie de sa geôle et s'écriant: «Bénie sois-tu, prison[8]!» C'est aussi l'expérience d'un Oskar Schindler, qui, sous le régime nazi, prenant parti pour les opprimés, en l'occurrence juifs, verra son existence transformée et grandie au contact des plus faibles, en raison de l'aide qu'il leur apporte. On pourrait également évoquer l'expérience d'un Aron Ralston, ingénieur et alpiniste demeuré coincé, en mai 2003, sous un

---

7. P. Ricœur, *Philosophie de la volonté,* Paris, Aubier, 1949, p. 432.
8. A. Soljenitsyne, *L'archipel du goulag,* Paris, Seuil, t. 2, 1974, p. 460.

rocher pendant 127 heures dans un certain canyon en Utah, et puisant en lui la force de mutiler son corps afin de survivre. Ce dernier a clamé à qui voulait l'entendre à quel point cette expérience a été l'occasion privilégiée d'une réorientation complète de son existence, d'une véritable conversion, et cela pour le mieux. Loin de moi l'idée de formuler à l'emporte-pièce des lois générales ou de moraliser en douce. Ces exemples sont plus grands que nature et renvoient à des circonstances exceptionnelles. De plus, ces histoires liées à la mort ont toutes un lendemain, ce qui n'est jamais le cas de ceux et celles arrivés au terme de leur existence.

Mais je ne fais que poser le problème et tâcher d'en respecter la formulation. La suggestion qu'il pourrait exister une herméneutique de la fin de vie orientée vers l'expérience d'un « beau mal », où s'exprime une forme de résilience surprenante par-delà le scandale du spectacle des maux de la fin, est ancrée, répétons-le, dans la pratique quotidienne des institutions de soins palliatifs. Elle est une invitation à une réflexion philosophique fondamentale, qui est aussi d'ordre anthropologique, esthétique et politique. Envisager toute fin de vie comme une expérience de « beau mal » implique de revisiter des thèmes comme celui de la *claritas,* formulé et développé par la philosophie classique qui pose ainsi l'existence d'une splendeur intérieure perceptible de l'extérieur. Transposée à notre époque, la clarté et la lumière émanant d'une œuvre deviennent semblables à celles attendues et vécues dans les milieux des soins palliatifs. À ceux arguant qu'un tel phénomène ne peut que renvoyer à l'expérience religieuse, il faut rappeler que, dès le Bas Moyen Âge, la *claritas* était décrite comme une émanation de l'objet ou des êtres eux-mêmes plutôt que comme une projection d'en haut, de source divine[9]. Il y a là une piste féconde pour envisager le rapport à la mort dans les limites établies par la réflexion contemporaine laïque.

Les communautés palliatives sont des lieux privilégiés d'expression de la vulnérabilité humaine où se confirment les

---

9. Sur cette question, nous renvoyons à la belle étude du philosophe Umberto Eco, *Art et beauté dans l'esthétique médiévale*, Paris, LGF, « Biblio essais », 1997.

mots du poète : « Il y a une faille dans toute chose, c'est par là qu'entre la lumière » — *et qu'elle en sort*, s'empresseront d'ajouter les membres de ces communautés, y compris les patients eux-mêmes. C'est là le cœur du problème ; est-ce là peut-être aussi le lieu de sa résolution ? La réticence exprimée par certains devant l'idée d'une aide médicale à mourir traduit certainement une attitude de prudence en vue de préserver les conditions favorisant une telle lumière.

Autonomie et altérité

La « belle mort », si tant est que l'expression soit encore recevable, est rendue possible du fait qu'elle est accompagnée. Mourir certes, mais jamais seul : c'est là une autre vérité fonda-mentale dont la fréquence, la régularité et la constance ne semblent pas faire défaut au sein de ces mêmes institutions palliatives. La question se déplace donc sur la nature et la qualité de cet accompagnement. L'intrusion de la technologie à l'étape de la mort risque d'occulter l'expérience humaine de l'accom-pagnement à mourir, au profit d'un contrôle obsessif des derniers moments de l'existence. Telle est peut-être ici la vraie tragédie : une mort dans la solitude, au milieu de machines.

Le problème prend de l'ampleur à proportion de l'élar-gissement politique du principe d'autonomie qui se traduit souvent, dans les faits, par un droit inaliénable à la solitude. L'univers de la bioéthique a vu se développer un « principe d'autonomie[10] » dont l'éthicien Tristram Engelhardt est le père spirituel. Selon ce dernier, « le principe d'autonomie donne un fondement au droit d'être laissé seul[11] ». Ce droit devient une revendication supplémentaire du droit de tout faire à condition de ne pas nuire à autrui. On peut y voir aussi non pas l'ajout d'un droit mais une précision apportée à un droit antérieur, une modulation implicite à l'autonomie

---

10. Le « principe d'autonomie » est la formulation désormais consacrée dans le monde de la bioéthique. J'y vois pour ma part le dernier avatar de l'idée de la liberté, envisagée ici de manière réductrice et pourtant opératoire.

11. T. Engelhardt, *The Foundations of Bioethics*, New York, Oxford University Press, 1996, p. 265.

individuelle. Quoi qu'il en soit, ce qu'il faut retenir, c'est la revendication de ce «laisser seul».

Au moment de poser le problème de la liberté et de l'autonomie, impossible de ne pas souligner le paradoxe qu'entraîne la rencontre de cette revendication et celle des conditions propres à cette situation limite qu'est la fin de vie. À nul autre moment dans le continuum de l'existence humaine ne se vérifie mieux sans doute la sagesse de l'assertion biblique : «il n'est pas bon pour l'homme d'être seul[12]». La fin de vie est une expérience de grande solitude. Chacun meurt seul dans la mesure où nul ne peut comprendre, par héritage d'expériences comparatives, les sentiments et les états d'âme de chacun dans cette anticipation du dénouement fatidique. Chacun ne peut qu'éprouver *ad remotio* une empathie fondée sur des expériences similaires de souffrances et de renoncement, mais sans réelle équivalence avec la spécificité de la mort. En revanche, cette solitude imposée est un appel à la sollicitude d'autrui. C'est ce dont témoigne la belle aventure de l'accompagnement palliatif.

Bien formuler la question de l'autonomie, dans ce contexte, implique de mettre en lumière le choc de la rencontre entre la revendication politique au soi-disant «droit d'être laissé seul» et le *climax* qu'est l'aboutissement d'une existence, marquée par le souhait universel et répété de ne pas mourir seul. Le vocabulaire de l'éthique palliative fait ainsi apparaître des notions comme «autonomie relationnelle[13]» ou «autonomie

---

12. *Bible de Jérusalem*, Paris, Cerf, 1998, Gn, 2, 18, p. 40.

13. Je reprends ici la formulation particulièrement précise qu'en proposent Marie Garrau et Alice Le Goff : «L'élaboration de la notion d'autonomie relationnelle a sa source dans une tentative de dépassement des limites de la notion libérale de la citoyenneté appuyée sur une conception du sujet défini comme apte à l'autodétermination, l'autonomie étant ici comprise de façon réductrice comme indépendance. Par là, c'est la part de la construction sociale dans la subjectivation, la dimension intersubjective du développement de la personnalité qui sont occultées. L'enjeu des théories de l'autonomie relationnelle, auxquelles Jennifer Nedelsky a grandement contribué en s'inspirant notamment des éthiques du *care*, est précisément de réintégrer ces dimensions en prenant en compte le fait de la dépendance ou plutôt de l'interdépendance. La notion d'autonomie relationnelle doit ainsi ouvrir sur la perspective d'une conception relationnelle de la citoyenneté, qui ne se comprend qu'au regard de la double rupture qu'elle requiert, avec les ontologies individualistes du

réciproque[14]», oxymores rendant compte du paradoxe dont je tente ici de cerner les contours. Ces notions nouvelles traduisent la rencontre d'une aspiration exacerbée à l'indépendance personnelle et du besoin éprouvé, particulièrement en fin de vie, de s'abandonner à une dépendance librement consentie. Ainsi compris, le paradigme actuel de la fin de vie serait la reconduction d'une réalité au fondement de toute existence humaine, à savoir le difficile passage du statut d'individu autonome à celui d'être dépendant, dans une vulnérabilité partagée[15]. Par conséquent, j'estime que la réflexion sur cette situation limite qu'est la fin de vie exige plus que jamais de se réapproprier le postulat philosophique faisant de l'être humain un «animal politique». Peut-être la mort est-elle, oui, un cas de figure renvoyant à la formule d'Aristote : «l'infortune devient une des nécessités poussant à l'amitié[16]». Affronter la souffrance liée à la mort imminente relève en effet d'une «infortune»

---

social d'une part, avec les ontologies holistes ou collectivistes d'autre part» («Vulnérabilité, non-domination et autonomie : vers une critique du néorépublicanisme», *Astérion*, n° 6, 2009, p. 3).

14. On doit au philosophe Jean-François Malherbe la description et l'usage du concept. Dans *Sujet de vie ou objet de soins?*, ce dernier pose la nécessité d'une compréhension originale de l'autonomie pour la distinguer de la tendance lourde d'assimilation à l'indépendance ou à l'autarcie individuelle : «À ce concept autarcique de l'autonomie s'oppose le concept d'*autonomie réciproque*. La référence à la réciprocité marque toute la distance qui sépare l'autarcie de l'autonomie au sens où elle est entendue ici. *Réciprocité* ou *autarcie*, la nuance est de taille. La prétention à l'autosuffisance nie implicitement l'interdépendance langagière des humains, interdépendance que souligne la réciprocité» (*Sujet de vie ou objet de soins? Introduction à la pratique de l'éthique clinique*, Montréal, Fides, 2007, p. 51).

15. Une réponse à ce paradigme est de proposer une éthique de la vulnérabilité destinée à faire contrepoids aux visées par trop individualistes de l'éthique de l'autonomie : «À cette éthique de l'autonomie liée à une ontologie privative et à une certaine méprise sur la vie s'oppose une éthique de la vulnérabilité dont l'ambition ultime est de corriger les fondements de la philosophie du sujet. Soulignant l'épaisseur du sujet pratique et insistant sur la passivité du vivant, cette éthique de la vulnérabilité invite à remplacer la définition classique du sujet et du rapport de l'homme à l'autre [...]» (C. Pelluchon, «Du principe d'autonomie à une éthique de la vulnérabilité », *Médiasèvres*, n° 156, 2010, p. 83).

16. Aristote, *Éthique à Nicomaque*, IX, 1171a, Paris, Flammarion, 2004, p. 483.

extrême et l'appui d'autrui devient alors le pivot autour duquel s'articule l'humanité comprise dans l'homme.

Dans le vœu de «ne pas nuire à autrui» apparaît un autre questionnement sur les fondements des liens humains. Les expériences de fin de vie voient surgir des sentiments contradictoires : grande solitude à l'imminence de la mort et désir irrépressible d'une sollicitude pour l'accompagner. Il semble que le besoin d'autrui ne se fasse jamais autant sentir qu'au moment de cette solitude extrême devant la mort. *In fine*, la recherche d'un pivot susceptible de structurer une relation renouvelée à la mort passe par un examen des transformations de la notion d'autonomie. La réflexion philosophique actuelle trouvera un vrai ancrage dans la tentative d'éviter la menace exprimée par Platon et qui plane toujours quelque deux mille quatre cents ans plus tard : «Nos libertés nouvelles nous exposent à de nouvelles servitudes : une liberté excessive peut se muer en servitude excessive, et cela aussi bien pour l'individu que pour la cité[17].»

La mort est incontournable, mais est-elle impensable? La société actuelle, en multipliant les distractions, semble offrir peu d'occasions de la penser. Ce trop court article aura voulu proposer quelques pistes de réflexion. Il m'apparaît fécond de bien poser le problème du rapport à la mort en s'inspirant de l'expérience des communautés d'accompagnement palliatif — milieu riche, méconnu du public. Quiconque fréquente ces milieux sera confronté à un mélange complexe de laideur et de beauté où je veux croire que la seconde l'emporte sur la première. Le constat devrait inviter à la réflexion. Et de même de l'opposition entre mort solitaire et mort solidaire. L'appel à la sollicitude se fait entendre au moment précis où le mourant se heurte à la plus profonde solitude qu'il lui ait été donné d'éprouver au cours de son existence. Dans nos sociétés marquées par l'individualisme, où l'autonomie peut prendre une forme étrange, il y a là aussi un espace de réflexion à ménager.

La pensée antique attribuait à la philosophie la capacité d'être une forme de « médecine de l'âme » au moyen de l'adou-

17. Platon, *République*, VII, 564a, *Œuvres complètes*, traduites sous la direction de Luc Brisson, Flammarion, 2008, p. 1731.

cissement des mœurs et de la recherche de la sagesse. Je suis convaincu du bien-fondé d'une collaboration féconde entre l'approche antique et la réalité actuelle du monde des soins palliatifs. La philosophie propose un ensemble de concepts sur lesquels malades, proches, soignants peuvent s'appuyer afin de vêtir le vide qu'entraîne la souffrance. La philosophie comme moyen possible d'accéder à la sérénité me semble une voie bénéfique.

Doctorant en philosophie, et en éthique et politique, Louis-André Richard enseigne la philosophie au cégep de Sainte-Foy, à Québec. Il travaille actuellement à une thèse intitulée « Les métamorphoses de la relation politique à la mort : une recherche de pivots structurant la réflexion en médecine palliative ».

Considérations atemporelles
sur un thème inépuisable

Benoît Castelnérac

Mieux vaut mourir en désirant de la viande, Que de souffrir les affreux harcèlements des bouchers

— Saadi

Penser la mort aboutit à une quantité d'apories. Elle relèverait donc de l'impensable. Comment, dès lors, soutenir qu'il est humainement préférable d'y penser plutôt que d'en faire le moins de cas possible? Une démonstration de longue haleine pourrait profiter d'une exploration des conceptions de la mort dans l'histoire et chez les peuples les plus divers, mais il reste que la mort fait partie des réalités aussi individuelles qu'atemporelles. Partant de cette simple constatation, je voudrais présenter, fût-ce de manière schématique, les rapports que chacun peut avoir *hic et nunc* avec la Faucheuse.

Logiquement, les notions de vie et de mort sont liées, tout opposées soient-elles dans leur signification et leur manifestation. Notre conception de la vie montre à quel point penser la mort relève de l'énigme. Réfléchir à la notion de vie implique nécessairement de penser des ensembles d'ensembles. Pour un biologiste, la «vie» peut désigner, de manière toute générale, le phénomène du vivant. C'est-à-dire chaque individu doté d'une cause autonome de mouvement, de la cellule la plus élémentaire aux vivants les plus complexes. Parler de la «vie» englobe ainsi tous ces ensembles que sont les vivants unicellulaires ou archi-complexes, qu'ils soient solitaires ou grégaires, parasites ou parasités, macro ou micro-biotiques. Un tout que l'on divise, faute de mieux, en classes et sous-classes, genres et sous-genres.

De même, si l'on s'intéresse à la « vie de quelqu'un », on tente d'embrasser par la pensée l'ensemble de ses actes, de ses émotions, de ses réflexions, du berceau jusqu'à la tombe. Ici encore, parler de la vie, c'est parler d'une somme de sommes, que la pensée ne peut entièrement mettre au jour sans recourir à des simplifications, à des raccourcis, à des analogies.

Aussi mystérieuse et plurielle que soit la vie, la mort se présente comme une somme plus impensable encore, comme si au-delà du phénomène infiniment divers de la vie s'imposait une réalité plus diverse encore. Parce que le propre de tous les organismes vivants est, en un instant précis, de mourir, la mort, limite de tout être vivant, représente pour chacun une fin irrémissible. Si la vie est un mystère qui nous échappe, la mort n'est-elle pas plus impénétrable encore ? Cette mort, qui s'immisce sans cesse dans le cours de la vie, borde d'un liseré d'obscurité le fastueux cortège de la vie. De l'inerte, chaque vivant retourne à l'inerte. Dans ce monde infranchissable qu'est notre univers, système peut-être infini qui, à en croire certains, va pourtant sans cesse se refroidissant, la vie est un joyau enchâssé dans un écrin de matière morte. Si l'on pense au cosmos dans sa totalité, la vie y est un phénomène momentané et exceptionnel, la mort y est universelle et omniprésente. Sauf à affirmer que tout est vivant dans l'univers, il semble impossible de penser que les organismes vivants y soient en aussi grand nombre que ces autres réalités — astres, planètes, éléments chimiques — qui n'ont pas la vie en partage. La nature et l'étendue de la mort la rendent incommensurable. La pensée est impuissante à en saisir toute la profondeur et l'étendue. La mort est l'illimitation des infinis, elle est la seule et unique ligne droite qui remonte à la nuit des temps et s'enfuit par-delà les limites de tout avenir concevable.

Soit, *le* mort, entendu au sens neutre de *ce qui* n'est pas en vie, regroupe un ensemble de réalités infiniment plus nombreuses que le vivant. Un biologiste ou un astrophysicien peut penser en ces termes. Il n'en va pas de même pour l'homme de la rue qui entend plus volontiers *la* vie au sens de vie *humaine*. Dans ce cas, «mort» ne se dit que de ce qui était jadis en vie. Envisagées sous cet aspect, la vie et la mort entretiennent un rapport inversement proportionnel à celui observé à l'échelle cosmique, où l'étendue et la variété de la matière non vivante l'emportent numériquement sur l'infinité des formes de vie. D'un point de vue anthropocentrique, au contraire, la vie se présente comme un phénomène durable et varié, riche en diversités et en possibilités virtuellement infinies. À l'aune de toute une vie, la mort est brève et sans appel. Tout le monde sait ce qu'elle est. Elle est le fil d'arrivée d'une course dont le tracé est, par définition, imprévu. La vie se ramifie en des méandres tellement innombrables qu'il serait vain d'en vouloir faire la cartographie complète. De son côté, la mort se présente comme une limite dense et instantanée, le passage étroit de finitude vers l'extérieur du monde en vie. Dans la grande mélodie de la vie, la mort est le pizzicato final, cruel, dramatique, voire serein et grandiose. Le dernier souffle s'échappe sous la pression d'une brimade universelle. Le terminus est embusqué, et quelles que soient la richesse et la diversité de la vie, il faut que tous y descendent. Une fois descendu, il n'est plus possible de reprendre la course.

• • •

L'éventualité d'une mort accidentelle rappelle pourquoi il est impératif de donner, avant tout, un sens à *sa* vie. Que la mort de quiconque ait elle aussi une signification dépendra du sens que nous aurons donné à notre vie. L'être humain cherche forcément à valoriser la vie et à fuir la mort. Pour autant, y a-t-il un sens à vivre en faisant fi de la mort? Pour dire les choses autrement : dès lors que la mort attend chacun, est-il possible de vivre sans assumer le devoir d'accepter sa mort?

Certains résolvent le problème en se débarrassant de la mort. «Elle n'est rien pour nous», disent les épicuriens. En se tournant vers les affects et les désirs pour donner sens et mesure à la vie, l'hédonisme moderne semble une version minimaliste et technicienne de la pensée du Jardin : devant l'antagonisme vie et mort, repoussons les limites de la vie! Luttons coûte que coûte contre la mort! Vivre pour être en vie, hors de toute autre considération, est pourtant insensé. Toute vie, si elle devait se prolonger au-delà de la dignité et de la liberté échues à l'être humain, ne mériterait peut-être pas d'être vécue. De même, une vie réduite à la souffrance, à la douleur et à l'absurde serait-elle supportable? De là vient qu'il est impossible de penser la valeur de la vie sans envisager la réalité de la mort. Or, hélas, il ne suffit pas de prendre conscience que la mort est la sanction de toute vie pour se placer devant la responsabilité de penser sa propre mort.

Soit, la mort est impensable. Tant que l'on parle d'Elle, la Mort universelle et omnipotente appartient à la famille des antinomies de la raison pure. Comme haut et bas, chaud et froid, mort et vie sont inséparables et se définissent mutuellement. D'où la difficulté de la concevoir évoquée plus tôt : les infinités se multiplient et devant la surabondance de pensées mortifiantes, la mort est refoulée au nom de la seule chose qui nous appartienne en propre, à savoir la vie humaine, vie consciente, faite de choix, de volitions, et — aussi — du détachement serein que procure le fait de méditer sur ses fins dernières, sorte de *fausse sortie* du corps propre à la vie de l'esprit.

Pourtant, en opposant la mort et la vie, on s'expose à généraliser ou à personnaliser un phénomène qui relève de l'individuel, du local, du contingent. L'induction allant de l'individuel au général est viciée puisque la mort peut signifier une chose différente pour chacun. On peut même dire que la mort n'existe pas hormis les circonstances où elle se manifeste. Parler de *la* mort ou de *la* vie ne sera toujours qu'une façon de parler. En toute logique — mais peut-on rester logique devant la mort? —, il vaudrait mieux parler des genres possibles de mort, des occasions de mourir, ou des morts eux-mêmes, de manière à éviter d'inférer, à partir d'un ensemble de phénomènes où la mort est présente, l'existence d'une sorte de Golem : bête informe, à la frontière entre la vie et la mort, faite de matière inerte, écervelée et gigantesque, qui hanterait chacun. De même, il n'est pas nécessaire de parler de *la* vie pour la valoriser, puisque chaque forme de vie porte en elle les signes de son mystère et de sa beauté tantôt courageuse, sinon pitoyable. Il n'appartient qu'aux vivants d'être admirables, même s'il faut parfois attendre qu'ils meurent pour savoir s'ils l'ont été ou non. La notion même de vie n'aurait aucune signification sans la pluralité des êtres vivants.

Si parler de la mort de façon générale, c'est déjà mettre la pensée en échec, comment s'y prendre pour donner un sens à la vie qui traduise une conscience de la mort ou s'ajuste à une quelconque conception de la mort? Concevoir une morale qui soit le fin mot de l'histoire sur cette question paraît ici impossible, mais il serait peut-être possible de réfléchir au fait qu'un autre rapport à la mort est possible, à la fois plus sensé que celui des antinomies trop générales de la cosmologie, et plus réaliste que celui de l'oubli ou du déni.

•••

Quatre types de rapport à la mort me paraissent possibles. Ceux qui n'ont pas connu la mort se divisent ainsi : les uns n'y pensent jamais, les autres l'ont toujours présente à l'esprit. Quant à ceux qui l'ont vue en face, les uns en ont encore peur et les autres l'ont apprivoisée.

Concernant le premier cas de figure, ceux qui ne pensent jamais à la mort, j'ai dit à quel point ce refus peut conduire à l'absurde ou à l'immoralité. La vie comporte bel et bien des limites inhérentes au-delà desquelles même la mort semble préférable. Le corps peut en être la cause, lorsqu'on vit une douleur extrême ou qu'on en est réduit à ses fonctions physiologiques. D'un point de vue moral, il s'est vu aussi qu'un être humain contraint à commettre une action d'une extrême bassesse choisisse la mort. L'existence de ces éternels dilemmes montre bien qu'il serait irraisonnable d'évacuer la perspective de la mort d'une pensée sur la vie humaine. Ne pas prendre en compte, dans ce cas, la réalité de la mort, sa dimension naturelle et inéluctable, revient à défendre une conception atrophiée de l'existence humaine. Ce n'est pas parce que l'être humain sait repousser toujours plus loin les limites de la vie que tout est permis face à la mort. En la matière, il faut refuser de passer, sans réflexion aucune, de la technique plus ou moins maîtrisée à l'action. Tous les efforts déployés par l'être humain pour fuir la réalité de la mort donnent l'impression qu'il voudrait un jour la voir disparaître. En attendant le jour — enviable? — où il ne sera plus possible d'échapper à l'immortalité, chacun doit jauger, en son for intérieur, la valeur de sa vie à l'aune d'une mort possible, la sienne aussi bien que celle d'un autre.

Après la souveraine ignorance de la mort propre aux enfants et aux insensés, se présente la conscience permanente de la mort, jusqu'à l'obsession. En réalité, ceux qui entrent dans cette deuxième catégorie n'y pensent pas vraiment : ils la cherchent dans le noir ou la contemplent, l'imaginent en un mot. Elle se présente à eux comme une masse impénétrable et néanmoins diffuse, assise imperméable de la conscience, prête à envahir toute pensée sur la vie. L'un qui glorifie la vie contre la mort, ou cet autre qui se prépare à mourir, ne peuvent qu'avoir la mort toujours présente à l'esprit, dans sa frustrante et insignifiante simplicité. L'imaginaire de la mort est l'un des engrenages les plus élémentaires et les essentiels de la création littéraire et artistique. Imaginer la vie d'un personnage implique d'en concevoir la mort possible. Laisser une œuvre derrière soi est une manière d'oblitérer la mort, de l'exorciser, même si toute œuvre est condamnée à disparaître un jour. Se soucier de la mort est de loin préférable à l'ignorer, car la mort est à la fois plus qu'une métaphore fondamentale de l'esprit humain et moins que cela. Plus qu'une métaphore, parce qu'elle n'est pas une image, elle est une réalité ; moins, parce qu'elle réduit la réalité de la vie à sa plus simple matérialité. Imaginer la mort libère un flot de paroles. Voir la mort en face laisse sans voix.

Que reste-t-il à l'humain à part nier ou rêver sa propre mort ? Le contact. Comme le veut la sagesse populaire, certains qui ont vu la mort en face et survécu ont commencé à vivre autrement, sur d'autres bases morales.

Un premier contact, distant, avec la mort peut avoir lieu au cours d'une promenade à la campagne. Là, sur ce tas de pierres, quelque crâne de vache, de chien ou de chat. Des orbites vides qui continuent de conférer un regard à la surface mate, poreuse et grise des squelettes. De canines qui ne serviront plus se dessine un rictus mémorable. Il en résulte une impression de distance quasi extraterrestre entre le squelette et soi, entre cet avant et cet après que chacun devra franchir un jour. L'idée que ces masses maintenant inertes, jadis frétillantes et libres, ne soient plus que la représentation d'une fin brutale ou non, d'un abandon de la vie en tout cas, ne manque pas de laisser songeur. À l'exemple du discours de Hamlet et de la pratique du *memento mori* en peinture, plus que la mort d'un être cher, cette raison puissante de célébrer la vie, le squelette humain, et surtout son crâne, symbolisent la vanité de l'existence : à quoi bon être égoïste puisque toute vie redeviendra inerte ? Si être moral, c'est accepter ses limites et les dépasser, il faudrait pouvoir regarder un squelette en face et se dire sans broncher : « moi aussi j'y viens, mais je ne serai pas "qu'un lourd fardeau de la terre". Ma vie aura au moins servi à quelque chose. »

Quoi qu'il en soit, ces pensées paraîtront bien abstraites. La véritable pensée de la mort n'est accessible qu'à ceux qui l'ont frôlée, qui ont vu leur propre mort en face. Revenus à la conscience après un coma, ayant survécu à un accident ou à une maladie grave, ayant été sur le point de perdre la vie, ceux-là vous diront qu'ils voient la vie autrement. Que si elle leur est dorénavant plus chère, elle leur semble aussi plus légère. L'Autre alors paraît plus proche, comme si le fait de s'être vu un instant sur le point de disparaître donnait, en un instant, à un simple regard, une portée plus absolue que la seule perspective de la mort. Le bonheur de la rémission est sans doute le plus délicieux de tous, mais aussi une grande leçon.

Nous voici en présence d'une autre aporie : faut-il tromper la mort pour jouir vraiment de la vie ? Loin de moi l'idée de faire de l'être humain un être uniquement voué à la mort et qui devrait minimiser l'importance de sa propre vie pour vivre une expérience métaphysique de la mort. Et tout aussi loin de moi celle de faire l'apologie du risque pour le risque, ou de la mort qui doit être bravée. Qu'il me soit seulement permis de faire remarquer que la mort, quoique impensable jusqu'au bout, échappe à la compréhension précisément parce qu'elle n'est accessible qu'à travers ce qui est vécu. Toute théorisation de la mort est vouée à finir en ratiocinations. Le rapport que le rescapé entretient avec la mort est le plus étroit et le plus univoque.

Il peut sembler dérangeant que l'expérience de la mort puisse nourrir l'amour de la vie. Mais il en est ainsi de l'humain, souvent il ne sait mesurer la valeur de ce qu'il possède sans avoir l'assurance qu'il peut le perdre. L'être humain considère la vie comme acquise. C'est un truisme, et faire preuve d'une belle insouciance. Mais si chacun pouvait vivre dans la certitude de la mort, parce qu'il en aurait vu de près le caractère implacable et contingent, on pourrait peut-être, sur ce socle tourmenté, fonder une morale qui échapperait aux oppositions stériles entre le je et le tu, entre le mien et le tien, entre les moyens et les fins. Comme si vivre pleinement le moment présent n'était possible, en définitive, qu'avec la lucidité légère de qui se sait en sursis[1].

Benoît Castelnérac enseigne la philosophie ancienne et l'esthétique à l'université de Sherbrooke. Il a dirigé récemment un numéro de la revue Dialogue *de l'Association canadienne de philosophie sur le* Parménide *de Platon (vol. 53, n° 3, septembre 2014).*

---

1. Mes remerciements vont à Marie-Andrée Lamontagne dont la lecture attentive a permis de donner à cette réflexion à bâtons rompus une forme plus achevée, ainsi qu'aux étudiants de mon cours « Argumentation écrite et méthodologie », dispensé à l'automne 2014, lesquels ont également participé au processus d'écriture à l'aide de leurs remarques sur une version préliminaire de ce texte.

DOSSIER
Notre avenir sera-t-il franglais?

Présentation

Que ce soit dans le hip-hop ou dans les rues des grandes villes, la langue que l'on entend de plus en plus le long des berges du Saint-Laurent semble relever de ce qu'on appelle le *franglais*. Curieux mélange dont la syntaxe est parfois française, parfois anglaise, juxtaposant des mots tirés de l'une et l'autre langue, le franglais pourrait paraître à certains en voie de normalisation.

Est-ce que le métissage actuel de la langue française au Québec est un phénomène nouveau dont il faut s'inquiéter comme de la dernière étape avant l'assimilation? Doit-on au contraire y voir le fruit d'un travail normal du temps sur les langues? Est-ce un phénomène diglossique sans véritable impact sur la langue normée, à l'instar du verlan en France, ou assiste-t-on au contraire à l'émergence d'une nouvelle norme régionalisée qui isolera davantage le Québec des autres locuteurs du français dans le monde? Est-ce une reprise du débat sur le joual des années 1960, ou est-ce que la question s'inscrit dans une dynamique nouvelle et plus inquiétante? Est-ce que les Québécois sont les seuls confrontés à cet enjeu, ou bien le métissage des idiomes nationaux avec l'anglais est-il universel?

Voilà quelques-unes des questions que nous avons posées à divers spécialistes ou passionnés du sujet. Leurs réponses ne pourraient être plus contrastées. Pour Benoît Melançon, Ludvic Moquin-Beaudry et Patrick-André Mather, non seulement il n'y a pas matière à inquiétude, mais il n'y a encore rien de nouveau sous le soleil. Les langues sont toujours le fruit de divers mélanges et seuls des puristes myopes au travail du temps sur les langues s'inquiètent de ce qui est de toute manière inévitable. La langue française, célébrée aujourd'hui par ces mêmes puristes, n'est-elle pas le fruit de croisements d'hier? Pourquoi voudrait-on que les artistes s'autocensurent pour obéir à une norme qu'ils ne peuvent s'approprier sans se mutiler? Dans le camp opposé, Jean Delisle et André Braën constatent pourtant que l'on ne quitte pas la norme impunément. L'assimilation des francophones du Canada n'est pas une vue de l'esprit et le métissage excessif de notre langue, désormais la seule manière de «faire vrai» au grand écran ou dans la chanson populaire, risque de l'appauvrir et de nous isoler de la francophonie.

Peut-on trancher ce débat entre ceux qui ont tort et ceux qui ont raison? Le lecteur en jugera, et se rangera dans le camp qui le convainc davantage. Pour notre part, félicitons-nous que tous les contributeurs à ce dossier s'expriment de manière élégante et compréhensible, ce qui évitera que ne se perdent en vaines confusions et opacités les excellents arguments que présentent les uns et les autres.

François Charbonneau

Leur langue, c'est pas de la marde

Benoît Melançon

> *Il est peu d'impolitesses plus impardonnables que l'expression publique d'un pessimisme.*
>
> Jean-Pierre Minaudier, *Poésie du gérondif*

On pouvait penser qu'ils étaient disparus. L'actualité récente, au Québec comme en France, nous oblige à revoir ce jugement. Les essentialistes du français sont toujours parmi nous. Plusieurs s'étaient faits discrets ; ils le sont moins. Allez lire leurs blogues, leurs journaux, leurs livres. Écoutez leurs lamentations. Vous le saurez : l'apocalypse est à nos portes. C'est l'essence même du français, sa nature et sa grandeur, pour ne pas dire son âme, qui sont en péril. Faisant fond sur l'insécurité linguistique de leurs compatriotes, les essentialistes provinciaux, sous-espèce locale, ne ratent pas une occasion de leur marteler une « évidence » : leur méconnaissance de leur propre langue les singularise et les isole. Qui parle aussi mal que les Québécois ? Personne, laissent-ils entendre.

Les essentialistes ont des idées bien arrêtées. Il y aurait un accent français, et un seul, qu'on entendrait de moins en moins dans les banlieues de la France. Le français serait caractérisé, sur le plan de la syntaxe, par l'omniprésence de la séquence sujet-verbe-complément. Cette langue serait plus belle et plus claire que les autres. Les enseignants la maîtriseraient tellement mal qu'ils devraient avoir recours à des logiciels de correction au moment d'écrire. Le Québec aurait sa propre langue, bien loin de celle, fantasmée, de la France, pays lui aussi fantasmé.

Internet — pis : les médias dits « sociaux » — serait le cheval de Troie de l'anglicisation. Il y aurait eu un âge d'or, durant lequel le français aurait été une langue pure ; depuis, le niveau baisserait. Or, il n'est pas besoin d'être linguiste pour montrer la fausseté, voire la bêtise, d'affirmations pareilles. Il y a plusieurs accents en français, la syntaxe n'y est pas limitée à une seule séquence, il n'y a pas de langue plus belle ou plus claire que d'autres, utiliser des outils d'aide à l'écriture est un signe que l'on souhaite écrire le plus correctement possible, la langue québécoise n'a jamais existé, internet se décline en une variété de langues inattendues et la démonstration de la déchéance linguistique est bien plus souvent postulée que menée de façon convaincante.

Cette déchéance supposée mérite qu'on s'y attache, car c'est un des « arguments » (le mot est fort) récurrents des essentialistes. S'il était vrai que la maîtrise de la langue va en s'amenuisant de génération en génération, ce devrait pouvoir être démontré. Pourtant, personne ne peut faire cette démonstration, pour une raison fort simple : comparer deux états historiques de langue nécessite des données comparables, et ces données, pour l'essentiel, ne sont pas disponibles, du moins pour le Québec. Quand elles le sont — ce qui est rare, et uniquement pour la période la plus récente —, elles tendent même à démontrer que, sur certains plans, le niveau… monte. Ce sont, par exemple, les conclusions auxquelles arrivent Pascale Lefrançois et Marie-Éva de Villers dans une étude de 2013 sur la connaissance du lexique standard d'élèves québécois de troisième secondaire. Depuis le début du vingtième siècle, on pourrait faire le même exercice pour des types de journalisme (le sport), pour la publicité écrite ou pour les lexiques techniques ou scientifiques, si nombreux depuis la création de l'Office québécois de la langue française. Vous affirmez que le niveau baisse ? Il faudrait le prouver sérieusement. Les essentialistes ne s'y abaissent pas.

Ceux-ci n'ont pas que des idées toutes faites. Ils ont aussi des ennemis : la mondialisation qui tuerait la diversité linguistique, les « élites mondialisées » (comme on dit au Front national et, parfois, dans les pages du *Devoir*) qui auraient baissé les bras en matière de langue, le système scolaire qui n'enseignerait plus rien, des créateurs pratiquant un sabir inacceptable. Le plus souvent, ces détestations ont pour cible une langue, l'anglais, ou, chez quelques-uns, une langue inventée, le *franglais*. Mis à la mode par Étiemble dans une satire de 1964, *Parlez-vous franglais?*, ce mot a beaucoup été employé dans les médias québécois durant l'été 2014 et depuis. Il y a quarante ans, c'est le *joual* qui déclenchait les passions, mais aujourd'hui le mot n'est plus guère utilisé, et fort heureusement, pour décrire le français populaire parlé au Québec. Il n'est pas sûr qu'on y gagne au change : on ne peut pas plus le définir que le supposé *franglais*.

Le plus récent prurit linguistique provincial a eu pour déclencheur des musiciens, surtout le groupe rap Dead Obies, mais aussi la chanteuse Lisa LeBlanc. (Par la suite, un exemple cinématographique est venu apporter de l'eau au moulin des essentialistes, *Mommy* de Xavier Dolan, auquel on pourrait ajouter le blogue *Les fourchettes* et le roman *Cœur de slush* de Sarah-Maude Beauchesne, et les spectacles d'humour de Sugar Sammy.) Que leur reproche-t-on ? De mêler deux langues, l'anglais et le français ; autrement dit, de céder aux sirènes du *franglais*, de parler de façon indigente. Avant de tirer quelque conclusion que ce soit de cet usage artistique, il faudrait savoir de quoi l'on parle, sortir des cadres argumentatifs figés, descendre de ses grands chevaux, se méfier du mépris.

Les Dead Obies mêlent de l'anglais et du français : c'est entendu. Lisa LeBlanc mêle, dans une moindre mesure, de l'anglais et du français : ça l'est aussi. De cela, on peut tirer une conclusion, et une seule : les Dead Obies et Lisa LeBlanc mêlent de l'anglais et du français. Pour l'essentiel, leurs interventions portent sur le lexique : ils mêlent des mots de deux langues, pas deux syntaxes. On ne peut pas inférer de leurs chansons que le français irait mal, et de plus en plus mal, à Montréal (les Dead Obies viennent de la Rive-Sud), au Québec, en Acadie (Lise LeBlanc est du Nouveau-Brunswick), dans le monde. Pour affirmer une chose pareille, il faudrait des enquêtes comparatives, sur la longue durée, pas des opinions ou des sentiments.

Par ailleurs, quiconque pense que la langue de l'art est le reflet de la langue parlée en société, qu'elle en est le miroir, se trompe. Chaque créateur se fait sa langue, qu'on appréciera ou pas (certains ont des boutons en écoutant les Dead Obies, d'autres, devant Fred Pellerin ; tous les dégoûts sont dans la nature). Croire que cette langue est la langue commune des Québécois n'a pas de sens. Cela ne veut pas dire que la langue de l'art et celle de la société sont sans rapport. Cela veut dire que ce rapport n'est pas de simple imitation. La langue de la littérature, de la chanson, du théâtre, du cinéma, de la télévision sont inventées. Que les membres de Dead Obies ou Lisa LeBlanc s'en rendent compte ou pas ne change rien à l'affaire. Ils font comme Michel Tremblay ou Plume Latraverse avant eux : ils forgent la langue qui leur est nécessaire, à un moment précis de l'histoire collective.

Inférer de la coprésence de l'anglais et du français dans des œuvres que le Québec est en voie de créolisation, d'assimilation ou d'anglicisation n'est pas non plus défendable. On voit même ressortir le vocabulaire de la colonisation, comme si une société industrialisée du vingt et unième siècle pouvait être ramenée, *mutatis mutandis*, à celles qui l'ont précédée des siècles auparavant. Ceux qui affirment pareille chose n'ont de ces phénomènes qu'une connaissance très imprécise. Aucun ne se produit sur une courte période. Il faut des dizaines, voire des centaines d'années pour qu'une société se créolise ou pour que sa population soit assimilée par une autre ou change de langue (s'anglicise). On pourrait même avancer que la créolisation n'est pas un abâtardissement, mais le devenir naturel des langues. Quant à la colonisation, sauf à ne donner qu'une valeur métaphorique au mot, on ne voit pas bien qui serait, aujourd'hui, en train de coloniser le Québec. Les États-Unis ? Le Canada anglais ? Ça se saurait. L'anglais ? Une langue, seule, ne peut rien coloniser.

Enfin, on notera que le débat linguistique au Québec est vicié par l'obsession des essentialistes du cru à opposer deux langues — deux essences de langues — et rien qu'elles, le français et l'anglais. Pour comprendre la vie de la langue, ce cadre ne cesse de perdre de sa pertinence. Pourquoi ? Pour des raisons démolinguistiques et générationnelles, la croyance en une forme unique de bilinguisme, le bilinguisme anglais / français, ne permet plus de rendre compte de la réalité et de l'imaginaire linguistiques actuels.

Des raisons historiques expliquent que la réflexion sur la langue au Québec ait longtemps reposé sur le conflit entre l'anglais, langue dominante dans le monde depuis la seconde moitié du dix-huitième siècle (non pas de toute éternité), et le français, langue officielle au Québec depuis les années 1970, mais minoritaire en Amérique du Nord. Ce portrait linguistique polarisé ne correspond plus tout à fait à la réalité montréalaise : sur le territoire de la métropole, il n'y a plus uniquement le français et l'anglais — en fait, il n'y a jamais eu uniquement le français et l'anglais, même si l'on a longtemps fait comme si. Il y a des français, des anglais, des dizaines de langues venues de partout. Les contacts linguistiques sont la réalité montréalaise quotidienne, au point que Montréal a la plus importante proportion de personnes trilingues en Amérique du Nord.

En outre, l'idée que les contacts entre langues sont menaçants n'a guère de poids aujourd'hui chez les plus jeunes. Comment les convaincre que l'anglais et les autres langues entendues à Montréal sont des menaces pour l'identité québécoise, si tant est qu'une telle chose existe ? Comment leur faire croire que les langues qui les entourent tous les jours ne devraient pas avoir droit de cité ? (Selon qui ?) Cela ne revient pas à dire que la question de la langue ne se pose plus au Québec. Cela signifie que les termes du débat ont changé. Ne pas le reconnaître, c'est nourrir un dialogue de sourds.

Les essentialistes n'ont pas tort sur tout. C'est la loi de la probabilité linguistique : à force de parler de langue, il arrive nécessairement que l'on finisse par avoir raison à l'occasion. Leurs inquiétudes, sur certains plans, ne sont pas sans fondement.

On peut, avec eux, adresser des reproches au système d'éducation (mais pas celui de ne pas enseigner la grammaire : on enseigne la grammaire dans les écoles du Québec). À l'automne 2014, le Conseil supérieur de l'éducation suggérait de mettre en place, au préscolaire et au début du primaire, des activités d'« éveil aux langues » ; c'est dire qu'elles ne sont pas offertes actuellement. L'école pourrait aussi jouer un rôle plus décisif sur le plan de la nécessaire compréhension des niveaux de langue : les élèves québécois savent déjà que l'on ne parle pas et que l'on n'écrit pas de la même façon dans toutes les situations de communication, mais ils paraissent incapables de faire accepter cette vérité universelle aux membres de leur famille ; il faudrait mieux les former afin qu'ils puissent faire comprendre à leurs parents qu'ils n'écrivent pas leurs textos comme leurs dissertations. Qu'il s'agisse d'éveil aux langues ou de réflexion sur les usages, cela exige que les futurs professeurs soient le mieux formés possible. Là-dessus, on ne saurait trop insister. En 1983, André Belleau a écrit une des phrases les plus profondes qui soient sur le rapport des Québécois francophones à leur langue : « Nous n'avons pas besoin de parler français, nous avons besoin du français pour parler. » L'université devrait faire comprendre cela aux futurs maîtres, ainsi que deux autres choses : que nous avons besoin du français dans toutes ses variétés et que cela suppose une conscience aiguë de sa propre pratique. Après, on les exposera aux subtilités de l'accord du participe passé ; ça peut toujours attendre. Malgré ce que peut donner à penser, à l'occasion, la langue de l'ex-ministre de l'Éducation, du Loisir et du Sport du Québec, et de l'Enseignement supérieur, de la Recherche et de la Science, Yves Bolduc, l'école est généralement capable de transmettre un ensemble de savoirs en cette matière.

Gaston Miron aimait dire qu'il ne s'inquiétait pas du fait que l'on dise *joual* pour *cheval*, mais qu'il craignait d'être forcé de parler une seule langue, celle où l'on dit *horse*. Le maintien de la prédominance du français dans l'affichage et l'obligation d'offrir des services en français dans les commerces et dans l'Administration sont des valeurs acquises dans le Québec de 2015, mais des valeurs qui exigent de la vigilance, une vigilance qui ne soit pas fondée sur la crainte de l'autre. Le Québec s'est doté en 1977 d'une charte de la langue française qui n'a rien perdu de sa nécessité. Dans l'espace public, le français est, et doit rester, la langue commune des Québécois. Quoi qu'en pense l'actuel premier ministre provincial, Philippe Couillard, il n'est pas inutile de le rappeler, notamment à l'étranger. Pour les langues d'usage privé, comme pour celles utilisées dans les œuvres artistiques, la plus grande tolérance, y compris dans les médias, devrait être de rigueur.

Fidèles au coup de gueule d'Étiemble, les essentialistes en ont souvent contre la langue de ces médias, réputée fautive et truffée d'anglicismes. Sur ce plan, difficile de leur donner tort. De même, on ne saurait trop condamner la faiblesse de la langue de certains de nos élus. Une fois cela reconnu, que faire? Relever les fautes, les rassembler, moquer ceux qui les commettent, changer de chaîne ou de journal, voter pour quelqu'un d'autre. Continuer à mieux former ceux qui ont pour fonction médiatique de nous informer ou de nous éclairer. Dans le même temps, éviter de s'en prendre indistinctement aux journalistes, chroniqueurs et commentateurs. La phrase «La langue des médias est faible» est aussi dépourvue de sens que «Les jeunes parlent mal». Dans une société démocratique, on ne saurait guère aller plus loin que ces dénonciations.

Ce n'est pas en campant sur des positions nostalgico-réactionnaires que les essentialistes feront avancer le débat au Québec. Ils ne sont pas les premiers et ils ne seront pas les derniers à diagnostiquer une «dégradation», à déplorer un «massacre», à s'en prendre aux «linguicides», à pleurer «la mort du français», à prévenir leurs concitoyens contre une «crise», à se porter «au secours» de la langue française. Ce discours multiséculaire n'a pas changé quoi que ce soit aux langues et à leur évolution; repris par les essentialistes, qui l'opposent à celui des «naïfs», ceux qui ne partagent pas leur ton apocalyptique, il n'aura pas plus de suites. À quoi leurs positions catastrophistes peuvent-elles servir? Pas un créateur ne changera sa façon d'écrire après avoir lu leurs philippiques, si tant est qu'il les lise.

Quand Lisa LeBlanc chante «Ma vie, c'est de la marde», on entend presque les essentialistes dire aux jeunes créateurs «Votre langue, c'est de la marde». Qu'ils ne s'étonnent pas s'ils sont mal reçus, ou pas du tout.

Benoît Melançon est professeur (université de Montréal), chercheur, éditeur (Presses de l'université de Montréal), auteur (plus récent titre paru : Langue de puck. Abécédaire du hockey, 2014), blogueur (oreilletendue.com), administrateur universitaire et bibliographe.

« So j'suis drunk as fuck cause c'est comme une jungle des fois » : art et franglais, une relation suspecte?

Ludvic Moquin-Beaudry

Autant certains voudraient croire la question réglée, autant elle revient pourtant périodiquement : les œuvres québécoises, qu'elles soient musicales, littéraires, cinématographiques, peuvent-elles faire usage d'une langue parsemée d'aspérités, d'écarts par rapport à la norme grammaticale, d'emprunts à l'anglais? Peut-on parler joual à l'écran, chanter en franglais, rimer en chiac? Ou bien doit-on s'en abstenir? L'année 2014 a vu plusieurs critiques s'élever dans l'espace public contre les œuvres de jeunes créateurs, notamment le groupe de hip hop Dead Obies et le réalisateur Xavier Dolan. Des figures connues, comme Christian Rioux et Mathieu Bock-Côté, ou moins connues ont déploré la perte du langage que symboliseraient un album comme *Montréal $ud*, un film comme *Mommy*. À travers cette réaction se manifeste l'idée que ces œuvres contribueraient au déclin de la culture québécoise, à son érosion au profit de la culture anglo-saxonne, voire à la « créolisation » de la langue. Ainsi, en nous *montrant* une langue imparfaite, parfois grossière, tordue ou parsemée de mots et syntagmes anglais, on ferait de celle-ci, consciemment ou non, un *modèle*, qui en retour menacerait d'influer sur la langue « réellement parlée ».

La peur du déclin du français, tout comme d'ailleurs la manifestation de cette peur dans la sphère intellectuelle, est pourtant un thème aussi vieux que l'auto-identification de la culture québécoise (ou canadienne-française) elle-même. En effet, en passant du statut de langue coloniale à celui de langue minoritaire au sein d'un empire aux penchants assimilateurs, le français d'Amérique a pris la mesure du danger. D'abord en se rapportant à l'image (fantasmée ou non) de la mère-patrie perdue, puis en se réclamant de sa propre valeur, le parler québécois a pourtant survécu. Mais le danger, semble-t-il, n'a jamais été complètement écarté. Un doute demeure sur la pérennité de notre parler. Alors, des voix s'élèvent par moments pour éveiller le soupçon à propos des différentes manifestations culturelles qui s'écarteraient un peu trop d'une norme — mal définie — du « bien-parler », de la « bonne » manière de s'exprimer. Ainsi, peu importe s'il est parlé ou non, le joual *en art* est suspect, à tout le moins suspecté. Le franglais, automatiquement coupable.

Mais n'est-ce pas là l'écho contemporain des critiques adressées déjà à Michel Tremblay au début de son parcours de créateur ? C'est-à-dire avant sa consécration ici, mais surtout ailleurs… Cet ailleurs qui est venu apaiser les craintes : Paris nous reconnaît, cessons à tout le moins de paniquer. (On ne saurait toutefois dire, à ce moment-ci, si *Mommy* et *Montréal$ud* sont des œuvres du même calibre que *Les belles-sœurs*, car ce n'est qu'avec le recul des années que l'on pourra en prendre la mesure.) C'est donc avec une certaine lassitude que plusieurs — l'auteur de ces lignes y compris — ont accueilli cette répétition de la « querelle du joual », éternel retour du même, inexorable solstice de notre culture. Les noms, de part et d'autre, changent, mais le propos reste identique.

Bien que ce débat ait une tonalité toute locale, il demeure rattaché à une thèse apparue dans la pensée occidentale depuis le dix-neuvième siècle à tout le moins, celle du déclin de la culture. Cette thèse veut que, à mesure que les générations avancent, on s'écarte d'un âge d'or de la culture, où l'on parlait, peignait, écrivait *mieux*. Et elle a sa formule ou son slogan : « Ce n'était pas comme ça *avant* ». Mais de quel « avant » parle-t-on ici ? Comment y a-t-on accès, à cet *avant*, si ce n'est par des traces écrites, elles-mêmes filtrées par une norme esthético-grammaticale historiquement située ? Sur quoi nos nostalgiques fondent-ils leur appréciation de ce «passé perdu»? Au fond, ces critiques n'en disent-elles pas plus sur les sujets qui les formulent que sur les objets qu'elles pointent? Ceux qui dénoncent l'insouciance, l'aveuglement des nouvelles générations ne seraient-ils pas eux-mêmes borgnes?

Pis encore que la négation d'une forme d'expression au nom du passé, on retrouve parfois chez ces critiques la négation radicale de la correspondance de ce qui est représenté avec le réel. Ainsi, certaines façons, certaines manières de langage ne devraient pas être représentées parce qu'elles n'existeraient pas réellement dans l'habitus québécois. On flaire l'odeur du scandale. Le film *Mommy*, en l'occurrence, a été condamné violemment pour cette raison, à la mesure de son succès.

La langue de *Mommy*

Il s'est trouvé très peu de gens pour critiquer la qualité cinématographique du dernier Dolan — le prix du jury de Cannes, remporté en 2014 ex æquo avec le monument Godard, pèse lourd dans la balance —, mais il s'en est trouvé en revanche pour attaquer la façon dont les personnages s'expriment. Et la plupart, sinon la totalité, de ces critiques provenaient… de chez nous. Peu après avoir récupéré la garde de son fils Steve (Antoine-Olivier Pilon), le personnage de Die (Anne Dorval) lui lance une réplique qui renferme tout ce que les détracteurs de la langue de *Mommy* ont pu trouver à lui reprocher : «Heille, là là 'stie, ça fait pas 24 heures que t'es revenu pis le *mess* est pogné à' grandeur. Va falloir que tu te ramasses, ok?» Faut-il s'inquiéter que des gens parlent de cette manière en 2014, que ce soit dans un film ou en réalité? Pourtant, on pourrait souligner le fait que cet exemple ne détonne pas particulièrement par rapport au corpus des œuvres québécoises des cinquante dernières années. Pour certains, le problème semble double : on remet en question aussi bien l'*existence* d'une telle façon de parler que la *légitimité* du geste qui consiste à la porter à l'écran.

Ainsi, selon l'auteur d'une lettre publiée par *Le Devoir*, la langue parlée dans le film «n'est ni de l'anglais, ni du français, ni une variété de français qu'on appelle le québécois», plutôt «un parler larvaire, informe, proche des borborygmes, d'une effarante indigence de vocabulaire et dont l'armature syntaxique est bancale[1] ». Outre le fait que l'on pourrait tout à fait attribuer une telle déclaration à une figure de la frange la plus conservatrice de l'Académie française, ces paroles traduisent de la part de leur auteur la prétention de connaître toutes les formes de langage existant au Québec — voilà qui est modeste! N'en déplaise à l'auteur de cette lettre, qui n'est d'ailleurs pas le seul à contester la vraisemblance de la langue de *Mommy*, ce parler existe bien. Xavier Dolan — tout comme l'auteur de ces lignes — a vécu une partie importante de sa vie non loin du quartier de l'arrondissement Saint-Hubert de Longueuil où l'essentiel de l'action du film se déroule et dont il veut reproduire les interactions le plus fidèlement possible[2]. C'est un monde qu'il connaît, qu'il a habité et qui l'a habité — et l'habite toujours, manifestement.

Donc, si elle existe — n'en déplaise à certaines oreilles —, une telle langue peut-elle être transposée dans une œuvre? Selon la critique mentionnée, il semble que non : il ne faudrait pas *montrer* une chose si rustre, barbare, « larvaire ». Et au nom de quoi? La seule chose que l'on peut trouver comme tentative de justification est un procès d'intention à Dolan, coupable de « choisir comme étalon linguistique la langue de ceux qui s'expriment le plus mal dans la société[3] ». Ainsi, *montrer*, en art, reviendrait à *élever* au rang de norme, rien de moins. Et ce qui doit être parlé, c'est une langue « acceptable », peut-être parsemée de quelques régionalismes pour rappeler l'identité nationale — mais il y a un seuil à ne pas franchir. Lequel? Nous le cherchons encore.

Toutefois, même s'il s'avérait qu'une telle langue n'existe pas, cela ne changerait rien. Une œuvre de fiction n'a pas à s'encombrer de l'exigence d'objectivité du documentaire : elle crée son propre monde et définit sa propre logique. Oui, cette

---

1. J. Delisle, « La pseudo-langue de *Mommy* », *Le Devoir*, 16 octobre 2014, < http ://www.ledevoir.com/culture/cinema/421175/la-pseudo-langue-de-mommy >.
2. Xavier Dolan, « Dossier de presse », Festival de Cannes, mai 2014, < http ://www.festival-cannes.fr/assets/Image/Direct/fed526d1fb4e-85f52a8e434964ab4f19.pdf >.
3. J. Delisle, art. cité.

création se fait à partir d'un contexte et elle peut parfois prétendre représenter celui-ci, mais dans l'art demeure toujours un *élément de distance*, un écart. Non seulement la réalité ne *peut pas* être représentée telle quelle dans une œuvre de fiction, mais cette distance permet, en retour, à l'œuvre d'offrir une perspective critique sur la réalité. L'œuvre est en quelque sorte une *utopie*, mais pas au sens d'un monde idéal à accomplir, plutôt à celui d'un « non-lieu », qui offre la possibilité de regarder ce lieu que nous habitons d'un œil extérieur, l'espace d'un moment. Les œuvres nous offrent autant d'occasions de sortir de nous-mêmes.

Et si la langue de Dolan servait un propos qui va bien au-delà des préoccupations de survivance du français ? Parce qu'il ne faudrait pas non plus laisser la critique conservatrice — c'est ainsi que nous la désignerons — qualifier à elle seule le langage du film. Parce que les gens mentionnés plus haut ont ignoré ou tu tous ces moments dans le film où, soudainement, les personnages emploient des mots et syntagmes appartenant à un registre de langue beaucoup plus soutenu. Malgré leur utilisation, outrancière peut-être, de sacres et d'anglicismes, ces personnages ne vivent pas dans un monde où le français s'éclipse, s'efface. Par contre, et c'est là un thème récurrent dans l'œuvre du cinéaste, les personnages souffrent de la difficulté, parfois même de l'impossibilité, à communiquer. Non pas *parler*, mais *se* parler. Kyla (Suzanne Clément) à elle seule l'illustre bien, mais le cinéaste travaille aussi sur le plan formel, et pas seulement avec les proportions de l'image. La variation des registres de langue permet donc ce jeu dans le thème de la communication : entre le blocage total et l'espoir fugace. Ce n'est pas faire insulte à la langue que de dire qu'elle seule ne saurait assurer que tous se comprennent.

« Quelle image du Québec projetons-nous à l'étranger ? »

Autre préoccupation récurrente dans les textes s'en prenant à *Mommy*, comme à toute autre œuvre d'une certaine envergure qui n'emploierait pas le « bien-parler » : ce qu'une telle œuvre dit sur nous, peuple québécois, aux étrangers qui la regardent. Ainsi, même le succès cannois de Dolan peut être soupçonné de dépeindre un peuple arriéré afin de mettre en valeur les qualités individuelles de l'auteur — soupçonné de vouloir s'élever au-dessus de «la masse». Il reste, cependant, que le lien de cause à effet entre la représentation d'un Québec «populaire» et une supposée condescendance étrangère n'a pas été démontré jusqu'à maintenant. Jusqu'à ce qu'une telle chose soit prouvée — et nous pouvons fortement douter qu'elle le soit un jour —, il semble que cette attitude est plutôt le résidu d'une insécurité culturelle présente dans certaines couches intellectuelles.

Christian Rioux, correspondant du *Devoir* à Paris (on ne saurait demander mieux!), affirme que le film transmet un propos dont l'immaturité se trahit par l'absence de figures masculines dans une société encore adolescente «qui refuse de grandir». Il y voit une «métaphore du Québec[4]» : la langue des personnages n'est donc que le symptôme de ce défaut de maturité nationale. Ainsi, ce qui semble l'inquiéter, c'est que la popularité en salle de *Mommy* (plus de 1,1 million d'entrées en France) ne transmette aux esprits français cette image exagérée d'un Québec pris entre l'enfance et l'adolescence, prisonnier mais confortable.

Comme si les autres cultures ne produisaient pas des œuvres où l'on «mâche ses mots», où l'on érafle la bonne grammaire, où l'on emprunte, joue, tord et élide. Rioux et consorts ont-ils vu le film *La haine* de Mathieu Kassovitz ou la série américaine *The Wire*? Ces œuvres, qui ont connu un succès critique aussi bien que populaire, chez elles comme ailleurs, emploient pourtant une langue traversée des mêmes imperfections ; mais leur force se trouve justement en ce qu'elles entraînent l'attention du spectateur vers des réalités (trop) souvent occultées. Néanmoins, cela ne déprécie en rien l'image de leurs pays d'origine.

Il semblerait donc que, pour certains, la France soit encore un modèle, par rapport auquel le Québec accuse un retard séculaire. Et le regard français discriminerait bonnes et mauvaises expressions culturelles. Mais, retournons la question : que ce

---

4. C. Rioux, «L'enfant roi», *Le Devoir*, 10 octobre 2014, < http :// www.ledevoir.com/culture/cinema/420807/l-enfant-roi >.

soit en termes de politique ou de culture, le Québec de 2015 a-t-il quoi que ce soit à envier à la France ? Permettons-nous d'en douter. Cette attitude — que certains qualifieraient de reliquat de l'époque coloniale — qui fait de la France la source et la mesure ultime de l'identité québécoise repose sur un nombre appréciable de préjugés. Le premier est celui voulant que l'expression de langue française soit plus « pure » au lieu de son origine — qu'importe si le français métropolitain est lui aussi truffé d'emprunts à l'anglais, et que ceux-ci ont reçu, dans plusieurs cas, la bénédiction de l'Académie ! Existerait donc une « hiérarchie de cultures » qui serait définie en fonction de la distance par rapport à cette norme métropolitaine. Pour le dire poliment, il s'agit là d'un postulat archaïque digne d'un siècle par deux fois révolu et qui, en tant que postulat, ne repose sur rien… sinon peut-être sur la reproduction d'une norme nationale à caractère chauvin.

Autre préjugé : l'uniformité de la culture. Comme si une culture « nationale » était ou devait être un tout homogène, dans ses repères et symboles, et que les œuvres devaient respecter un certain canon afin d'être « présentables », ici comme ailleurs. Dans le cas qui nous intéresse, oui, on peut utiliser certains régionalismes propres à notre québécitude, mais pas trop et surtout pas les « pires ». Ce préjugé laisse donc entendre que, même s'il existe différentes « strates culturelles » (correspondant plus ou moins aux différentes classes sociales), toutes ne sont pas bonnes à montrer, seules le seraient celles qui sont en phase avec une certaine idée de la « nation ». En répondant à ces critères, l'œuvre devient « digne » du peuple, donc légitime pour dire à l'étranger : « Voilà ce que nous sommes, nous Québécois. »

Alors, ces messieurs qui semblent définir la vitalité de la culture québécoise en fonction de son isomorphisme avec la culture française seraient-ils à ce point aveuglés par leur propre crainte à l'égard d'écarts par rapport à une norme fantasmée qu'ils en auraient oublié ce qui rend une œuvre vivante, pertinente ? Parce que la question fondamentale que pose ce débat autour de l'emploi du joual et du franglais en art est finalement celle-ci : quel est le rôle, la fonction de l'art ? Et comment une œuvre peut-elle être considérée comme « réussie » ?

Quelle fonction pour l'art ?

Loin de nous l'idée de protéger *Mommy* et *Montréal $ud* de la critique, mais encore faut-il examiner les fondements et les objectifs des différents modes critiques qui s'expriment au sujet des œuvres d'art. Nous proposons donc une typologie — qui ne saurait prétendre à l'exhaustivité — de positions critiques. La position conservatrice, que nous décrivons depuis le début de cet essai, est celle qui préconise l'art *édifiant*, l'art-modèle, l'art-fierté nationale : ce qui doit être représenté, c'est le Québec idéal, dans son unité fantasmée, sans (trop d') aspérité(s) ; l'œuvre doit inspirer, susciter un sentiment d'appartenance à la nation, voire de la fierté. Il est intéressant de remarquer que cette position rejoint celle du stalinisme (communisme autoritaire), pour lequel l'art doit servir à la Révolution. Et elle rejoint aussi celle d'une certaine ultra-gauche, pour laquelle l'art ne doit pas mettre en représentation des scènes d'oppression, à moins que celle-ci soit explicitement — et de la manière la plus directe possible — critiquée : l'art comme lieu de représentation d'un idéal qui devrait être partagé. Les extrêmes se touchent, donc : dans tous ces cas, on fantasme un art exempt de toute aspérité qui ferait entrave à un certain « bon goût », que ces défauts trouvent leur origine dans la réalité ou dans l'esprit créateur. Ce qui les distingue, toutefois, c'est la définition dudit bon goût (la nation, le sujet révolutionnaire, la réalité exempte d'oppression).

La seconde position, aussi largement répandue, est celle que l'on pourrait qualifier d'« ultralibérale » : la qualité de l'art se mesure à la quantité de revenus qu'il génère. Chez nous, cette position est adéquatement incarnée par le personnage de Vincent Guzzo, propriétaire d'une chaîne de salles de cinéma réputée ne faire une place aux œuvres québécoises que si celles-ci annoncent des ventes satisfaisantes. Français, anglais ? *Who cares* ? Moins de films « intellos », où « il ne se passe rien », et plus de films d'action, de comédies romantiques ou de *thrillers* qui confortent le spectateur dans ses habitudes de réception. Ainsi, ce n'est pas tant une *œuvre* qui est recherchée qu'une application bien maîtrisée d'une *formule* déjà connue et raffinée sans cesse par Hollywood, qui possédera toujours une longueur d'avance en la matière.

Aucune de ces deux positions ne saurait rendre justice au rapport complexe qui existe entre art et société de même qu'à la nécessaire *autonomie* de l'art. Non, les œuvres ne sont pas des marchandises (bien qu'elles soient le plus souvent appréhendées comme telles). Et, l'inquiétude au sujet de l'avenir de notre culture que menacerait le franglais relève le plus souvent d'une conception conservatrice de la culture, conception périmée de par ses postulats à la fois archaïques et erronés. Cependant, il faut reconnaître, au-delà des lamentations des Rioux, Bock-Côté et consorts, la légitimité d'une telle préoccupation : en effet, à l'ère du capitalisme avancé et de la massification de la communication instantanée, le risque d'homogénéisation des cultures est fort. Et cette homogénéisation se fait sous l'égide de la culture américaine — puissance économique oblige —, donc en langue anglaise. Eh oui, il existe une valeur en soi de la culture québécoise, dans sa diversité et son mouvement perpétuel, comme de toute autre culture d'ailleurs.

L'erreur est d'entretenir une image figée de celle-ci, voire de vouloir revenir à un passé glorieux, de refuser que notre culture se transforme, que ses points de repères changent, que les référents se modifient, et, à partir de là, de simplement se contenter de déplorer le mélange des langues dans les œuvres contemporaines, ce qui constitue une double erreur. D'une part, cela ne changera rien à la transformation de la culture (pour le meilleur, comme pour le pire) : le même refrain est entendu depuis plus de deux cents ans et, pourtant, la culture continue à changer et, surtout, la catastrophe que l'on ne cesse d'annoncer ne s'est jamais produite. Les plus grandes avancées en termes de protection du français se sont plutôt faites à une époque, celle de la Révolution tranquille, où la population québécoise s'est mobilisée sur le terrain politique et s'est emparée de plusieurs leviers pour promouvoir son émancipation économique (ou celle, à tout le moins, d'une bourgeoisie en expansion et d'une classe moyenne en émergence). Autrement dit, le combat pour la culture ne se fait pas strictement sur le terrain de la culture. Deuxième erreur, une telle idée figée de la culture nationale ne rend pas compte du hiatus entre culture produite et culture vécue. Un peuple se dit à travers ses œuvres, comme *ensemble* et non comme unités distinctes : aucune œuvre singulière ne saurait par conséquent prétendre accomplir la métonymie de la totalité de son substrat socioculturel.

Alors, quelle voie emprunter désormais ? Loin de nous la prétention de présenter un itinéraire complet, mais en tâchant d'éviter les écueils que nous constatons sur d'autres chemins, il est possible de dégager, *en négatif*, la direction générale qu'il faudrait emprunter. Rien ne sert de se lamenter et d'en appeler à un retour aux « valeurs québécoises » : il s'agit là d'une erreur idéologique, semblable à un vain combat contre le symptôme au détriment de celui qui agirait contre la maladie. S'il existe un risque d'assimilation culturelle, il faut en examiner les causes profondes pour les combattre et non pas se satisfaire de déplorer le phénomène de surface. Et les leçons de notre passé récent devraient être revisitées : le péril culturel n'est pas étranger à une dynamique politique et économique — il en est même directement dépendant. Le nivellement dans les domaines de la culture et des communications découle du — et renforce à son tour le — nivellement dans le domaine économique et politique : on uniformise les échanges, on dépossède les peuples du pouvoir qu'ils ont sur eux-mêmes pour confier celui-ci à des instances technocratiques supranationales. Et à quels impératifs ces dernières répondent-elles ? À ceux d'une économie dont l'épicentre se situe, pour le moment encore, à New York. Les critiques conservatrices, plutôt que de pleurer sur le franglais des Dead Obies et le parler populaire de Dolan, devraient examiner leurs propres angles morts, à commencer par leur complicité — passive ou active — avec un ordre politique et économique qui dissout la culture dans le bouillon de la rentabilité.

Car, d'une part, en jouant les maîtres à penser qui dénigrent les œuvres de « la jeunesse », nos conservateurs agissent comme repoussoir, risquant de provoquer l'effet inverse à celui recherché. Comme un vieux monde qui se sent dépassé, ne comprend pas pourquoi et creuse sa propre tombe en croyant se sauver. Enfin, en faisant l'économie d'une critique fondamentale du capitalisme — pour ne déplorer, encore une fois, que certains phénomènes de surface —, ils négligent le fait que la survie de celui-ci dépend de son expansion constante, y compris son extension au domaine de la culture. Ils veulent le capitalisme sans le capitalisme, en bref. Dans le meilleur des cas, ils suggèrent l'atténuation de certaines dynamiques, comme le libre-échange, mais cela ne revient qu'à remettre les problèmes à plus tard : l'histoire économique nous apprend que le capitalisme connaît des phases d'expansion et de repli, les dernières étant le fruit de mobilisations à gauche dont les fruits se voient rapidement grugés. Un cycle d'alternance cependant imparfait, car malgré quelques reculs ponctuels, la marchandisation du monde et de la culture gagne toujours un peu plus de terrain. La critique qui montre la voie à suivre doit donc s'abstenir de tout fantasme d'homogénéisation d'une production culturelle « édifiante » et, surtout, éviter de baisser les bras devant un système économique qui cherche constamment à se présenter comme immuable.

Ludvic Moquin-Beaudry est professeur de philosophie au cégep de Saint-Jérôme. Blogueur pour le média en ligne Ricochet, il collabore ponctuellement à l'émission Médium large *à* ICI *Radio-Canada Première.*

Le franglais, épouvantail des ayatollahs de la langue

Patrick-André Mather

La conquête de l'Angleterre par les Normands en 1066 sonna le glas de la langue anglaise. Introduite en Grande-Bretagne par les Anglo-Saxons après la chute de l'Empire romain, la langue de Beowulf allait être supplantée par le français, langue maternelle des envahisseurs venus du continent. En effet, durant plus de deux siècles, la langue française (ou du moins, le dialecte anglo-normand) serait la langue de l'État, des tribunaux, de la noblesse et des lettrés. Le vieil anglais perdit son statut de langue écrite et fut relégué au registre familier, la langue d'un peuple essentiellement analphabète, dans un contexte de diglossie, c'est-à-dire un bilinguisme inégalitaire avec une variété « haute » (le français) et une variété « basse » (l'anglais). Pendant deux siècles, l'anglais cessa officiellement d'exister.

Deux siècles plus tard se produisit un autre évènement décisif pour le destin de la langue anglaise : en 1259, l'Angleterre perdit définitivement la Normandie (à l'exception des îles anglo-normandes), et la noblesse francophone déjà bilingue et très minoritaire, adopta progressivement l'anglais comme langue maternelle. Il ne s'agissait plus toutefois du vieil anglais du dixième siècle, mais du moyen-anglais du quatorzième siècle, langue orale et populaire, qui ne disposait d'aucun vocabulaire spécialisé dans les domaines du droit, de l'administration publique, des finances, domaines réservés au français jusqu'alors. Résultat : l'anglais, en reprenant ses droits, adopta des milliers de mots du français normand, afin d'assumer toutes les fonctions d'une langue nationale, écrite et officielle. De même que bon nombre de langues modernes empruntent aujourd'hui à l'anglais, langue de prestige par excellence en ce début de vingt et unième siècle, l'anglais médiéval a emprunté au français pour combler ses lacunes lexicales et se donner, pour ainsi dire, des lettres de noblesse. Certains auteurs ont même affirmé que l'anglais des quatorzième et quinzième siècles s'était créolisé, tant il se métissa de milliers de mots, expressions et tournures étrangères, essentiellement françaises et latines[1]. À l'époque, plusieurs se lamentèrent de l'intrusion de tant de gallicismes et de latinismes en anglais. À titre d'exemple, vers 1540, l'intellectuel et homme d'État John Cheke écrivait : « Je suis d'avis que notre langue doit être écrite dans sa pureté, sans qu'on y mélange les emprunts des autres langues ; si nous n'y prenons garde, à force d'emprunter sans jamais payer, nous ferons banqueroute. » Aujourd'hui encore, plus de la moitié du vocabulaire anglais (une langue germanique, rappelons-le) est d'origine française ou latine.

Que nous enseigne cette anecdote historique sur l'héritage roman de l'anglais ? Tout d'abord, que presque toutes les langues sont métissées, et que les emprunts ne mettent en danger ni le statut, ni la structure, ni le rayonnement d'une langue. Aujourd'hui, certains francophones s'inquiètent de l'irruption de mots et d'expressions anglaises dans leur langue, comme en fait foi l'interventionnisme linguistique en France et au Québec. Pourtant, ces quelques emprunts, du reste relativement peu nombreux et récents, n'ont aucune commune mesure avec le déluge de gallicismes dans l'anglais du quatorzième siècle. Qui plus est, il faut bien le reconnaître, ces barbarismes (français) ne sonnèrent pas le glas de la langue anglaise, au contraire : ils donnèrent naissance à la langue de Shakespeare, l'un des plus grands écrivains de l'histoire, et cette nouvelle langue, hybride, issue d'une incroyable histoire d'amour entre le français et l'anglais (pour reprendre le titre de l'ouvrage d'Henriette Walter[2]), est partie à la conquête

---

1. Voir N. Domingue, « Middle english : another creole ? », *Journal of Creole Studies*, vol. 1, 1977, p. 89-100.

2. H. Walter, *Honni soit qui mal y pense : l'incroyable histoire d'amour entre le français et l'anglais*, Paris, LGF, « Le livre de poche », 2003.

du monde, pour finalement détrôner le français au vingtième siècle. Le franglais existe donc bel et bien, mais ce n'est pas celui que l'on pense : c'est l'anglais !

D'aucuns diront que la situation de l'anglais médiéval n'est guère comparable à celle du français au vingt et unième siècle ; que le franglais de la jeunesse québécoise — voire française — ne se limite pas aux emprunts lexicaux, mais qu'il menace aussi la grammaire et la syntaxe, armature logique de notre langue ; que la mondialisation et la technologie favorisent une interpénétration jamais vue des langues ; et qu'en mélangeant constamment deux langues, on finit par n'en maîtriser aucune.

Avant de répondre à ces inquiétudes, essayons de définir un peu mieux ce que l'on entend par franglais. Le Larousse propose la définition suivante : « Ensemble des néologismes et des tournures syntaxiques d'origine anglaise ou américaine introduits dans la langue française. » Dans l'esprit des commentateurs actuels, comme nous le verrons plus bas, il ne s'agit pas tant des néologismes, mais plutôt de l'emploi en alternance du français et de l'anglais dans le même discours, voire dans la même phrase, avec des éléments lexicaux et grammaticaux empruntés aux deux langues. Or, ce phénomène, que les linguistes appellent « alternance codique » ou « mélange des codes », est courant dans les communautés plurilingues, de l'Inde à la Belgique et du Maroc à l'Indonésie, et ce depuis toujours. Plus de la moitié de la population mondiale utilise quotidiennement deux ou plusieurs langues dès l'enfance, il est donc inévitable que les locuteurs « passent » constamment de l'une à l'autre. Il s'agit d'une pratique langagière normale et courante. Certains feront valoir une fois de plus qu'à force de mélanger les codes et de saupoudrer le français d'expressions anglaises (ou vice versa), on finit par tout confondre. Or, les recherches en sociolinguistique menées depuis une quarantaine d'années dans des communautés bilingues, notamment chez les hispanophones aux États-Unis, démentent cette idée reçue : les bilingues qui alternent entre plusieurs codes sont parfaitement capables, au besoin, de s'exprimer correctement dans une seule de ces langues. Le fait d'alterner d'une langue à l'autre n'a rien à voir avec une quelconque paresse intellectuelle, ni avec un déficit de vocabulaire[3]. Le plus souvent, cette pratique permet d'exprimer une identité plurielle, l'appartenance à plusieurs communautés linguistiques à la fois, et d'intégrer dans une conversation des personnes de langues maternelles différentes. Comme le signalent Low et Sarkar dans un article sur le rap montréalais, « le parler multilingue qui caractérise la scène hip-hop montréalaise aide à créer un modèle de communauté pluriculturelle à la fois locale et internationale. Cette façon de mélanger les langues peut faire partie de l'auto-définition identitaire du groupe[4]. » Qu'on le veuille ou non, il existe à Montréal une population bilingue, polyglotte, qui a le droit de revendiquer une appartenance à plusieurs communautés linguistiques.

Qui plus est, les recherches les plus récentes en neurolinguistique révèlent que cette gymnastique mentale — l'emploi quotidien de deux ou plusieurs langues — procure des avantages cognitifs importants, notamment en retardant, de plusieurs années, l'apparition des symptômes de la démence chez les bilingues[5]. L'alternance codique, phénomène indissociable du bilinguisme actif, n'est donc nullement synonyme de confusion ou de maîtrise imparfaite des langues, bien au contraire : elle témoigne d'une capacité impressionnante de l'esprit humain de comprendre, de conceptualiser et de s'exprimer de façon spontanée, en puisant dans plusieurs répertoires linguistiques à la fois, sans pour autant confondre les langues ni menacer leur intégrité. Le passage d'une langue à l'autre remplit toutes sortes de fonctions identitaires, pragmatiques et discursives, et ne se limite pas à une génération particulière. L'alternance codique ne constitue pas forcément, non plus, une étape vers l'assimilation d'une communauté linguistique : le français et l'anglais coexistent au Québec depuis plus de deux siècles, où le franglais n'est pas un phénomène nouveau.

---

3. L. Milroy et P. Muysken, *One Speaker, Two Languages : Cross-Disciplinary Perspectives on Code-Switching*, Cambridge, Cambridge University Press, 1995.

4. B. Low et M. Sarkar, « Le plurilinguisme dans les cultures populaires, un terrain inexploré ? L'étude du langage mixte du rap montréalais en guise d'exemple », *Kinéphanos*, vol. 3, n° 1, 2012, p. 20-47.

5. Voir C. Dreyfus, « The bilingual advantage », *New York Times*, 30 mai 2011.

Aux États-Unis et à Porto Rico, où l'anglais et l'espagnol sont en contact quotidien, le phénomène du « spanglish » défraie aussi la chronique. Il est défini tantôt comme un dialecte anglicisé de l'espagnol, tantôt comme une alternance codique dans une même conversation ou une même phrase. La sociolinguiste Ana Zentella[6] fait valoir que le spanglish est un signe de dextérité linguistique, car les locuteurs qui alternent d'une langue à l'autre ne déforment en rien les langues en présence. Au contraire, ils respectent toujours les structures syntaxiques des deux langues, en plaçant les différentes catégories grammaticales dans la position qui convient, et ce avec une facilité impressionnante. Ce qui peut apparaître à première vue comme un mélange chaotique de structures suit en réalité des règles précises et, contrairement aux idées reçues, tout n'est pas permis. En linguistique, il n'existe pas de hasard, et si une phrase est compréhensible, c'est qu'elle suit des règles qui peuvent être codées, et décodées, par les locuteurs. De nombreux jeunes Latinos, aux États-Unis et ailleurs, revendiquent fièrement le « spanglish » comme marque identitaire, et ne se sentent nullement menacés sur le plan culturel ou linguistique.

Au Québec, en revanche, le franglais sembler provoquer chez certains une angoisse existentielle. Ainsi, en mai 2014, Louise Deschâtelets se demandait dans le *Journal de Montréal* : « Le "franglais" serait-il devenu la langue officielle du Québec ? », en se désolant que le franglais « ait à ce point envahi les conversations de [ses] amis québécois ». Dans le même journal, en juillet 2014, Mathieu Bock-Côté abondait dans le même sens : « Mais ce qu'on présente comme un métissage linguistique créateur n'est rien d'autre que la triste créolisation de la langue. Les choses sont simples : au quotidien, de plus en plus de Québécois peinent à parler, à créer en français. » Toujours en juillet 2014, le *Huffington Post Québec* publiait une chronique d'Étienne Boudou-Laforce et d'Olivier Lacelle, qui concluaient, au sujet de la polémique autour du groupe Dead Obies : « Qu'on le veuille ou non, la généralisation du franglais — dans le hip-hop québécois et ailleurs — incarne bel et bien l'un des

---

6. A. C. Zentella, *Growing up Bilingual : Puerto Rican Children in New York*, Londres, Blackwell, 1997.

symptômes du désintéressement de la langue française auprès des jeunes, et doit être considérée comme préoccupante. »

À la lumière de ce que l'on sait sur l'universalité du phénomène de l'alternance codique, on peut s'étonner du ton alarmiste de ces chroniqueurs, qui ne connaissent manifestement pas les travaux en sociolinguistique et en neurolinguistique évoqués ci-dessus. Sans doute ne peut-on pas leur en tenir rigueur. Ce qui est plus grave cependant, c'est que ces auteurs font un amalgame facile, et trompeur, entre bilinguisme, franglais et assimilation linguistique. C'est notamment le cas de nos deux blogueurs du *Huffington Post* qui concluent, après avoir cité quelques chiffres d'un rapport de l'Office québécois de la langue française sur l'évolution démolinguistique du Québec, que «nous aurions tort de nous croire à l'abri de ce qui est arrivé en Acadie, au Manitoba et en Louisiane». Nous avons ici un bel exemple de l'équation fallacieuse entre franglais et assimilation. En réalité, il n'existe aucun lien de causalité entre le bilinguisme et l'alternance codique, d'une part, et l'avenir démographique d'une communauté linguistique, d'autre part. Il s'agit de questions distinctes, et il est navrant que certains se servent de l'épouvantail du franglais pour sonner l'alarme sur l'avenir du français au Québec. Depuis deux siècles, les francophones représentent environ 80 % de la population québécoise, et rien n'indique que cet équilibre sera modifié à court ou à moyen terme. En effet, grâce aux politiques linguistiques de l'État québécois, le statut socioéconomique des francophones s'est considérablement amélioré depuis les années 1960, le taux de bilinguisme chez les anglophones et les allophones est passé de 20 % à plus de 60 %, et l'usage du français s'est généralisé à toutes les sphères d'activité. Comme le signale le linguiste anglais David Crystal[7], le pouvoir d'une langue ne dépend pas du nombre de ses locuteurs, mais de leur statut socioéconomique. Quant au phénomène de l'alternance codique, qu'on peut appeler franglais si l'on souhaite, il existe depuis plusieurs siècles, au Québec et ailleurs, et ne constitue ni une anomalie cognitive, ni un phénomène marginal, ni le

7. D. Crystal, *English as a Global Language*, Cambridge, Cambridge University Press, 2003 (2ᵉ éd.).

symptôme d'une quelconque incapacité de penser ou de s'exprimer correctement en français. Il n'exprime pas, non plus, un « désintéressement de la langue française ». Ne peut-on pas s'intéresser à plusieurs langues à la fois ? Si l'on condamne les mélanges linguistiques du groupe montréalais Dead Obies, on devrait, selon la même logique, se désoler du franglais de Nancy Huston, et y trouver un phénomène préoccupant pour l'avenir de notre langue. En effet, dans son dernier roman *Danse noire*[8], la lauréate du prix Femina et du Goncourt des lycéens alterne constamment entre le français et l'anglais, en passant par le joual. Ce qui fait la puissance de ce roman ? Son réalisme, et en particulier le réalisme sociolinguistique de ses personnages parfois déracinés, tiraillés entre deux pays et deux cultures, mais d'une résilience à toute épreuve.

Le cloisonnement que les puristes souhaiteraient imposer entre le français et l'anglais dans la langue parlée, et dans la création littéraire ou musicale, est illusoire, et ne correspond pas à la réalité du bilinguisme individuel et collectif. Le métissage linguistique qui se produit à Montréal aujourd'hui n'est pas un phénomène nouveau ni inquiétant. Les locuteurs bilingues ou polyglottes qui jouent avec le langage, que ce soit dans la conversation quotidienne ou dans la création artistique et littéraire, sont parfaitement capables de distinguer les langues en présence. D'une certaine façon, le franglais — s'il existe — constitue plutôt un registre, une pratique langagière qui relève de ce que Saussure appelait la « parole », et non du système abstrait de la « langue » ; l'être humain est capable de maîtriser plusieurs langues dès l'enfance (cas majoritaire dans le monde, rappelons-le) et de passer de l'une à l'autre dans la même phrase, au gré des circonstances et des interlocuteurs, sans pour autant les confondre. Ce sont plutôt les ayatollahs de la langue qui, en défendant un idéal illusoire de pureté, confondent les pratiques langagières comme le franglais avec les systèmes linguistiques sous-jacents que sont le français et l'anglais.

Le langage humain est doté d'un formidable pouvoir d'adaptation et d'une créativité sans borne. Les dénonciations des puristes qui se désolent du franglais et autres phénomènes

8. N. Huston, *Danse noire*, Arles, Actes Sud, 2013.

de contact linguistique sont décalées par rapport à la réalité cognitive et sociale des locuteurs qu'ils fustigent. Comme le disait Victor Hugo, « c'est en vain que nos Josué littéraires crient à la langue de s'arrêter ; les langues ni le soleil ne s'arrêtent plus. Le jour où elles se *fixent*, c'est qu'elles meurent[9]. » Notre avenir ne sera pas franglais : il sera plurilingue, et le français continuera d'occuper la place qui lui revient au Québec et dans le monde francophone.

Patrick-André Mather est professeur de français et de linguistique à l'université de Porto Rico. Ses recherches et publications portent sur la socio-phonétique, les langues créoles, la didactique des langues et la planification linguistique.

9. V. Hugo, *Préface de Cromwell* (1827), dans *Œuvres complètes*, t. 12, *Critique*, Paris, Robert Laffont, « Bouquins », 1985, p. 30-31.

L'effet corrosif du joual sur la langue écrite

Jean Delisle

> *Une langue ne se fabrique pas au petit bonheur. […]*
> *Une langue ne se compose pas sur commande.*
>
> Louvigny de Montigny, *Écrasons le perroquet!*

« Ça va chier dans l'moteur big fucking time. » « Quand y pète une fuse, tasse-toé d'là parce que ça joue rough. » « […] le temps que tu'r pogne le beat à l'école normale. » « Le mess est pogné à grandeur. » « C'ta qui l'char dans l'driveway ? »

Ces répliques du film *Mommy* de Xavier Dolan sont des exemples de ce que Lysiane Gagnon qualifie de « joual excessif » par opposition au « joual courant[1] ». « Personne, au Québec, ne parle comme cela », précise la journaliste à la suite de Dolan. Elle conseille même aux cinéphiles de Montréal, ville qui est pourtant le berceau du joual, d'opter pour la version sous-titrée afin de ne pas perdre une partie des dialogues.

La langue que le jeune cinéaste met dans la bouche de certains de ses personnages, langue décrite comme une « courtepointe bigarrée, composée de retailles choisies d'un artificiel sabir montréalais imaginé[2] », traduit la violence des sentiments et l'enfermement social et psychologique des deux protagonistes tourmentés, ce que rend très bien aussi le cadrage des images. Ce joual excessif cohabite avec le franco-français, le parler

---

1. L. Gagnon, « La langue de *Mommy* », *La Presse*, 21 octobre 2014, p. A 25.
2. G. Bergeron, commentaire en ligne de mon article « La pseudo-langue de *Mommy* », *Le Devoir*, 16 octobre 2014.

québécois et le joual courant. Liant la forme au propos, il est un choix artistique tout à fait légitime de la part de Dolan. Ce n'est pas toujours le cas, cependant : le « faux joual » est la tare du cinéma québécois.

Cela dit, on peut s'interroger sur le fait qu'il faille traduire (sous-titrer) en français pour un public de langue française une œuvre dont les dialogues sont français ou du moins se prétendent tels. Traduit-on en anglais britannique les films tournés en anglais américain ?

Le cas particulier de *Mommy* n'est pas sans rappeler une autre proposition artistique. Traducteur à ses heures, Émile Littré (1801-1881) tenta de reproduire en français deux œuvres étrangères éloignées dans le temps en cherchant à recréer l'« odeur de leur siècle ». Il transposa le premier chant de l'*Iliade* en français du treizième siècle et l'*Enfer* de Dante en français du quatorzième siècle. À ses yeux, le vieux français rendait bien l'esprit et l'atmosphère de ces deux œuvres. Or, rares étaient les lecteurs du dix-neuvième siècle qui pouvaient goûter cette langue ancienne. Littré eut l'intelligence de reconnaître que pour comprendre sa version de l'*Enfer*, il fallait la retraduire en français contemporain.

À l'examen, sa traduction s'est révélée, en outre, un prodigieux grenier de fautes. Les philologues n'ont pas manqué d'y déceler ce qu'on appelle en traduction des « disparates », c'est-à-dire des incongruités, des incohérences ou des discordances de nature stylistique. Les anachronismes lexicaux, les anomalies prosodiques, les bizarreries linguistiques pullulent, en effet, dans ses deux traductions. Jusqu'à un certain point, nous pouvons dire la même chose, *mutatis mutandis*, du joual excessif de *Mommy*, cette langue factice aux vulgarités un peu forcées, qui ne se comprend réellement, semble-t-il, qu'au prix d'une traduction franglais-français.

La langue des humoristes

Même dans sa variante atténuée, le « joual courant » n'en demeure pas moins une langue carencée caractérisée par des écarts phonétiques, lexicaux et syntaxiques par rapport au parler populaire québécois. C'est une langue approximative, où la vulgarité et les jurons d'église le disputent aux anglicismes et aux barbarismes. C'est une langue larvaire qui a bien peu à voir avec la langue écrite de nos journaux, de nos revues, de nos textes de loi, de nos documents administratifs, de nos manuels scolaires et de nos bulletins télévisés. Les humoristes l'affectionnent tout particulièrement. N'est-elle pas l'outil de travail de beaucoup d'entre eux ?

Pour « faire drôle », il faut faire franglais et considérer les Québécois comme des illettrés au vocabulaire rachitique. Ces ignares, en effet, ne comprendraient pas « Les essuie-glaces sont défectueux ». Disons donc : « Les *wipers* marchent mal. » « Il est passé devant tout le monde, sans faire la queue. » Voilà une phrase incompréhensible pour un Québécois moyen. Il est beaucoup plus drôle de dire : « Y a *by-passé* le *line up* », comme je l'ai entendu dans la bouche d'un humoriste, du reste intelligent et talentueux, mais qui éprouve le besoin maladif de faire populo. À ses yeux, faire populo, c'est parler comme un individu anglicisé à l'os, sans culture et mal embouché. C'est tellement plus drôle de s'exprimer comme les Bougon. « Tu peux-tu me crisser patience ! » représente la quintessence de ce joual de scène.

Le franglais a la cote. C'est plus *cool*, surtout quand les subtilités de l'esprit sont *back order* et qu'il faut *rusher* pour faire rire l'*audience* aux heures de *prime time*. Le français est ringard. Est-ce à dire qu'il est impossible de faire rire en français au Québec ? Les grands humoristes du reste de la francophonie apportent un cinglant démenti à ceux qui le pensent. Yvon Deschamps dénonçait l'abrutissement du peuple québécois que l'on dépossédait de sa langue et de sa dignité. Certains humoristes actuels cultivent cet abrutissement au lieu de le combattre.

Des réactions épidermiques

Par ailleurs, il n'est pas facile de discuter sereinement de la qualité de la langue parlée et écrite au Québec. Tout comme de religion, de politique et de valeurs identitaires. Quand on ouvre cette boîte de Pandore, l'émotion prend le dessus et la première victime est la raison qui ne sait plus distinguer registres de langue, langue parlée et langue écrite, effets de style, genre et fonction des textes, etc.

Oser réclamer un peu de rigueur dans l'expression déclenche des réactions épidermiques. On vous taxe aussitôt de peau sensible, d'apôtre du bien-parler, d'esprit rétrograde enfermé dans sa bulle, de curé de la langue. Et c'est un fait que l'on a beaucoup moralisé l'appauvrissement du français sous l'influence de l'anglais. Le vocabulaire religieux imprégnait ce discours normatif. Les anglicismes étaient des « péchés contre nature » ; il fallait « prêcher le bon exemple » et « mettre à l'index » barbarismes et impropriétés. À cette époque, où l'on entretenait la conviction que la langue est la gardienne de la foi, les interdits alimentaient les bûchers. Il s'en fallut de peu pour que l'on assimilât la faute de langue à une faute d'ordre moral.

Il est loin pourtant le temps où les Québécois ayant eu la chance d'aller étudier en Europe agaçaient leurs compatriotes en revenant avec l'accent et le vocabulaire français. Ces « retours d'Europe » jetaient un regard condescendant sur le Québec et le parler de ses habitants. Loin aussi le temps où l'on niait toute spécificité à la langue québécoise et qu'on ne jurait que par la langue française, la vraie, celle de France. Cette race de puristes mal informés a disparu à la faveur d'une meilleure connaissance de la sociolinguistique et des liens unissant langue et identité.

Les langagiers actuels qui se font les promoteurs éclairés du bon usage connaissent les avantages que procure une langue de qualité. Ils ne défendent pas la langue pour la langue, comme les Parnassiens valorisaient l'art pour l'art, mais pour ce qu'il est possible de faire avec cet instrument de *pensée*, d'*expression*, de *communication* et de *culture*. Aucun d'eux ne condamne le parler québécois, panaché d'expressions telles que « accrocher ses patins », « se faire ramasser », « avoir son voyage », « être vite sur ses patins », « avoir la tête enflée », « être gratteux », « bavasser », « abrier », « enfirouaper », « quétaine ». Ces langagiers ont aussi pris leur distance avec le conservatisme des académiciens français, farouches opposants, par exemple, à la féminisation systématique, et aux yeux de qui « auteure », « ingénieure » ou « professeure » sont des monstres.

Historiquement, si de nombreux traducteurs ont mis la main à la pâte pour désherber le vocabulaire et en éradiquer les anglicismes et autres impropriétés, c'est qu'ils forment un groupe d'artisans du verbe éminemment conscients de l'importance de disposer d'un instrument d'expression riche, souple et précis. Même la langue technique française dispose de toutes les ressources nécessaires pour atteindre la rigueur qui doit la caractériser. Le joual est un sociolecte du parler québécois essentiellement oral qui ne possède pas de norme d'écriture clairement définie, contrairement au français et à sa variante québécoise.

Un effet corrosif et délétère

Et c'est là que je veux en venir : le joual, langue parlée mâtinée d'anglais, exerce un puissant effet corrosif et délétère sur la langue écrite. Ayant évolué pendant de nombreuses années dans les milieux de l'enseignement universitaire et de la traduction, j'ai pu constater, à l'instar de mes collègues, la difficulté qu'éprouvent un grand nombre d'étudiants, au demeurant fort intelligents et très motivés, à structurer leur pensée, à mener une argumentation claire et nuancée, faute de savoir exploiter au maximum les ressources d'une langue qu'ils maîtrisent mal. Ils sont les premiers à le déplorer et n'hésitent pas à fournir l'effort nécessaire pour remédier à la situation, ce qui est tout à leur honneur.

À l'oral, l'imprécision de vocabulaire passe encore, mais à l'écrit, source de confusion, elle est rédhibitoire. Une langue s'appauvrit lorsqu'elle perd en précision, lorsque sa capacité de nuancer les idées s'effrite et lorsqu'elle recourt massivement à des emprunts inutiles.

En joual courant, il n'y a plus que des « *racks* », des « *guns* », des « *drills* », des « *spots* », des « *rushs* », des « *lifts* », des « stations de gaz », des « filières » (classeurs), « du petit change » (monnaie) ou des taxis qu'on « *call* ». Les expressions « c'est *cool* », « c'est capotant », « c'est tripant » « c'est malade » ont envahi le vocabulaire des jeunes et des moins jeunes et jeté aux oubliettes leurs correspondants français : amusant, attachant, charmant, distrayant, divertissant, divin, impayable, irrésistible, plaisant, réjouissant, sublime, sympathique, etc. L'emploi quasi viral de la locution « au niveau de » est en train de raboter du vocabulaire les expressions « concernant », « à propos de », « au sujet de », « dans le domaine de », « en matière de », « en ce qui a trait à »,

« du point de vue de », « quant à », etc. Le joual, c'est aussi ça : le laminage du vocabulaire, et cet aplatissement se répercute sur l'écrit.

On a beaucoup de mal au Québec à distinguer les registres de langue. Le familier s'invite dans toutes les situations de communication, même là où on ne l'attend pas. À preuve, ce médecin qui, dans une intervention publique, a balancé à ses auditeurs plusieurs « ça me fait chier » et « on n'est pas des crosseurs ». Une telle richesse de vocabulaire dans la bouche d'un professionnel de la santé laisse pantois ! Quand on ne distingue plus les niveaux de langue et qu'on parle comme un charretier, c'est qu'on se laisse entraîner sur la pente de la facilité et qu'on n'a plus le moindre respect de ses interlocuteurs. La langue révèle qui nous sommes, tout autant que notre attitude envers les autres. Dis-moi comment tu parles, je te dirai qui tu es et comment tu me considères. « Qu'est-ce que je peux faire pour vous ma p'tite madame ? » demande le vendeur.

En propageant le joual, ce français de misère que certains ont l'audace de considérer comme la langue commune des Québécois, bon nombre de publicitaires, de syndicalistes, d'humoristes, de comédiens, de cinéastes et de chanteurs contribuent plus que d'autres, en raison de leur forte exposition médiatique, à la dégradation de la langue parlée au Québec. On s'émeut à peine qu'un ministre de l'Éducation bafoue les règles les plus élémentaires de la grammaire française.

À force de les entendre, on en vient même à ne plus reconnaître comme tels les anglicismes. Un étudiant avait traduit *a can of beans* par « une can de bines ». Je lui fis alors remarquer qu'en français on dit plutôt « une boîte de fèves au lard ». L'expression est un régionalisme, selon l'Office québécois de la langue française et le *Petit Robert*. Il tomba des nues. Depuis son enfance, il n'avait entendu que *can de bines*. Pour lui, c'était du français. Cette anecdote nous fait toucher du doigt l'effet insidieux du joual sur la langue (écrite) des francophones.

Dans le même ordre d'idées, une campagne de sécurité routière de la ville de Repentigny a soulevé une vive polémique. Des panneaux d'affichage prodiguaient ce conseil aux automobilistes en les tutoyant, bien évidemment : « Slaque la pédale. » Navrant manque d'imagination, même si Antidote, cet excellent logiciel de correction grammaticale et d'aide à la rédaction, considère le verbe *slaquer* comme une « expression familière et particulière au Québec ». On ne saurait donner tort à ceux qui y voient un anglicisme inutile. « Levez le pied », accompagné d'une illustration originale n'aurait-elle pas atteint le même but ? Ringard le français ! Ignares les Québécois ?

À travers l'intercom d'une tour à bureaux frappée par une panne d'électricité, le message « *We experience presently a power failure* » parvint aux employés francophones dans la traduction française suivante : « Nous expérimentons présentement une faillite du pouvoir. » Traduction purement morphologique. Il faut aller au-delà des mots pour en dégager le sens. Tous les bilingues n'en sont pas capables.

Une langue maternelle seconde

Une langue s'apprend par mimétisme, par osmose. Si un enfant n'entend jamais ses parents et les personnes de son entourage employer le mot juste en français, jamais il ne l'apprendra et on ne saurait lui en tenir rigueur. Celui qui entend dans la bouche de son père *weed eater* au lieu de taille-bordure enrichit, certes, son vocabulaire anglais, mais aux dépens de sa langue maternelle. Pour lui, le passage de l'oral à l'écrit sera d'autant plus difficile lorsqu'il sera aux études. Il aura besoin d'un dictionnaire bilingue !

Et c'est là tout le drame : la langue française qu'on utilise à l'écrit n'est pas, pour beaucoup d'étudiants, une langue parlée spontanément, mais une langue plus ou moins apprise comme une langue seconde. Appliqué aux milliers d'objets et gestes de la vie courante, l'exemple du taille-bordure donne la mesure de l'effort qu'il faut consentir pour éviter l'anglicisme qui, lui, surgit spontanément à l'esprit, semble-t-il. « *Downloader*, ça se dit comment encore en français ? »

Il existe d'ailleurs une corrélation directe entre la méconnaissance d'une langue et sa compréhension. Selon une étude récente de Statistique Canada, 44 % seulement des titulaires québécois d'un diplôme universitaire ont dépassé le deuxième niveau de littératie (il y en a cinq), définie comme la capacité à comprendre des textes écrits. Il faut dépasser ce niveau pour occuper un emploi exigeant une formation universitaire. Autre conclusion troublante : les diplômés universitaires en sciences humaines et en éducation — les enseignants de demain — sont nettement moins nombreux que les autres à dépasser ce deuxième niveau[3].

Avant même l'université, en cinquième secondaire, le français donne du fil à retordre aux élèves. En 2014, plus d'un élève sur quatre n'a pas obtenu la note de passage à l'épreuve ministérielle, qui consiste à rédiger en un peu plus de trois heures un texte d'opinion d'environ cinq cents mots sur un sujet donné. L'élève peut utiliser un dictionnaire, une grammaire et un tableau de conjugaison[4].

Cette triste réalité remonte à l'apprentissage de la langue. La maîtrise d'une langue ne se termine pas à six ans ; c'est l'affaire de toute une vie. L'important est de bâtir sur des fondements solides. Or, le joual et les nombreuses scories qu'il charrie érodent ces fondations et fragilise la structure.

Un brandon anachronique

En littérature, un jeune auteur, dont on souhaite qu'il ne soit pas représentatif de sa génération, jette carrément l'éponge et tente de dynamiter la langue québécoise et de remplacer « le joual de Tremblay par le franglais de… Xavier Dolan[5] ». L'auteur de *Charlotte before Christ*, Alexandre Soublière (même âge que Dolan), affirme que son roman est un méga *fuck you* lancé à la société québécoise. Des passages de son roman se comparent au joual de *Mommy*. « Je m'imagine debout au poste comme un con avec mon dick in my hands. » « Ma mère a magasiné une criss de shot. » « Ça fitait dans le mood. » « La maison est sick, mais la télé c'est d'la marde. » « J'te dis, man, elle me eye fucke depuis tantôt. » « Il y a fuck all ici. » « Elle porte des jeans tights avec des shoes. » « T'a rien d'outrageous à mon sujet ! »

---

3. Voir F. Vailles, « Sur notre niveau de compréhension, justement… », *La Presse*, 5 novembre 2014, p. A 5.

4. J. Richer, « Épreuve unique de français. L'écart se creuse entre les écoles publiques et privées », *Le Devoir*, 12 janvier 2015, p. A 4.

5. N. Petrowski, « Charlotte anyways… », *La Presse*, 28 janvier 2012, p. 17.

« Fair enough, je réponds. » « Je chain-smoke[6]. » Voilà comment s'exprime un jeune universitaire bobo (bourgeois et bohème). Faut-il parler de « chiac littéraire » ? Les églises ont beau être vides, on n'a jamais vu autant de gens à genoux devant la langue anglaise, vénérée comme une madone. *Charlotte before Christ, English before French.*

Comme ils ne sont pas mis en italiques, les mots anglais ne sont pas ici des éléments étrangers, mais jouissent du même statut que les mots français dans l'économie du roman. Cette langue composite est en outre, et étonnamment, émaillée de mots on ne peut plus hexagonaux, tels que « piaule », « choper », « clope », « pétasse », « fringues », « fringué ». Bonjour les disparates ! Cette langue hybride serait évidemment incomplète sans son lot de *fuck* et son chapelet de jurons : « sti, osti, criss » et des dérivés « crissement, crisser, décrisser ».

Cette récupération du joual ne mène nulle part. Dissoudre la langue anglaise dans sa langue maternelle, « c'est être suprêmement cool et en contrôle de sa propre aliénation[7] ». Le frère Untel voyait dans le joual « une langue désossée » parlée par une « race servile ». Le joual serait la manifestation de l'indigence intellectuelle et de l'inculture. On ne peut nier en tout cas qu'au théâtre, au cinéma et dans les téléromans, ce parler est chevillé à la réalité des perdants.

Au sujet de l'article « joual » de son *Dictionnaire amoureux du Québec*[8], Denise Bombardier confie à une journaliste : « C'est sûr que ce n'est pas avec le joual que je me suis rendue où je suis aujourd'hui. Ce n'est pas avec le joual que j'aurais pu discourir en Europe et discuter de choses fondamentales. On ne m'aurait pas comprise. On m'aurait folklorisée[9]. » Tout est là : on peut se replier sur soi et s'enrouler autour de son parler tribal ou, au contraire, faire le choix d'ajouter sa voix à celles qui se font entendre sur la scène nationale et internationale. Pour ce faire, disposer d'un instrument de communication

---

6. A. Soublière, *Charlotte before Christ*, Montréal, Boréal, 2012.

7. N. Petrowski, art. cité.

8. D. Bombardier, *Dictionnaire amoureux du Québec*, Paris, Plon, 2014.

9. C. Guy, « Le dico du Québec de Madame B », *La Presse*, 30 octobre 2014, p. A 21.

universel comme la langue française est assurément un atout. Il y a longtemps que les traducteurs ont compris cela, eux qui travaillent dans l'import-export. La culture québécoise a la chance de se rattacher à une langue de grande culture. Elle peut très bien s'exprimer et rayonner dans une langue française correcte sans pour autant être ni pointue ni tordue.

Une langue vivante et prisée

Le français semble avoir le vent en poupe : il gagne du terrain presque partout dans le monde. «À long terme, et en se basant sur les projections démographiques de l'ONU, la population des pays ayant le français comme langue officielle dépassera celle des pays réunis par d'autres langues officielles communes : l'allemand, le portugais, l'espagnol et même l'arabe[10]. » La langue française est la deuxième langue de travail de la plupart des organisations internationales, la deuxième langue de l'information internationale dans les médias, la troisième langue des affaires, la quatrième langue d'internet et la cinquième langue internationale pour le nombre de locuteurs après l'anglais, le mandarin, l'espagnol et l'arabe. Elle est aussi la deuxième langue la plus apprise dans le monde. Depuis 2010, en effet, le nombre de personnes ayant choisi le français comme langue étrangère a progressé de 6 %, progression qui atteint 43 % en Asie et en Océanie[11]. Les Québécois ont donc tout intérêt à avancer en cordée avec le reste de la francophonie mondiale. Les arguments qui plaident en faveur de ce choix ne manquent pas.

Toute langue a une dimension communautaire. À notre époque où l'esprit collectif tend à céder la place à un individualisme exacerbé, on se leurre en pensant que, peu importe la façon dont on s'exprime, on sera toujours compris de tous, que c'est aux autres de faire l'effort de nous comprendre. S'enfermer par choix dans une langue aussi rabougrie que le joual qui, de surcroît, ne s'exporte pas, c'est se placer plus ou

10. Organisation internationale de la francophonie, Observatoire de la langue française, *La langue française dans le monde 2014*, p. 8, < http ://www.francophonie.org/IMG/pdf/oif_synthese_ francais.pdf >.

11. *Ibid.*, p. 3 et 11.

moins dans la situation du jeune Steve dans *Mommy :* incapable de verbaliser ses désirs et ses sentiments, il en est réduit à communiquer par des cris et des éructations verbales. «La langue est une prison. La posséder, c'est l'agrandir un peu», disait l'écrivain et traducteur Pierre Baillargeon.

«La langue évolue» est l'argument de ceux qui acceptent béatement toutes les modifications lexicales ou syntaxiques que subit la langue française. Toute langue vivante évolue, là n'est pas la question. «Le seul problème est de savoir *à quelle vitesse* et *dans quelle direction*[12]. » Il faut du temps pour qu'une langue adapte, digère et assimile des apports étrangers, sans quoi elle risque de perdre son caractère propre, de se dénaturer. Cette menace guette actuellement la langue française, tant au Québec qu'en France, où elle est assaillie de toute part par l'anglais.

Or, entre l'anglicisation excessive des joualisants et le corset des puristes, il y a place pour la simplicité, le mot juste, la correction syntaxique, le respect des registres de langue, la couleur locale et surtout place pour la créativité, si caractéristique des Québécois. Courriel, égoportrait, clavardage, balado, mot-clic en sont des exemples éloquents. Par ses emprunts inutiles à l'anglais, le joual tue la créativité d'inspiration française. Il est une entreprise de sabotage. Tout comme l'anglomanie des Français d'outre-Atlantique.

À la question «Notre avenir sera-t-il franglais? » ma réponse est sans équivoque : le franglais, qui endosse les apparences d'une langue, nous enfermerait à double tour dans la prison de la facilité, alors que la langue française nous ouvre la porte de toutes les possibilités. Le joual, qu'on a voulu naïvement élever au rang de langue nationale, est une dérive, une abdication, un cul-de-sac.

«Bon gré, mal gré, nous sommes un peuple de traducteurs[13]. » De par sa situation géopolitique, le Québécois est plus ou moins contraint de garder alerte sa conscience linguistique et d'être ce que Camille de Toledo et Heinz Wismann

12. A. Borer, *De quel amour blessée. Réflexions sur la langue française*, Paris, Gallimard, 2014, p. 86.
13. L. Lorrain, *Les étrangers dans la cité*, Montréal, Les Presses du Mercure, 1936, p. 9.

appellent un «citoyen-traducteur[14]». Pour ce faire, il lui faut acquérir les réflexes d'un traducteur, dont le métier consiste à dissocier deux langues à tous les niveaux. Tout le contraire du joual, qui n'est rien d'autre que mal parler deux langues en même temps.

Jean Delisle est professeur émérite de l'université d'Ottawa. Membre de la Société royale du Canada, il a signé ou cosigné une vingtaine d'ouvrages dans le domaine de la traduction et est traduit dans une quinzaine de langues.

---

14. «L'identité de l'Europe, c'est la traduction», *Le Monde*, 25 juin 2014, <http ://www.lemonde.fr/ idees/article/2014/06/25/l-identite-de-l-europe-c-est-la-traduction_ 4445045_3232.html >.

Le franglais : le Québec toujours assis entre deux chaises ?

André Braën

On savait le Québec assis entre deux chaises sur le plan constitutionnel tant il peine à fixer clairement son avenir à cet égard. En serait-il de même sur le plan linguistique ?

En effet, on peut se demander si le franglais ne serait pas en voie de normalisation au Québec. Par franglais on entend l'influence plutôt forte que la langue anglaise exerce sur la langue française, particulièrement au niveau de son vocabulaire et de sa syntaxe, ainsi que le langage qui en découle tel qu'il est parlé par bien des francophones au Québec. J'ignore si un phénomène similaire mais inverse frappe la langue anglaise parlée dans la Belle Province, mais là n'est pas notre propos. Faut-il s'inquiéter de ce phénomène diglossique ? Il est vrai qu'une langue évolue constamment et que ses codes peuvent changer. Ainsi, il y a bien une nouvelle orthographe du français qui tente de s'implanter et qui oppose, sans réussir à secouer l'indifférence de la très grande majorité des francophones, ses partisans et ses détracteurs passionnés. Compte tenu de la mondialisation et de l'attractivité de la langue de Shakespeare, et donc de son influence partout sur cette planète, on serait tenu de constater la normalité du phénomène des emprunts à l'anglais et la difficulté que cela représenterait de ne pas y succomber. En France aussi (et ailleurs dans la francophonie), l'anglomanie est bien (si ce n'est trop) présente. Mais pour ce qui est du Québec, le phénomène du franglais mérite toutefois qu'on se penche de plus près sur ses causes et conséquences, tant l'anglais y est présent depuis plus de deux cent cinquante ans et tant la francophonie constitue une exception au cœur d'un continent nord-américain presque entièrement anglophone.

Les phénomènes diglossiques sont bien présents au Québec et les maux qui y affligent le français sont reliés autant à sa qualité qu'à son utilisation. Dans les années 1960, le langage utilisé au garage du coin ou chez le concessionnaire automobile tenait de la caricature puisque le jargon utilisé était farci de mots anglais. La situation s'expliquait par l'ignorance de la terminologie française et il faut bien avouer qu'aujourd'hui elle s'est renversée. Michel Tremblay disait récemment quant à lui que le joual de cette époque, qu'il a abondamment employé dans son œuvre littéraire, était le reflet d'une société maintenant disparue et qu'en conséquence le joual avait de ce fait perdu son utilité face au français actuel.

La question du français au Québec revêt depuis longtemps une allure qualitative puisque, s'agissant d'en fixer la norme, deux modèles s'opposent. La langue de référence doit-elle être le français standard international? Dans un tel cas, il est sûr que la langue parlée au Québec le reliera au reste de la franco-phonie mondiale. Pour les tenants de l'endogénisme, le français québécois, avec ses particularismes, doit plutôt constituer le modèle de référence puisqu'il s'agit bel et bien d'une langue à part et autonome. À cet égard, je ne crois pas que l'on doive considérer le franglais comme une langue en soi et, tout au plus, constitue-t-il une variante du français qui est parlé par certains au Québec. De plus, l'endogénisme se révèle être au Québec davantage une position idéologique que scientifique. Mais dans tous les cas, les discussions sur le sujet ont toujours cours, du moins parmi les linguistes, même si certains affirment que les endogénistes l'ont maintenant emporté en investissant les centres de pouvoir au Québec.

Une chose certaine est que ces derniers ont bel et bien envahi le petit écran et la scène. «Pour faire peuple», des personnalités du monde des arts et du spectacle se font les champions (à moins que ce ne soit naturel…) d'une langue française plutôt médiocre et remplie de mots anglais. La popu-lation francophone mérite pourtant beaucoup mieux. En fait, on doit à ce niveau lui donner le meilleur et, malheureusement, l'image que ces personnalités lui renvoient d'elle au niveau linguistique la rabaisse. Le franglais amplifie de plus cette dynamique en laissant croire que le français a nécessairement besoin de l'anglais pour exprimer ce qu'il a à exprimer, y compris la modernité. Bien sûr, il ne s'agit pas d'opposer la norme linguistique à la créativité. Celle-ci doit pouvoir s'exprimer dans toutes les langues, utiliser toutes les variantes possibles et, s'il y a lieu, rejeter la norme. Mais cela reste de l'art. Lorsque le franglais envahit la langue quotidienne, c'est autre chose.

Ainsi en est-il, par exemple, du chiac utilisé dans la région de Moncton par des membres de la communauté acadienne. Certains pensent qu'il s'agit là d'une langue française originale, autonome et qui appelle l'application de ses propres codes. Peut-être est-ce le cas. Mais voudrait-on que ce soit la langue enseignée à nos enfants? Peut-être aussi que le chiac, même s'il est une langue de résistance, est annonciateur d'une assimilation prochaine. Et il faut bien constater que le taux d'assimilation des francophones dans la région de Moncton, où vit la majorité de la population acadienne du Nouveau-Brunswick, est beaucoup plus important que dans les régions de la péninsule acadienne ou du Madawaska, là où le français parlé reste peu menacé par l'anglais.

À cet égard, il faut se désoler de l'insensibilité mutuelle qui affecte autant la francophonie du Québec que celle du reste du Canada. Au Québec, on se désintéresse du sort réservé aux francophones hors Québec. On s'imagine que le français s'arrête aux frontières provinciales. Pourtant, il faut saluer et même louanger la francophonie hors Québec qui ne l'a pas facile. Elle doit composer avec un environnement qui, au mieux, lui est tout à fait indifférent ou qui, au pis, lui est hostile. La presse québécoise ne se fait pas ou si peu l'écho de cette lutte de tous les instants. Le gouvernement québécois ne s'en mêle pas de peur que le Canada anglais ne critique ses politiques, ce que ce dernier fait de toute façon. Et le gouvernement fédéral, quant à lui, en fait juste assez, c'est-à-dire pas beaucoup, de façon à ne pas braquer son électorat majoritaire.

Il est vrai que l'offre de services publics en français à la population francophone hors Québec n'a jamais été aussi élevée mais elle reste bien souvent insuffisante et surtout elle se révèle incapable de contrer l'assimilation. De recensement en recensement, le nombre de personnes ayant le français comme langue maternelle (première langue apprise et encore comprise) est en diminution constante au Canada sans que cela n'émeuve ni médias, français ou anglais, ni gouvernements, tant fédéral que provinciaux (québécois y compris). À ce chapitre, l'avenir canadien semble être le rétrécissement constant de la francophonie. Les optimistes rétorqueront que la langue anglaise a aussi subi une diminution de ses troupes. Il est vrai que l'immigration influe beaucoup sur la démographie canadienne. Mais il reste que la quasi-totalité des immigrants adoptent l'anglais au Canada. Même au Québec, l'anglais demeure très attrayant auprès des immigrants et cela se répercute sur les statistiques concernant la langue d'usage à la maison. Bref, le multiculturalisme canadien s'exprime en anglais. S'il en avait été autrement, le multiculturalisme ne serait certainement pas une «valeur» canadienne.

L'assimilation, c'est-à-dire la perte de leur langue maternelle par de nombreux francophones et leur absorption par le groupe anglophone, attaque donc la francophonie nord-américaine, surtout en dehors du Québec et de quelques régions frontalières. Les politiques, les nombres en présence et simplement le désir de prestige expliquent le phénomène. Et à ce chapitre, l'histoire du Canada est à bien des égards celle de cette assimilation. A-t-on déjà entendu les politiciens fédéraux vouloir y mettre un frein? Sait-on que les objectifs du gouvernement fédéral en ce qui concerne l'immigration francophone dans les provinces autres que le Québec sont de 3% ou 4% du total des immigrants, un taux largement insuffisant pour lutter contre l'assimilation de la francophonie canadienne?

L'apparition de mots anglais dans la langue parlée serait-elle une étape vers l'abandon de la langue maternelle? À la diminution constante du nombre d'individus ayant le français comme langue maternelle, les éternels optimistes rétorqueront que le nombre d'individus bilingues, c'est-à-dire capables de converser en français et en anglais, est en hausse constante au Canada. Il y a même des personnes qui prétendent ne pas avoir de langue maternelle puisqu'elles sont depuis toujours parfaitement bilingues. Alors, français ou anglais, la question ne se poserait même plus. Mais c'est un leurre. Jamais le bilinguisme n'a été aussi peu populaire au Canada anglais, en particulier chez les jeunes, et si le pourcentage d'individus qui au Canada se déclarent bilingues est en hausse constante, c'est simplement parce que le bilinguisme connaît une augmentation très marquée au Québec.

Dans la Belle Province, tant le gouvernement que la population en général se préoccupent fort peu de l'apprentissage du français et de sa qualité. En tout cas, la question n'est jamais un enjeu électoral. Tout au contraire, ce qui importe c'est plutôt l'apprentissage de la langue seconde, c'est-à-dire de l'anglais. Le bilinguisme a la cote et le Québec serait ainsi, grâce à lui, une société ouverte sur le monde et non repliée sur elle-même. L'anglais est la langue de prestige, des affaires — les «vraies» —, même si on reste par ailleurs attaché au français. Pour le premier ministre Couillard, par exemple, il importe que l'ouvrier dans une usine québécoise soit bilingue et puisse répondre dans la langue de Shakespeare à un éventuel acheteur chinois en visite. Pourtant, rien ne dit que le visiteur en question parlera anglais ou qu'il ne sera pas accompagné d'un interprète. Mais tout ça est significatif de l'avenir et de la place que le français et l'anglais doivent respectivement occuper dans la Belle Province dans l'esprit du chef de notre gouvernement. Combien d'hommes et de femmes politiques actuels croient simplement, évidemment sans le dire à haute voix, que l'avenir se déroulera en anglais au Québec?

Si dans le reste du Canada les francophones doivent continuer, toujours et malgré la «Charte», à se battre pour avoir des services éducatifs de qualité dans leur langue, au Québec ce sont les francophones et les allophones qui requièrent pour leurs enfants le droit d'accès aux écoles anglaises. Cet accès est pour eux un gage de bilinguisme et donc de succès personnel. Au Québec, dans les écoles françaises, l'anglais est maintenant enseigné dès la première année du primaire, mais pour plusieurs ce n'est pas encore assez. Ah! si les bébés pouvaient naître bilingues, quelle joie ce serait alors pour les parents!

Les anglophones ont quant à eux tout ce qu'il faut à ce chapitre, de la garderie à l'université. Tout? Non, puisqu'aux dernières élections scolaires des voix se sont fait entendre au sein de la communauté anglophone du Québec, en particulier à Montréal, pour que l'apprentissage du français langue seconde soit amélioré dans les écoles anglaises. Sur la foi des recensements, on affirme que ce sont, après les francophones hors Québec, les anglophones du Québec qui comptent le plus de personnes bilingues au Canada. L'enseignement du français est obligatoire dans les écoles anglaises du Québec et on tient donc pour acquis que le jeune anglophone en ressort nécessairement bilingue. Même la Charte de la langue française laisse présumer à l'article 35 que le détenteur d'un certificat d'études secondaires décerné par une école anglaise du Québec et qui est candidat à un ordre professionnel dans cette province possède une connaissance appropriée du français. Bien évidemment, il existe plusieurs degrés de bilinguisme et il semblerait donc que la réalité soit nettement plus nuancée et cela explique pourquoi, depuis peu, un nombre significatif de parents anglophones choisissent d'envoyer leurs enfants à l'école française, diminuant d'autant les effectifs des commissions scolaires anglaises, et sans que cela préoccupe d'ailleurs la population francophone ou le gouvernement québécois. Pourtant, les deux ont évidemment intérêt à ce que les membres de la minorité anglophone s'intègrent à la société québécoise plutôt que de perpétuer leur solitude.

Cet attrait exercé par le bilinguisme au Québec nourrit sûrement le franglais. En effet, discuter du franglais revient inévitablement à discuter du statut des langues française et anglaise, et de la place respective qu'elles occupent dans son espace public. Le français n'a jamais occupé exclusivement toute la scène québécoise. Les langues autochtones, la plupart étant aujourd'hui menacées de disparition, l'ont précédé. L'anglais a suivi avec le traité de Paris et, aujourd'hui, il faut ajouter les langues de l'immigration. Si la population de langue maternelle anglaise représente 8 % de la population totale du Québec (17 % à Montréal), les langues immigrantes, c'est-à-dire celles parlées par les allophones, représentent quant à elles plus de 12 % du total (et plus du tiers dans la ville de Montréal). Bref, le Québec, comme la plupart des autres provinces du Canada, connaît un pluralisme linguistique et puisque ce pluralisme conduit nécessairement à l'emploi d'un idiome commun, c'est l'anglais qui triomphe partout, même au Québec où deux locuteurs de langue différente choisiront le plus souvent l'anglais pour communiquer entre eux. Aujourd'hui, le Québec est tout au plus une société bilingue, plus même que le Nouveau-Brunswick, parce qu'il compte un plus grand nombre de locuteurs bilingues au sein des deux principales communautés linguistiques. Bref, le français au Québec est la langue d'une majorité francophone écrasante (approximativement 80 %) incapable de l'imposer sur son territoire. Le franglais serait-il le reflet de cette impuissance linguistique ?

Pourtant, l'on rétorquera que le français est la langue officielle du Québec. En effet, la Charte de la langue française l'a bien proclamé au moment de son adoption en 1977. Cette loi est la législation la plus honnie au Canada où elle est perçue comme un repli sur soi ou comme une mesure à caractère carrément ethnique, si ce n'est raciste. C'est ce qui explique que beaucoup de francophones du Québec ainsi influencés se sentent coupables face à une minorité anglophone qui a appris à jouer à merveille son rôle de minorité ostracisée. Après tout, près de deux cent mille anglophones ont quitté la Belle Province à la suite de l'adoption de la loi 101 ! Mais les a-t-on forcés à le faire, ou menacés, ou spoliés ? Ou peut-être étaient-ils tout simplement incapables d'accepter le jeu de la démocratie et la fin de l'apartheid linguistique ? Mais au Québec, cette loi, ou en tous cas ce qui en reste après les très nombreuses interventions judiciaires qui en ont invalidé des pans entiers, reste très populaire… auprès de la majorité francophone s'entend.

L'objectif de la loi 101 est de faire du français la langue commune au Québec, et ce dans le respect des droits des Québécois anglophones et des communautés autochtones. Le français doit être la langue normale de l'enseignement, des communications, du travail et du commerce, à l'image de la langue anglaise dans les autres provinces canadiennes. Selon la loi, la langue de l'administration publique québécoise est le français. Pourtant, ses services sont de manière systématique dispensés en français et en anglais. Il en va de même en ce qui concerne les sociétés d'État comme Hydro-Québec ou des municipalités comme Montréal, que la loi déclare pourtant ville francophone. La pratique du bilinguisme a cours également dans les corporations professionnelles et les associations syndicales qui ont pourtant l'obligation de communiquer en français. On justifie cette pratique par le fait que la loi 101 n'interdit pas l'usage de langues autres que le français. Alors, on utilise l'anglais mais pas d'autres langues…

Dans le domaine de l'emploi, un secteur important d'intégration sociale, le français est censé être la langue de travail au Québec. Mais la confusion existe et même si un individu ne doit pas selon la loi être pénalisé du seul fait qu'il parle français, le bilinguisme est très souvent exigé comme condition d'emploi. L'anglais peut certes être requis parce que le poste convoité exige que l'on communique avec l'extérieur ; mais il l'est souvent parce qu'un collègue ou un supérieur ne parle pas français ou parce qu'un commerçant veut offrir des services bilingues à sa clientèle. Au Québec, les employeurs imposent de manière abusive la connaissance de l'anglais comme critère d'embauche et laissent entendre qu'il est impossible de faire des affaires autrement.

Quant à l'immigration, on sait que, de tout temps, elle a surtout profité du point de vue linguistique à la minorité anglophone. Même si la loi 101 envoie depuis son adoption les enfants issus de l'immigration à l'école française, le pouvoir d'attraction de l'école anglaise est très fort et il reste toujours possible aujourd'hui d'utiliser, si on en a les moyens, le stratagème des écoles passerelles légitimé récemment par la Cour suprême du Canada. Ajoutons que ce n'est que depuis quelques années qu'une majorité des immigrants ont une connaissance du français à leur arrivée sur le territoire québécois. Mais, une fois installés, on leur demandera de parler anglais pour mieux se trouver un travail. Aussi curieusement, les ministères et agences du gouvernement québécois considèrent que c'est l'anglais qui doit être automatiquement utilisé dans leurs rapports avec les nouveaux arrivants. On sait que, par automatisme, le francophone québécois qui est bilingue change systématiquement de langue et utilise l'anglais pour converser avec ce nouvel arrivant. Le comportement est flagrant et fréquent ; le francophone indiquerait-il par là à son interlocuteur qu'il ne peut pas être partie prenante de sa communauté ?

Enfin, dans le domaine du commerce, des enquêtes révèlent qu'on peut se faire servir en français partout au Québec, mais qu'à Montréal il est toutefois fréquent d'être accueilli en anglais et que plus du quart des clients francophones passent alors à l'anglais. Il faut dire qu'à Montréal l'espace occupé par la langue anglaise est sans commune mesure avec l'importance numérique de la communauté anglophone. À cause de sa situation linguistique, Montréal échappe complètement au Québec francophone comme au Canada anglophone et constitue un véritable terrain de bataille où s'affrontent le français et l'anglais. Cela se voit, cela s'entend mais cela ne se dit pas, à moins, selon certains, d'être un francophone en crise aiguë d'identité linguistique. On se demande bien comment on peut ainsi nier la problématique identitaire du Canada et du Québec quand les deux se définissent l'un par rapport à l'autre par la langue.

C'est l'Office québécois de la langue française qui, entre autres, reçoit les plaintes touchant le respect de la loi 101. Plutôt que de voir à l'application d'une loi, adoptée il y a quand même trente-huit ans, l'organisme privilégie une approche dite « persuasive ». On constate que les résultats ne sont guère probants et que la patience, qui n'a pas de limites, reste de mise. Si l'organisme clame une indépendance au moins de façade, il ne fait que perpétuer la position des gouvernements québécois, péquistes ou libéraux, pour qui la langue constitue un sujet à éviter. Bref, on aime la loi 101 au Québec, mais il ne faut surtout pas l'appliquer, sauf pour la ridiculiser (l'affaire des menus par exemple).

En réalité, on promeut plutôt le bilinguisme, puisque l'anglais est signe d'ouverture au monde. Si l'apprentissage d'une autre langue doit être une matière scolaire et une valeur à promouvoir sur le plan individuel, compte tenu de l'ouverture intellectuelle qu'il suppose, la promotion du bilinguisme par l'État québécois est quant à elle absurde. Une politique de ce genre met en concurrence deux langues qui ne sont absolument pas sur un pied d'égalité et elle favorise l'utilisation d'une langue qui, elle, n'a absolument pas besoin de promotion sur le continent, c'est-à-dire l'anglais. Ce n'est certes pas à l'État québécois de payer pour les ambitions internationales que les parents peuvent avoir pour leur progéniture. Si l'anglais s'appuie sur le poids de la mondialisation pour favoriser son expansion, pourquoi faudrait-il que, sur le plan interne, l'espace québécois ne soit pas quant a lui occupé par le français ? Pourquoi le Québec ne pourrait-il pas simplement être une société francophone, comme le reste du Canada est une société anglophone, et ce sans pour autant nier les droits de sa minorité anglophone et des populations autochtones ? Le gouvernement québécois a donc la responsabilité de promouvoir par ses politiques la langue française et de s'assurer qu'elle devienne véritablement et une fois pour toutes la langue commune sur son territoire. C'est l'effectivité qui compte ici. Or son message à ce niveau est très ambivalent. Tout comme l'est celui qui découle du comportement de la population francophone elle-même qui souvent préfère «pratiquer» son anglais. En somme, c'est un peu comme pour le franglais, c'est-à-dire qu'il existe au Québec une incapacité de choisir entre deux langues : on les parle donc simultanément !

Le franglais témoignerait-il du maintien de la paix linguistique ? C'est plutôt celle-ci qui témoigne simplement du déclin du français et du retour systématique du bilinguisme au Québec. Peut-être ce bilinguisme y annonce-t-il aussi le retour de l'unilinguisme anglais puisqu'on dira que, si la population francophone est bilingue, elle doit forcément comprendre l'anglais. Elle se retrouvera alors dans la situation du francophone qui, ailleurs au Canada, réclame le respect de ses droits ; la plupart du temps, on le considérera comme un chialeur puisqu'on sait que, de toute façon, il est bilingue. Le franglais annonce-t-il aussi le retour au petit salaire pour celui qui ne parle que le français au Québec, l'anglais étant à ce niveau le gage de la réussite économique ? Le risque que la paix linguistique ne dure pas sera alors grand.

En définitive, le franglais ne brise pas les deux solitudes et l'on peut se demander si la paix linguistique ne signifie pas le retour en force du bilinguisme pour les seuls francophones et la perpétuation au Québec des deux solitudes, sans espoir d'intégration de la minorité de langue anglaise. Or, pour la population francophone, refuser l'intégration de la minorité signifie simplement la perpétuation d'une aliénation et aussi d'un réflexe xénophobe. Le franglais n'est-il pas le reflet de cette réalité ? Il y a à ce propos amplement matière à réflexion.

André Braën est professeur titulaire à l'université d'Ottawa.
Il a publié de nombreuses études notamment
sur les droits linguistiques au Canada.

Sous peine
d'être ignorant

Le catholicisme au regard de l'histoire

Lucien Lemieux

Le mot «catholicisme» vient du grec et veut dire «universel». Il s'agit d'une religion chrétienne issue du judaïsme. Ses adeptes se réfèrent à Jésus, qu'ils reconnaissent comme le messie sauveur du monde, appelé «Christ» en grec, d'où le terme «christianisme» pour désigner cette religion. Celle-ci fut propagée par des apôtres au sein des peuples faisant partie de l'Empire romain au premier siècle de notre ère, dont le début coïncide approximativement avec la naissance de Jésus.

Le christianisme a connu plusieurs divisions au cours de son histoire, spécialement en deux occasions : en 1054, une séparation — on dit un schisme — eut lieu entre les chrétiens d'Orient, se déclarant orthodoxes, c'est-à-dire se réclamant littéralement «de la vraie doctrine», et ceux de l'Europe occidentale, se réclamant toujours de Rome et formant l'Église latine ; au seizième siècle, une autre séparation importante eut également lieu au sein des chrétiens d'Occident, cette fois entre catholiques et protestants. Le mot «Église», d'origine grecque, voulant dire rassemblement, est utilisé par les diverses confessions chrétiennes.

Caractéristiques du catholicisme

L'Église catholique est dite romaine, parce qu'elle accorde une place prépondérante à la ville où le premier responsable de la communauté chrétienne fut mis à mort en l'an 65 avec de nombreux autres coreligionnaires, à la suite d'une décision arbitraire de l'empereur romain Néron. Ce premier chef de l'Église était Pierre, l'un des apôtres qui accompagnaient Jésus. Après sa mise à mort sur une croix, Pierre est considéré comme une référence et un chef par les disciples de Jésus. Bien qu'ils soient persécutés, parce qu'ils sont jugés dissidents sur le plan civil et sont accusés de ne pas honorer les dieux païens, les chrétiens se multiplient autour de la mer Méditerranée. Les persécutions ne les empêchent pas de constituer 3 % d'une population atteignant cent millions d'habitants au début du quatrième siècle.

Éduqué chrétiennement quoique non baptisé, l'empereur Constantin publie, en 313 de notre ère, un édit accordant la liberté religieuse aux habitants de l'Empire. Deux autres édits paraîtront, respectivement en 380 et en 392, qui conduiront à l'instauration du christianisme comme religion d'État. L'Église s'organise alors selon les circonscriptions civiles. Les communautés chrétiennes, qui deviendront des paroisses, sont regroupées en diocèses territoriaux. Un évêque est responsable de chaque diocèse. Celui de Rome est reconnu comme ayant primauté sur les autres. À partir du septième siècle, ce dernier est de plus en plus souvent appelé pape, puis il est systématiquement dénommé ainsi vers la fin du onzième siècle.

Au quatrième siècle, la Bible, constitué de 73 livrets, dont 46 de l'Ancienne Alliance écrits en hébreu et 27 de la Nouvelle Alliance, rédigés en grec, devient le livre saint des adeptes du christianisme. La traduction latine — aussi appelée la Vulgate — qu'en donne saint Jérôme autour de 400 fera de la Bible la référence primordiale des catholiques jusqu'au vingtième siècle. Vers la même époque, des hommes célibataires se regroupent dans des monastères, faisant un mode de vie de la pauvreté, de la chasteté, de l'obéissance à leur supérieur et à Dieu. Parmi eux et parmi les évêques des premiers temps de l'Église émergent des penseurs qui, nourris de philosophie grecque, réfléchissent sur des questions théologiques.

Ils se font remarquer lors des huit conciles généraux, dits œcuméniques, qui se succèdent à la demande de l'empereur au cours du premier millénaire (Nicée I en 325, Constantinople I en 381, Éphèse en 431, pour ne nommer que les trois premiers) pour établir les bases de la foi chrétienne, conciles auxquels sont conviés à l'origine tous les évêques, qu'ils soient d'Orient ou d'Occident. Cependant, à celui de Constantinople I, qui précise la nature du Saint-Esprit et le Credo, aucun évêque issu de la région latine de l'Empire n'est présent. Au cours des conciles subséquents, toujours tenus en l'absence de l'évêque de Rome, en Orient, dans ce qui correspond aujourd'hui à la Turquie, les évêques participants précisent leurs connaissances sur Dieu, dit unique et trinitaire (Père, Fils et Esprit) et sur Jésus, dit humain et divin. Plus tard encore, l'écart entre les Églises d'Orient et d'Occident, qui après 476 tombera sous la coupe des nations successives d'immigrants germaniques, se creuse dès lors que chacune suit sa propre voie sur le plan doctrinal et organisationnel.

De décadence en réformes

Au septième siècle, les tribus arabes, dynamisées par l'islam naissant, conquièrent des territoires relevant jusque-là de l'empire d'Orient, incluant Jérusalem, ainsi que l'Égypte. Le nouvel Empire arabo-musulman s'étend en Afrique du Nord jusqu'à l'océan Atlantique et dans la péninsule ibérique. Les populations concernées devenant peu à peu musulmanes, l'Église chrétienne perd donc des membres. Mais au cours de la même période, le patriarche grec de Constantinople favorise l'évangélisation des peuples slaves jusqu'en Russie. De son côté, le pape prône celle des peuplades germaniques qui se bousculent en Europe occidentale, venant principalement du nord-est du continent.

Parmi ces nouveaux envahisseurs, la nation des Francs domine au huitième siècle. Ses dirigeants : Pépin le Bref et son fils Charles, futur empereur Charlemagne, octroient au pape des territoires conquis par eux sur les Lombards, dans la péninsule italique. Ces régions deviennent les États pontificaux. Du Haut Moyen Âge jusqu'au onzième siècle, les dirigeants du Saint Empire romain, qualifié de germanique en 962, et leurs subalternes civils ont préséance sur le pape, les évêques, les abbés de monastères, les curés. Ces dernières charges ecclésiastiques s'accompagnent cependant de l'usufruit de grandes propriétés. Les familles aristocratiques et seigneuriales cherchent donc à y placer leurs enfants, même s'ils n'ont pas vocation à assumer la charge de tels ministères ecclésiaux. À Rome, le siège papal est particulièrement convoité, en raison des bénéfices provenant des États pontificaux.

Au dixième siècle, la règle de saint Benoît, formulée au septième siècle à l'abbaye de Monte Cassino, est reprise intégralement au nouveau monastère de Cluny, en France. Elle impose au moine l'alternance de la prière et du travail. Son influence réformatrice s'étend à un grand nombre de résidences monacales et de paroisses.

Aux douzième et treizième siècles, la population s'urbanise jusqu'à proportion de 30 % dans certaines régions, ce qui contribue à l'essor de la bourgeoisie, nouvelle classe sociale qui s'insinue entre les seigneurs et les serfs. C'est l'époque aussi où les dirigeants ecclésiastiques acquièrent préséance sur les civils, appelés laïcs, c'est-à-dire de simples baptisés aux yeux des clercs, ordonnés, eux, pour les mener sur le droit chemin. Un certain nombre de conséquences s'ensuivent : le célibat est imposé aux clercs, d'où un clergé diocésain libéré de nominations héréditaires dues à des intérêts financiers ; l'avènement de nouvelles congrégations de vie consacrée, par exemple celles des franciscains et des dominicains ; l'organisation de croisades en vue de conquérir Jérusalem, où se trouve le tombeau du Christ, pour la retirer des mains des Turcs musulmans ; la construction d'églises et de cathédrales suivant les règles architecturales et ornementales de l'art roman, puis gothique ; la création des universités, qui abritent chacune une faculté de théologie, celle de Paris servant de référence doctrinale pour le catholicisme ; les tribunaux de l'Inquisition à l'origine mis sur pied pour éradiquer l'hérésie cathare, mais qui seront ultérieurement utilisés de façon abusive, dans l'Espagne naissante, contre des adeptes du judaïsme et de l'islam.

Alors que les sociétés d'Europe occidentale entrent dans l'ère moderne au début du quatorzième siècle, le pape Boniface VIII reprend malencontreusement l'adage «hors de l'Église, point de salut»; plus encore, il ajoute : «hors du pape, point de salut». Ce faisant, il sème les germes de l'anticléricalisme, qui culminera en France à la Révolution et réapparaîtra au dix-neuvième siècle. En 1305, les cardinaux, réunis en conclave à

Rome, n'élisent pas l'un d'entre eux comme pape, mais l'archevêque de Bordeaux, qui se fera appeler Clément V. Le Bordelais est alors une province conquise par les Anglais. Le nouveau pape ne mettra-t-il pas fin à la guerre entre les deux pays catholiques que sont la France et l'Angleterre, de même qu'au différend entre la papauté et Philippe Le Bel ?

Dans les faits, le roi de France réussit plutôt à garder Clément V en son pays. Ce dernier s'établit à Avignon. Ses successeurs réussissent à s'enrichir en collectant des impôts directs et indirects auprès des membres de toutes les Églises. De retour à Rome, cette fois au Vatican et non plus au Latran, comme le voulait l'usage depuis 313, le nouveau pape élu en 1378, Urbain VI, d'origine italique, suscite bientôt l'opposition des cardinaux français. Ceux-ci en élisent un autre, Robert de Genève, qui prendra le nom de Clément VII, ce qui provoque un schisme. Pendant trente-neuf ans, deux, voire trois papes se disputent le pouvoir dans des lieux différents : Rome, Avignon, Bologne. Le tout se règle au concile général de Constance, grâce à l'initiative politiquement intéressée de l'empereur germanique Sigismond.

Au début du quinzième siècle, l'empereur de Constantinople, Jean VIII Paléologue, a besoin d'alliés militaires, pour se défendre contre les envahisseurs ottomans. Il croit pouvoir les trouver en Europe occidentale, en acceptant de soumettre l'Église orientale au pape à Rome. En 1439, il s'invite au concile général des évêques catholiques, transféré à Ferrare dans les États pontificaux, où il arrive accompagné de sept cents représentants des diverses Églises orthodoxes. L'union de chacune d'entre elles avec l'Église de Rome est signée après de longues négociations. Mais l'Occident ne consent qu'une aide symbolique à l'empereur, et l'union des Églises d'Orient et d'Occident ne dure pas. Le 29 mai 1453, la ville de Constantinople tombe aux mains du sultan Mehmed II et est dès lors nommée Istanbul.

Lors de la Renaissance, l'Église catholique et la papauté cèdent à la culture mondaine ambiante, même s'il en a résulté des œuvres artistiques de très grande valeur, qui font encore aujourd'hui l'objet d'admiration, par exemple la chapelle Sixtine, au Vatican. C'est d'ailleurs la décision du pape Jules II, au début du quinzième siècle, d'élever l'actuelle basilique Saint-Pierre de Rome et de financer en partie les coûts liés à ces travaux par la vente d'indulgences papales accordées aux fidèles, qui, dans le Saint Empire romain germanique, en 1517, suscitera l'indignation du chanoine et docteur en théologie Martin Luther. Ce dernier mettra en avant une série de quatre-vingt-quinze thèses portant entre autres sur la question des indulgences. De même que le laïc et érudit Jean Calvin, à Genève, Luther défend la primauté de la Bible sur l'autorité papale, cherchant ainsi à réformer l'Église catholique, à ses yeux fourvoyée dans le pouvoir temporel.

Certes, divers projets de réforme étaient dans l'air au sein même de l'Église catholique, mais ils n'avaient jamais vraiment abouti. À l'origine, Luther ne cherchait pas à créer une nouvelle religion. Cependant, ses propos doctrinaux sont jugés empreints d'hérésie par le pape, et il est excommunié. La diffusion des idées de Luther et de Calvin a eu pour conséquence que, non sans violence, des Églises chrétiennes, dites protestantes (ou réformées), se sont formées au nord de l'Europe occidentale et en Grande-Bretagne. L'Église catholique romaine cherche alors à rééquilibrer sa perte d'effectifs en concluant des traités avec les rois catholiques, plus spécialement ceux de l'Espagne et du Portugal qui ont financé des expéditions en Afrique et en Amérique du Sud afin de s'approprier ces territoires nouveaux. Enfin, un concile général est tenu à Trente, en Italie. Il se réunit en trois temps, entre 1545 et 1563, et se veut une réponse au protestantisme, en instaurant un train de réformes au sein du catholicisme, tant au Vatican que dans les diocèses. Ce mouvement sera connu sous le nom de Contre-Réforme. L'application en est cependant ralentie par des guerres dites de religion, par exemple entre les catholiques et les huguenots (adeptes de l'Église réformée selon Calvin), guerres qui, en France, se régleront en 1598, puis, ailleurs en Europe occidentale, en 1648.

Actif et passif de l'Église catholique

Au dix-septième siècle, l'économie rurale et urbaine favorise l'essor de l'Église catholique. De nouveaux instituts de vie consacrée accomplissent un important travail social au bénéfice des miséreux, des écoliers, des malades et, dans certains cas, des peuples autochtones dans le Nouveau Monde. Contrairement à la conquête espagnole en Amérique du Sud où la présence de l'or et de richesses a souvent entraîné, sous couvert de conversions, le massacre des peuples autochtones, l'évangélisation des populations en Nouvelle-France offre un exemple de la nouvelle spiritualité née de la Contre-Réforme, avec le travail missionnaire et social qui y est accompli par les jésuites, les ursulines, les hospitalières et les récollets.

De façon générale, le clergé diocésain, mieux formé théologiquement et spirituellement dans les grands séminaires diocésains issus du concile de Trente, exerce un ministère liturgique de bon aloi. Des mouvements spirituels, tel celui de l'École française, favorisent des comportements évangéliques chez les fidèles.

Tout n'est pas apaisé pour autant au chapitre religieux. Dans le Nouveau Monde, plusieurs milliers d'Amérindiens sont décimés par des virus européens contre quoi ils n'étaient pas immunisés, de même que par les travaux extrêmes exigés des colonisateurs espagnols ou portugais, pour ne rien dire des massacres, tandis que des millions d'esclaves africains transportés en Amérique dans des conditions terribles y sont vendus comme du bétail. Dans l'Ancien Monde, la condamnation papale, fondée sur une mauvaise interprétation de la Bible, de l'héliocentrisme, pourtant démontré par des hommes de sciences comme Galileo Galilei ainsi que les arguties théologiques et la querelle du jansénisme sont autant d'éléments à mettre au passif de l'Église catholique qui ne jouit plus d'une suprématie au dix-septième siècle, encore moins au dix-huitième, appelé siècle des Lumières. Le déisme est alors en vogue, c'est-à-dire une croyance en Dieu, mais sans textes sacrés ni religion révélée. Pendant la Révolution française (1789-1799), ce déisme se traduira notamment par le culte rendu à la déesse Raison.

L'arrivée au pouvoir de Napoléon Bonaparte, sacré empereur à Paris, en 1804, en présence du pape, et ses conquêtes entraînent, peu de temps après, la fin du Saint Empire romain germanique, survenue en 1806. Contre toute attente, l'accession au pouvoir de Napoléon s'accompagne d'une ouverture envers l'Église catholique, bien que cette dernière montre rapidement ses limites avec la captivité du pape Pie VII à Fontainebleau entre 1809 et 1814.

Le congrès de Vienne, qui réunit, du 18 septembre 1814 au 9 juin 1815, les peuples vainqueurs de Napoléon, entraîne le redécoupage des frontières de l'Europe après vingt-cinq ans de guerre. En France, divers hommes de lettres, les laïcs François René de Chateaubriand (*Génie du christianisme*), Louis de Bonald et Joseph de Maistre (*Du pape*), le clerc Félicité Robert de Lamennais (*Essai sur l'indifférence en matière de religion*), des journaux (*L'Ami de la religion et du roi* ainsi que *L'Univers*), défendent le retour à l'ordre et à la sécurité dont la figure papale paraît alors comme l'incarnation la plus achevée.

C'est dans ce contexte que, quelques décennies plus tard, le pape est d'abord dit, puis reconnu infaillible. Le dogme est énoncé au concile Vatican I, en 1870-1871, alors que le pape Pie IX vient de perdre les États pontificaux au profit d'un nouveau pays, l'Italie. L'ultramontanisme se répand alors chez les catholiques du monde entier. L'expression signifie littéralement « au-delà des montagnes », c'est-à-dire les Alpes, c'est-à-dire l'Italie, c'est-à-dire Rome, aussi bien dire le Vatican. Au dix-neuvième siècle, le Canada français n'échappe pas à ce courant au sein du catholicisme et son clergé est résolument ultramontain.

Le catholicisme de l'époque apparaît sans doute conservateur, sinon traditionaliste, mais en son sein la dissidence est présente, soucieuse d'Évangile. Un certain mouvement apparu en France en 1830 et ayant comme devise *Dieu et la liberté*, des rencontres de théologiens et de pasteurs soucieux de développer un nouveau catéchisme en régions germaniques, les défenseurs du catholicisme social dans divers pays, qui conduiront le pape Léon XIII à publier en 1891 une encyclique avantgardiste (*Rerum Novarum*), des théologiens modernistes, défenseurs d'une exégèse biblique scientifique au tournant du vingtième siècle : autant de signes annonciateurs d'une ouverture de l'Église catholique au monde nouveau.

Et que dire des quelque deux cent cinquante interventions des papes successifs, lors des deux grands conflits mondiaux du vingtième siècle et dans l'entre-deux-guerres, ayant toutes

comme leitmotiv : « La paix dans la justice par la charité » ?
L'action de Pie XII, devant le péril nazi, fait cependant encore
débat aujourd'hui, et l'importance du sujet justifie qu'on s'y
attarde un peu.

Les historiens ne s'entendent pas sur la passivité, réelle ou
stratégique du pape Pie XII pendant la guerre, ni sur la portée
de ses interventions, au-delà d'une condamnation de principe
du nazisme et de l'antisémitisme. En 1951, l'historien Léon
Poliakov, dans *Le bréviaire de la haine*, soutient la thèse de la
passivité. Mais selon l'historien Pinchas Lapide, consul d'Israël
à Milan en 1963, le pape Pie XII, de façon discrète mais efficace,
que ce soit par des intermédiaires ou directement, mais toujours
par la voie diplomatique, a sauvé « de 150 000 à 400 000 Juifs
d'une mort certaine », l'historien portant par la suite ce nombre
à 850 000. En 1958, l'action du pape en faveur des Juifs persécutés, pendant la seconde guerre mondiale, sera publiquement
reconnue par la première ministre du nouvel État d'Israël,
Golda Meir. Mais en 1963, une pièce de théâtre, aux sources
contestées, *Le vicaire*, du dramaturge allemand luthérien Rolf
Hochuth, reprise en 2002 dans le film *Amen*, du réalisateur
Costa-Gavras, écorne sérieusement l'image du pape. Signe que
le sujet est loin d'être clos : en Israël, en 2005, le musée du
mémorial de Yad Vashem, après une première critique sans
détour de l'attitude de Pie XII, se contente maintenant de
rappeler le caractère controversé de son pontificat par rapport
à la question de l'assassinat des juifs d'Europe par Hitler.

Pour épineuse qu'elle soit, cette question témoigne cependant, si besoin était, de l'importance du pape et du Vatican sur
la scène internationale. Ce crédit est de nouveau montré avec
l'opposition réitérée de l'Église au communisme athée pendant
tout le vingtième siècle, opposition qui finira par donner des
fruits en 1991, lorsque tombe l'URSS, en partie grâce à l'action
du pape Jean-Paul II, d'origine polonaise.

Entre-temps, un tournant majeur est pris par les
deux mille cinq cents évêques catholiques réunis au moment
du concile général Vatican II (1962-1965). Ceux-ci rompent
avec une Église monolithique et passent à une Église servante
du monde en même temps que favorable à un œcuménisme
pratiqué entre les Églises chrétiennes, de même qu'au dialogue

interreligieux. Cependant, les changements importants marqués par Vatican II, à tous les paliers d'une structure regroupant 1,3 milliard de membres, soit la majorité des chrétiens (dont le nombre total s'élève à 2,2 milliards), mettent du temps à se concrétiser. Au Vatican, les tenants d'un pouvoir centralisé tardent à jeter du lest au profit des évêques locaux. De plus, sur fond de crise de civilisation, les signes de temps nouveaux se multiplient qui vont de la présence des femmes dans tous les domaines de la vie publique aux découvertes scientifiques plus nombreuses que toutes celles faites antérieurement, en passant par la libération des mœurs. Le mastodonte catholique peine à s'ajuster, même en Occident où il a pris naissance et a laissé tant de traces culturelles, sociales et religieuses.

L'héritage catholique du Québec

La population du Québec, en majorité de culture catholique même si la pratique religieuse n'y est plus majoritaire, a une vision négative de son passé religieux, décrié de façon virulente dans les décennies 1960 et 1970. Il n'empêche que, depuis, nombre de mouvements religieux ont fait leur apparition, qu'ils soient à symbolique chrétienne, venus d'Asie, liés à des gourous californiens ou teintés de magie.

S'inscrivant dans une société laïcisée, souvent marquée par l'indifférence religieuse, les paroisses catholiques doivent se regrouper, faute d'adeptes et de personnel pastoral. Ces cinquante dernières années, après s'être impliquée dans les domaines éducatifs, hospitaliers, sociaux et culturels, et cela depuis les débuts de la Nouvelle-France sur les rives du Saint-Laurent, l'Église catholique québécoise, avec la mise en place d'un État fort dans les années 1960, est renvoyée à son action pastorale. Ses membres les plus actifs n'entretiennent pas moins le feu des premiers apôtres, qui, en leur temps, ont poursuivi l'œuvre évangélique de Jésus au sein des populations urbaines et païennes.

Qu'adviendra-t-il maintenant de l'Église catholique, alors que, en 2013, un Argentin d'origine modeste et qui se fait appeler François a été élu évêque de Rome? Depuis les accords de Latran survenus en 1929 entre l'Italie et le Saint-Siège, le pape est le chef d'État de la cité du Vatican. Des ambassadeurs de plus de cent pays y sont attachés, tandis que le pape est représenté dans le monde entier par des nonces ou des délégués apostoliques. Ainsi le catholicisme n'est-il pas aujourd'hui enfin devenu plus universel qu'européen ?

Détenteur d'un doctorat en histoire de l'Église à l'université grégorienne de Rome, Lucien Lemieux est retraité de l'université de Montréal, où il est professeur agrégé à la faculté de théologie.

CONTRIBUTIONS LIBRES

L'art de lire en péril.
Libres réflexions d'un lecteur entre deux rives[1]

Daniel Tanguay

Depuis un certain temps déjà, on s'interroge sur la nature de la formation générale au cégep. Bien que j'aie la conviction intime que la littérature et la philosophie devraient continuer d'être au cœur de cette formation, je me situerai ici sur le terrain plus neutre et plus consensuel de l'apprentissage des compétences. Quelle compétence devrait développer la formation générale du niveau collégial? Au risque de paraître simpliste, je dirais que cette formation devrait enseigner par-dessus tout l'art de lire. Cet art de lire est encore et toujours la clé pour l'acquisition du savoir et de la culture. Qui n'a pas été initié à sa pratique demeurera un analphabète de la culture.

Durant les dernières années, j'ai constaté chez mes étudiants une difficulté de plus en plus grande à maîtriser l'art de lire. Ils sont rarement de bons lecteurs, même lorsqu'ils sont en voie de terminer leurs études universitaires. Ces impressions personnelles trouvent une confirmation scientifique dans un ouvrage intitulé *Academically Adrift : Limited Learning on College Campuses*[2], qui a déclenché une polémique passionnée aux États-Unis lors de sa parution en 2011. Dans ce livre, deux sociologues de l'éducation, Richard Arum et Josipa

---

1. Cet article est la version modifiée d'une conférence prononcée au cégep Garneau dans le cadre de la journée pédagogique « Le livre : éphémère ou irremplaçable » (15 octobre 2014).
2. R. Arum et J. Roksa, *Academically Adrift. Limited Learning on College Campuses*, Chicago, The University of Chicago Press, 2011.

Roksa, livrent les résultats déconcertants d'une enquête qu'ils ont menée sur un large échantillon d'étudiants fréquentant une grande variété de collèges universitaires à travers tous les États-Unis. La cible de leur l'enquête — les étudiants des deux premières années du *college* — correspond en gros à nos étudiants de niveau collégial. Son objectif était simple : voir si les étudiants dans les deux premières années de leurs études universitaires avaient amélioré certaines compétences de base. Ces compétences de base sont celles en général que les institutions prétendent pouvoir développer chez les étudiants : pensée critique, raisonnement analytique, résolution de problèmes et expression écrite.

Pour vérifier si empiriquement un tel développement des compétences a bel et bien eu lieu, les deux enquêteurs ont fait passer à 2 500 étudiants en 2008 un test appelé CLA (*collegiate learning assessment*). Ce test qualitatif comprend un exercice de lecture et deux exercices d'écriture. Les deux chercheurs donnent un exemple typique d'une telle épreuve. Il est demandé aux étudiants d'écrire un rapport visant à conseiller le patron d'une grande société sur l'opportunité de toujours acheter un type d'avion, malgré le fait qu'il se soit récemment écrasé. On fournit aux étudiants tout le matériel pouvant les aider à écrire le rapport en question : articles de journaux sur l'écrasement de l'avion, un rapport gouvernemental sur ce genre d'accidents, un article d'un magazine spécialisé comparant les différents types d'avions de la même classe, et d'autres documents semblables. Après la lecture de cette documentation, on leur demande de rédiger une note de service assez longue qui présente les différents arguments favorables ou opposés à l'achat de l'avion en question. On notera que le test ne vise pas à contrôler des connaissances spécifiques, mais bien à éprouver les capacités des étudiants à repérer des arguments, à les analyser et à les critiquer, puis à les mettre en forme par écrit. Diverses mises en situation sont possibles, mais elles visent toutes à mesurer l'acquisition de ces compétences.

Nos deux sociologues ont soumis leur groupe témoin à la même épreuve après deux années de collège universitaire. Ils se sont alors rendu compte qu'un peu moins de la moitié des participants au test n'avait pas amélioré ses résultats. Autrement dit, malgré deux années passées à l'université, près de la moitié des étudiants n'avaient pas amélioré les compétences de base que l'enseignement universitaire était censé cultiver chez eux. Ces résultats sont déprimants, mais ne sauraient étonner ceux qui ont des yeux pour voir et des oreilles pour entendre. Arum et Roksa fournissent toute une série de raisons possibles pour expliquer cette piètre performance : diminution progressive du nombre d'heures passées par les étudiants à étudier, relâchement constant des exigences concernant la lecture et les exercices écrits dans les cours, désengagement des professeurs à l'égard de l'enseignement, inflation des notes et distorsion des processus d'évaluation, et, enfin, climat général qui ne valorise pas suffisamment l'effort intellectuel. Encore une fois, rien de tout cela n'est bien nouveau, mais le livre a le mérite de synthétiser de multiples travaux qui dressent un tableau inquiétant de ce qui est pourtant considéré comme le fleuron fort envié de la civilisation américaine, son système d'éducation universitaire. Je crois qu'un petit effort d'imagination suffit pour transposer ce portrait dans nos propres institutions.

Savoir lire : une compétence aussi rare qu'essentielle

Je ne désire pas faire ici l'examen des multiples raisons évoquées par Arum et Roska pour expliquer la détérioration de la capacité de l'enseignement supérieur à atteindre ses objectifs. Un fait mérite toutefois d'être souligné : la compétence de base la plus importante qui semble faire défaut aux étudiants est bien la capacité de lire. L'épreuve présuppose en effet qu'ils soient capables, pour commencer, de lire attentivement des textes. L'exercice du jugement critique ne vient que dans un second temps lorsque leur esprit a pu s'approprier les arguments présentés par les auteurs des différents textes. Plus encore, la réponse écrite ne peut être satisfaisante que dans la mesure où les étudiants fournissent la preuve qu'ils ont compris les arguments tirés de la lecture.

La lecture entre enfin encore en jeu dans l'étape finale de l'épreuve : le premier lecteur d'une réponse est l'étudiant lui-même qui revoit sa copie, et il ne saura se corriger s'il n'est pas déjà un lecteur attentif. Ici s'exprime une loi qui ne connaît que de rares exceptions : on ne devient un bon écrivain que si l'on est au préalable un lecteur attentif. L'apprentissage de l'écriture d'un texte en prose argumentative se fait principalement par imitation des procédés des bons auteurs. Plus on lit ces bons auteurs, plus, comme par effet d'osmose et d'imprégnation, on est conduit à imiter leurs procédés et à ne plus pouvoir supporter dans sa propre écriture les impropriétés de style et la confusion de l'expression.

Toutes les compétences visées — pensée critique, raisonnement analytique, expression écrite — semblent donc devoir reposer sur la pratique de l'art de lire attentivement des textes. Je parle ici de *lecture attentive*, non de simple lecture. Je tiens en effet pour acquis que les étudiants au niveau collégial et universitaire savent lire, c'est-à-dire qu'ils disposent de la capacité de déchiffrer un quelconque message écrit et d'en comprendre en gros le sens. De nombreuses années d'études, espère-t-on, en ont fait des lecteurs au sens premier du terme. Il est beaucoup plus difficile d'en faire des lecteurs attentifs, c'est-à-dire des lecteurs qui lisent en comprenant vraiment ce qu'ils lisent. Pour saisir vraiment un texte, le lecteur doit en effet en comprendre le vocabulaire, la structure argumentative et le sens. En d'autres mots, il doit s'être approprié le texte par un travail intense de lecture.

Il est relativement facile de savoir si un tel travail a été mené. Il suffit de demander au lecteur d'exposer oralement ou par écrit le mouvement du texte qu'il a lu, puis de l'interpréter et éventuellement de formuler un jugement critique sur le traitement du sujet par l'auteur. La difficulté de la lecture attentive augmentera bien sûr avec le degré de difficulté du texte lu : d'un article du *Devoir* à un article de l'*Actualité*, de cet article de l'*Actualité* à un essai politique ou historique, de cet essai historique ou politique à un ouvrage spécialisé, d'un ouvrage spécialisé à l'*Éthique* de Spinoza, il y a là une variété de défis lancés au lecteur attentif. En principe, celui-ci devrait pouvoir relever avec sûreté et grâce tous les défis de lecture qui se présentent à lui, car il aurait été entraîné à lire attentivement et qu'il continue à se livrer quotidiennement à cet exercice.

Il faut souligner qu'il s'agit d'un idéal que l'on poursuit pour soi-même et que l'on n'a jamais vraiment le plaisir d'atteindre. Devenir un lecteur attentif, c'est l'affaire de toute une vie et tout professeur sait qu'il n'est qu'un débutant un peu plus avancé que ses étudiants dans l'art de lire. Je ne prétends donc pas pour ma part être le lecteur attentif idéal que j'aimerais être. Je dirais même que les transformations contemporaines des modes de transmission de la culture lancent au lecteur que je suis des défis particuliers, amplifiés chez ces lecteurs attentifs en puissance que sont nos jeunes étudiants.

La tâche complexe de transmettre l'art de lire est compliquée aujourd'hui par ces transformations des modes de transmission de l'écrit qui touchent notamment le livre comme objet matériel. Parce que le livre a jusqu'à tout récemment été le canal incontesté de la transmission de la culture, la question qui surgit est celle de savoir s'il existe un lien entre la culture du livre et la formation du lecteur attentif. Je n'ai pas de réponse tranchée à cette question. J'espère seulement pouvoir en éclairer les contours à travers quelques réflexions personnelles.

Confessions d'un enfant d'un autre siècle

Pour m'exprimer dans le jargon des années 1960 et 1970, je tiens tout d'abord à préciser le «lieu d'où je parle». Une première précision : je ne suis pas technophobe. Je communie depuis plus de vingt-cinq ans à la table de la Sainte Pomme. J'écris depuis cette époque tous mes textes et mes cours à l'ordinateur. Je passe comme la plupart des gens de mon milieu de cinq à sept heures par jour devant cet appareil, où j'écoute la radio aussi bien que de la musique et où je regarde des films. J'ai un iPod depuis longtemps, mes CD sont dans une boîte quelque part dans ma cave. Comme la plupart de mes contemporains, je serais bien en peine de concevoir ma vie sans une connexion internet grand débit. Je lis *Le Devoir* dans sa version numérique et je suis aussi abonné à quelques revues sur internet. Je consulte Wikipédia volontiers et je n'hésite pas à faire appel à des dictionnaires en ligne. J'utilise les banques de données, je télécharge des articles de revues savantes et il m'arrive même d'en lire certains directement à l'écran.

En somme, je ne suis pas du tout étranger au monde de l'ordinateur et à la culture numérique qu'il a fait naître. Je n'ai pourtant jamais pu me résoudre à lire des ouvrages complets à l'écran. Il y a pour cela des raisons purement techniques : je trouve les interfaces souvent mal conçues et peu adaptées à une lecture sérieuse et le reflet de l'écran fatigue mes yeux lors d'une lecture prolongée. Cela dit, je n'ignore pas que ces difficultés techniques sont ou seront partiellement surmontées par la technologie. Je dois confesser aussi que je n'ai malheureusement jamais utilisé les liseuses les plus avancées alors que je connais des lecteurs très compétents qui les utilisent avec bonheur. Je me suis toutefois promis de les essayer. Lorsque pour ma part je veux lire sérieusement, j'éteins l'ordinateur, je m'installe à ma table de travail ou encore dans un fauteuil et je me plonge dans un ouvrage crayon en main.

Je me suis souvent interrogé sur ma résistance à abandonner le livre lorsqu'il s'agit de lecture attentive. Alors que dans toutes mes autres pratiques culturelles j'ai embrassé sans trop y penser la technologie numérique, quel est le motif de mon attachement au livre ? Certes — je ne le nie pas —, il y a un certain fétichisme de ma part à son endroit. J'aime l'objet, car même s'il existe en quelque sorte un modèle unique de livre, il se conjugue en d'innombrables formes et dimensions. Tout chez lui me séduit et m'attire, la reliure, le poids, la texture du papier, la typographie et même l'odeur. Comme d'autres lecteurs, il m'arrive en effet de humer les livres ! Toutes ces caractéristiques tendent à disparaître dans les copies numériques. Au mieux, on a la reproduction du livre, mais on en recherche en vain l'expérience sensuelle qui se perd nécessairement dans sa dématérialisation.

Mais cela ne constitue pas un argument bien convaincant en faveur du livre. La question la plus difficile à résoudre est celle de la relation que l'on pourrait établir entre la lecture attentive et sérieuse et le livre en tant que tel. Est-ce que le livre prédispose davantage que l'écran à une telle lecture ? On peut difficilement répondre à cette question. Je dirais toutefois que la grande puissance du livre est qu'il présente en soi un monde clos, alors que l'écran de l'ordinateur est toujours une fenêtre ouverte sur une infinité de mondes possibles. Devant un écran d'ordinateur, il faut une solide discipline pour résister à l'appel incessant des mondes possibles à distance de quelques clics. Là encore se laisse vérifier l'intuition géniale de Marshall McLuhan : « Le message, c'est le média. » La formule provocante voulait souligner le fait que le média change subtilement notre rapport au contenu qu'il transmet.

L'acte de la lecture se trouve subtilement modifié par le monde des écrans qui constitue le nouveau média de transmission de la connaissance. Le danger que font courir les écrans à la lecture attentive est paradoxalement ce qui en constitue la force d'attraction même, soit leur extrême fluidité et ductilité. En comparaison, le livre apparaît comme un objet statique, bien campé dans son existence matérielle. Pour reprendre une fois de plus le langage de McLuhan, c'est un média froid, alors que l'écran est un média chaud. Cette différence a un effet sur le type de lecture pratiqué. Alors que le livre incite à une lecture linéaire et lente, la lecture à l'ère du monde des écrans est nerveuse, sautillante et impatiente.

Contrairement à ce que l'on pourrait penser, l'avènement du monde des écrans ne marque pas la fin de la civilisation de l'écrit au profit de la civilisation de l'image, mais plutôt une fusion partielle des deux. Chacun peut constater dans sa vie quotidienne jusqu'à quel point l'écrit a envahi tous les écrans. Que font en effet tous ces individus constamment penchés sur leurs téléphones sinon lire ou écrire des messages ? Il serait plus juste de dire qu'ils écoutent, regardent, écrivent en rafale sur leurs appareils, chacune de ces activités tendant à fusionner avec la suivante dans un seul mouvement qui s'accélère et semble ne pas devoir trouver de cran d'arrêt.

Si l'on m'autorise un jeu de mots facile, le monde des écrans n'est pas qu'un média chaud, c'est un média en fusion. Or, c'est bien dans ce monde en fusion que nous sommes plongés et encore plus les étudiants. Devant lui surgit une question redoutable : les mutations technologiques transforment-elles de manière fondamentale notre rapport à la connaissance ? En cette matière, la tentation est forte d'acquiescer à l'idée répandue que nous aurions affaire à une nouvelle génération d'étudiants dotés d'une intelligence différente de la nôtre, une intelligence qui fonctionnerait simultanément à plusieurs niveaux et dont le régime d'attention serait même d'une autre nature. Il faudrait dès lors renouveler de fond en comble notre pédagogie pour l'adapter à ces étudiants à l'intelligence «multitâche». C'est une vraie question, mais force est de constater que l'acquisition véritable de tout savoir supérieur exige encore et toujours un effort soutenu et une concentration de l'attention sur un seul objet. On ne peut comprendre une démonstration géométrique, une notion philosophique, un poème ou encore le plan d'une machine-outil, sans y concentrer toute son attention. Or, la formation de l'attention est peut-être la grande oubliée de la pédagogie contemporaine.

La discipline oubliée de l'attention

La lutte pour l'attention est un combat de tous les instants que nous devons livrer contre et avec nos étudiants. Nous avons de puissants adversaires : les médias plus anciens — radio, télévision, cinéma, fondus aujourd'hui dans les nouveaux médias internet, jeux vidéo, etc. Toute cette puissance se retrouve constamment disponible au bout des doigts. L'une des stratégies adoptées par nos institutions est bien d'essayer de harnacher ces forces pour les faire servir à la transmission du savoir. Cette opération est à la fois nécessaire et délicate. Les institutions d'enseignement ne sont pas séparées totalement du monde et elles doivent aussi refléter ses transformations. Cependant, une autre mission incombe à ces dernières — on tend parfois à l'oublier enivrés que nous sommes par le spectacle éblouissant des nouvelles technologies —, celle de transmettre le monde ancien de la culture. Or, ce monde ancien est lié au livre et à une certaine pratique de la lecture. Nous verrons maintenant pourquoi cette pratique de la lecture fut toujours étroitement liée à l'attention.

Il faut savoir que l'apprentissage de la lecture est allé de pair dans notre culture avec un ensemble de pratiques ascétiques qui mettent en jeu à la fois le corps et l'esprit. L'invention de ces pratiques ascétiques remonte aux écoles philosophiques anciennes, mais elles furent pleinement développées dans le monachisme chrétien à partir du sixième siècle, entre autres, dans la pratique de la *lectio divina*. Trois principes guidaient cet art de lire : retrait du monde, attention et silence[3]. Le retrait du monde ou des activités quotidiennes était la condition préalable à la vraie lecture, qui se pratiquait ainsi dans le silence de la cellule monacale, lieu de recueillement et d'oubli du monde. Le silence favorisait la concentration nécessaire à l'accueil dans son esprit et dans son cœur des paroles de vérité. Seul un long apprentissage de l'attention permettait au moine de transformer l'acte de la lecture et la méditation profonde en un seul mouvement de va-et-vient constant où la lecture attentive débouchait sur le recueillement intérieur et où la méditation des paroles écrites relançait la lecture du texte sacré.

On retrouvera cette forme de lecture ascétique à la Renaissance, mais cette fois sous une forme sécularisée. La *lectio divina* ne s'applique plus dès lors aux seuls livres saints, mais aussi aux livres profanes qui sont susceptibles de nous révéler des vérités profondes sur l'être humain. Un extrait bien connu d'une lettre de Nicolas Machiavel illustre à merveille cette transposition de la pratique de la *lectio divina* à des lectures profanes. Il s'agit d'une lettre qu'il a fait parvenir à Francesco Vettori le 10 décembre 1513 à l'époque où il écrivait son célèbre *Prince*. Après avoir confié à son ami qu'il s'encanaillait pendant toute la journée en jouant aux cartes avec les paysans du coin ou encore en rêvassant dans les champs de ses passions amoureuses passées, Machiavel évoque ses soirées : « Le soir venu, je retourne à ma maison et j'entre dans mon étude ; à l'entrée, j'enlève mes vêtements de tous les jours, pleins de fange et de boue, et je mets mes habits de cour royale et pontificale. Et vêtu décemment, j'entre dans les cours anciennes des hommes anciens où, reçu aimablement par eux, je me repais de cette nourriture qui seulement est la mienne et pour laquelle je suis né ; je n'ai pas honte de parler avec eux et de leur demander les raisons de leurs actions, et à cause de leur humanité, ils me répondent. Et pendant quatre heures de temps je ne sens aucun ennui, j'oublie tout mon chagrin, je ne crains pas la pauvreté, la mort ne m'apeure pas : je me transfère totalement en eux. Et parce que Dante dit qu'on n'a pas la science si on ne retient

---

3. B. Stock, *Lire, une ascèse ? Lecture ascétique et lecture esthétique dans la culture occidentale*, Grenoble, Jérôme Millon, 2008, p. 81.

pas ce qu'on a compris, j'ai noté le profit que j'ai tiré de leur conversation et j'ai composé un opuscule intitulé *Le Prince*, où je m'enfonce autant que je le puis dans les réflexions sur ce sujet […][4]. »

Dans ce très beau texte, Machiavel souligne la nécessité de tourner le dos à ses préoccupations quotidiennes pour rencontrer les grandes figures du passé. Le lieu de rencontre de ces grandes figures, ce sont les livres qui nous permettent de dialoguer avec les philosophes et les historiens anciens. Pour se rendre digne d'eux, il faut quitter ses vêtements sales pour revêtir des habits royaux. Ce n'est donc qu'au prix d'une certaine mise en condition préalable que le transfert de soi dans les livres peut devenir possible et que l'authentique dialogue entre soi et l'auteur peut véritablement débuter. Les trois éléments de la *lectio divina* — retrait du monde, discipline de l'attention et silence — se retrouvent ici, mais évoqués métaphoriquement par Machiavel. Il est frappant de constater que chez un homme d'action comme Machiavel, ces moments de lecture et de méditation lui paraissent comme des moments de véritable bonheur où la crainte même de la mort s'estompe.

Il existe donc une remarquable continuité dans l'art de lire entre la *lectio divina* des moines et la lecture des humanistes de la Renaissance. Je pourrais illustrer par de nombreux exemples le fait que cet art de lire s'est transmis de manière ininterrompue jusqu'à nos jours et qu'il est à la source des accomplissements les plus élevés de notre culture. En d'autres mots, la lecture ascétique constitue un mode d'accès privilégié au savoir et l'efficacité de ce mode d'accès n'est plus à démontrer dans notre civilisation. Comme le livre fut jusqu'à une époque récente l'instrument par excellence de l'initiation à la lecture ascétique, il faudra bien y songer avant de l'abandonner. Il faudra en tout cas faire la démonstration que la transposition du livre dans le monde des écrans ne nuit pas à la pratique de la lecture ascétique et donc à la formation du lecteur attentif.

---

4. Lettre de Machiavel à François Vettori, le 10 décembre 1513 (extrait traduit par Gérald Allard dans Machiavel, *Sur les princes*, Québec, Le Griffon d'Argile, 1989, p. 299-300, note 201).

Un combat pour l'attention

Le fardeau de la preuve est du côté de ceux qui croient que les nouveaux médias constituent des moyens plus efficaces d'apprentissage que le livre et la lecture solitaire. Au lieu d'embrasser sans recul critique et comme une évidence indiscutable toutes les merveilles des nouvelles technologies liées au monde de l'écran, il faudrait faire un effort supplémentaire pour réfléchir aux moyens de transmettre l'ascèse de la lecture dont, je le répète, le livre fut le support par excellence. Il ne s'agit pas bien sûr de bouder les nouveaux outils de transmission, mais de faire en sorte que nos étudiants soient toujours initiés à l'ascèse de la lecture.

Cette ascèse de la lecture passe, je le répète, par le retrait du monde et le silence. Il faut apprendre à nos étudiants à se débrancher et à préserver quotidiennement un temps pour la lecture solitaire. C'est un défi plus grand qu'il n'y paraît. Toutes les études montrent qu'un tel temps consacré à la lecture solitaire a constamment diminué au cours des trente dernières années et que nos étudiants peinent à résister à toutes les sollicitations qui scintillent sur leurs écrans. La consommation intensive des nouveaux outils de communication empiète sur le temps qu'ils pourraient consacrer à la lecture silencieuse. C'est un constat trivial que tout un chacun peut faire : nos étudiants lisent en général peu en dehors de leurs lectures scolaires obligatoires dont le volume s'est d'ailleurs considérablement réduit au fil du temps. Ils sont rarement de gros lecteurs, pour la simple raison qu'ils sont trop occupés pour le devenir. Les études sont encore là pour le démontrer : par exemple, le nombre moyen d'heures qu'un étudiant américain de collège passait à étudier était de vingt-cinq heures en 1961, de vingt heures en 1981 et il est tombé à treize heures en 2003. Aujourd'hui, un étudiant sur cinq seulement dans les collèges américains affirme passer plus de vingt heures par semaine à étudier[5]. Je pense que l'on pourrait trouver facilement des statistiques semblables pour le Québec.

Les études ne sont qu'une partie de la vie fort occupée de nos étudiants. Ils travaillent souvent de longues heures, pratiquent

5. R. Arum et J. Roksa, *op. cit.*, p. 4-5.

des sports, font des voyages, jouent à des jeux vidéo, passent de nombreuses heures sur les réseaux sociaux. Ce sont déjà de jeunes consommateurs avec une vie très active. Les institutions d'enseignement se sont ajustées à cette nouvelle réalité. Les performances scolaires exigées sont adaptées au fait que les études ne sont qu'une partie de la vie de nos étudiants. Plus encore, dans le marché du savoir, les institutions se font concurrence pour attirer les étudiants et elles le font rarement en vantant la rigueur du programme d'études. Il s'agit plutôt de présenter la vie universitaire comme une expérience totale qui mime la vie trépidante des jeunes adultes : installations sportives « high-tech », activités sociales de toute nature, bâtiments prestigieux, résidences dernier cri, etc.

L'un des signes révélateurs de ce désir de se rapprocher du monde des étudiants est la transformation des bibliothèques universitaires. Cette transformation est un phénomène panaméricain et répond en partie à la nécessité d'adapter nos bibliothèques aux nouvelles réalités technologiques. Une telle transformation a eu lieu à l'université d'Ottawa et elle n'a pas été heureuse à mon avis[6]. Dans l'espoir d'augmenter la fréquentation de la bibliothèque, on a décidé de la rénover pour la rendre plus conviviale. En vue de gagner de l'espace pour cette rénovation, une partie substantielle — trente pour cent — de la collection des livres a été retirée et mise dans un entrepôt situé à une dizaine de kilomètres du campus. On a alors aéré la bibliothèque et créé des espaces de travail plus conviviaux qui répondaient, pensait-on, aux nouveaux modes d'apprentissage « collaboratifs » des étudiants. Au premier étage, on a ouvert un café Second Cup et permis aux étudiants de manger dans la bibliothèque. L'idée directrice de cette rénovation était qu'il fallait rendre la bibliothèque plus attrayante en en faisant un lieu plus proche des lieux naturels que fréquentaient les étudiants. Le succès fut immédiat et foudroyant : le taux de fréquentation de la bibliothèque a augmenté de manière constante jusqu'à saturation. Le prix à payer fut cependant la disparition quasi complète du silence et de la discipline requise par le lieu.

6. J'ai déjà traité de cette transformation dans « Une visite à la bibliothèque », *Argument*, vol. 11, n° 1, automne 2008-hiver 2009, p. 40-51.

L'université a atteint son objectif d'améliorer l'expérience étudiante, mais elle a renoncé du même coup à éduquer les étudiants à la pratique ascétique de la lecture.

Il y a bien sûr d'autres avenues possibles pour réformer nos bibliothèques qui pourraient mieux harmoniser les exigences du temps présent avec la préservation des pratiques du temps passé. Je constate toutefois que les voix les plus fortes et les intérêts les plus puissants sont du côté de ceux qui veulent se libérer à tout prix de l'ancien monde, soit en obéissant servilement à la loi de la nécessité présente, soit encore par esprit d'utopie. Or, je suis d'avis qu'il faut résister à ce réflexe. À mon sens, il faut au contraire aujourd'hui redoubler d'efforts pour préserver la lecture silencieuse et solitaire. C'est en effet elle qui est la plus menacée par la civilisation même qu'elle a si fortement contribué à faire naître.

Transmettre l'art de lire

Le lecteur attentif aura perçu que j'ai glissé insensiblement de la lecture au sens général à la lecture au sens plus restreint — la lecture attentive, que j'ai liée au livre —, puis je suis passé aux conditions ascétiques de la lecture, pour enfin montrer les obstacles nombreux qui entravent la pratique de la lecture attentive. Il faut aujourd'hui fournir un véritable effort d'arrachement pour pratiquer cet art de lire, car, malgré tous les raffinements technologiques, lire sérieusement, c'est encore et toujours s'asseoir en silence avec un livre qui exigera de nous une attention soutenue pendant de nombreuses heures. Il n'y a pas de raccourci en cette matière : pour devenir un bon lecteur, on doit lire lentement et en ruminant ses lectures.

Comment transmettre cet art de la lecture attentive ? Il faut commencer par soi. Comme je l'ai dit, je ne suis pas étranger à notre monde et je dois livrer un combat de tous les instants pour devenir un lecteur attentif. Si je n'en suis pas un moi-même, je ne pourrai en effet pas inspirer mes étudiants dans la quête de cet art. Pour en faire de meilleurs lecteurs, il faut les rendre témoins de notre propre effort dans la compréhension des textes et les y faire participer. Ensuite, il faut contraindre nos étudiants à lire davantage et surtout des ouvrages complets et difficiles. Dans le domaine de la lecture s'applique parfaitement la maxime d'Aristote : « Qui peut le plus, peut le moins. » Si nos étudiants prennent l'habitude de lire des textes difficiles, ils pourront par la suite lire avec efficacité des textes plus simples.

Il nous faut aussi leur enseigner la nécessité de réunir les conditions matérielles de la lecture attentive : se débrancher, se réserver un lieu et un temps pour la lecture solitaire. Dans nos institutions, on devrait créer des lieux propices à cette activité. Ces lieux devraient être fortement caractérisés et aménagés de telle manière qu'ils inspirent le respect. Il faudrait peut-être même songer à introduire des temps obligatoires de lecture solitaire. Il est bon de se rappeler que ces derniers étaient une pièce essentielle de l'ancienne pédagogie.

Je n'ignore pas la nature utopique et intempestive de ces propositions que plusieurs jugeront carrément risibles. Toutefois, elles sont inspirées par l'inquiétude d'un lecteur entre deux rives. Si la comparaison n'avait pas sa part de ridicule, je me sens en effet comme ce nageur entre deux rives que Chateaubriand disait avoir été dans la conclusion de ses *Mémoires d'outre-tombe* : « Je me suis rencontré entre deux siècles, comme au confluent de deux fleuves ; j'ai plongé dans leurs eaux troublées, m'éloignant à regret du vieux rivage où je suis né, nageant avec espérance vers une rive inconnue[7]. » Les deux siècles auxquels fait allusion Chateaubriand, c'est bien sûr les dix-huitième et dix-neuvième, marqués par la césure de la Révolution française, qui sépare le temps en deux : celui de la monarchie d'Ancien Régime et celui de l'avènement de la démocratie.

Nous sommes nous aussi plongés dans l'eau tumultueuse entre deux rives : sur une rive, il y a l'ancien monde de la culture du livre ; sur l'autre rive, le nouveau monde numérique. On ne sait pas encore si le livre sera emporté dans ce mouvement et bien malin qui pourrait définir avec précision les effets de ce passage sur les modes traditionnels de transmission de la culture. Si je nage vers cet autre rivage, c'est bien un peu comme Chateaubriand, dans l'espoir que quelque chose de l'ancien monde sera préservé dans le nouveau et que la présente révo-

---

7. F.-R. de Chateaubriand, *Mémoires d'outre-tombe*, Paris, Gallimard, « Quarto », 1997, t. 2, p. 2983.

lution ne balayera pas sur son chemin toutes les fragiles traces de notre humanité passée.

Daniel Tanguay est professeur au département de philosophie de l'université d'Ottawa. Il a notamment écrit Leo Strauss. Une biographie intellectuelle, *Paris, Grasset, 2003, et codirigé récemment* Vers une démocratie désenchantée ? Marcel Gauchet et la crise contemporaine de la démocratie libérale, *Fides, 2013.*

Éric Zemmour : l'ennemi public

Mathieu Bock-Côté

> *Derrière ce vilain mot — modernité — dont on se gargarisait partout, je voyais une soumission apeurée au désordre barbare qui gagnait les esprits et les cœurs.*
>
> Denis Tillinac

Longtemps fréquenté discrètement par de rares lecteurs de chez nous initiés à son œuvre et par quelques autres qui écoutaient sur YouTube ses interventions percutantes à la télévision française, Éric Zemmour n'est plus désormais un inconnu pour les Québécois. On s'en souvient, lors de son passage à l'émission *On n'est pas couché*, une Anne Dorval en délire lui est tombée dessus, en se scandalisant de ses propos, sans qu'on sache vraiment lesquels l'avaient indignée, sans s'inquiéter non plus du fait que trois grimaces et deux hurlements ne font pas un argument. En quelques jours, plusieurs centaines de milliers de Québécois découvrirent l'existence d'un monstre français nommé Zemmour, dont il fallait se méfier, et qu'ils devaient surtout insulter dès qu'ils le pouvaient, ce qu'ils ne s'épargnèrent pas de faire sur Facebook et Twitter, dans une grande séance de lynchage virtuelle. La scène avait tout pour plaire : une Québécoise ouverte et tolérante de passage à Paris qui tape sur la tête d'un vilain Français réactionnaire, représentant d'un peuple qu'on aime s'imaginer si arriéré, si retardataire dans la grande marche vers la modernité. Comment s'en priver et, surtout, pourquoi?

Évidemment, cette excitation provinciale pleine de ressentiment n'était que l'écho d'une vaste querelle qui commençait, en France, autour du livre *Le suicide français* (Albin Michel, 2014), le dernier en date d'Éric Zemmour, qui raconte un demi-siècle de décadence française. Avec plus de 400 000 exemplaires vendus, le succès éditorial est devenu un phénomène social et un évènement politique, et a fait paniquer la gauche française. Elle cherche encore une fois à en finir avec lui — car elle s'y était déjà essayée. Ne fallait-il pas faire taire Zemmour, le priver d'antenne, lui couper le sifflet, peut-être même le poursuivre ? À tout le moins, la gauche française fera tout pour le transformer en infréquentable absolu. On l'a fantasmé en théoricien tout-puissant d'une nouvelle droite extrême, ce qui a d'ailleurs conduit à son licenciement de la chaîne Itélé, consé-quence d'une polémique montée de toutes pièces où, à la suite d'une entrevue accordée au journal italien *Corriere della Sera*, on l'accusait de vouloir déporter des millions de musulmans vers le sud de la Méditerranée ! Naturellement, il n'avait jamais rien dit de tel. Le journaliste à l'origine de l'entrevue l'a reconnu, d'ailleurs[1]. Zemmour confessait la crainte de la guerre civile : on a préféré laisser croire qu'il la souhaitait et qu'il rêvait d'épu-ration ethnique.

Zemmour, ennemi public

Mais qu'importe ce qu'on pense et ce qu'on dit vraiment : le politiquement correct prétend dépister les arrière-pensées et lire entre les lignes, pour savoir ce qu'un écrivain tait lorsqu'il parle. L'expression est convenue mais juste : il existe aujourd'hui une telle chose qu'une *police de la pensée,* occupée à traquer, comme l'aurait dit Orwell, les *crime-pensées.* Pourquoi s'encom-brer d'un fait, lors d'un procès médiatique, quand l'occasion est donnée d'expulser du domaine public un homme dont la parole libre révèle par effet de contraste l'incroyable homogé-néité idéologique du système médiatique, où tout le monde dit à peu près la même chose et s'indigne en troupeau bêlant. Au mieux, on présentera Zemmour comme un polémiste. Il

---

1. V. Tremolet de Villers, «Stefan Montefiori : le mot déportation n'a pas été prononcé durant l'interview de Zemmour», *Le Figaro Vox*, 22 décembre 2014.

serait un esprit querelleur, cherchant la bataille pour la bataille, rêvant de se battre pour se battre, parce que ce serait son métier et que cela lui ferait vendre des livres. Mais Zemmour n'aurait aucune profondeur intellectuelle. Plus généralement, on l'accable d'injures : xénophobe, islamophobe, homophobe, tous les crimes lui sont prêtés. Ces étiquettes ont surtout pour fonction de dissuader quiconque de s'en approcher. Zemmour est un monstre. Que celui qui veut se dire son ami se le tienne pour dit. Il le payera cher. On l'aura compris, la seule manière de ne pas provoquer le système médiatique, c'est de se coucher devant lui, pour ensuite rejoindre sa chorale.

Edwy Plenel, commissaire politique de vocation déguisé en journaliste, s'est même permis d'écrire une longue tribune dénonçant l'«idéologie meurtrière d'Éric Zemmour[2]», rien de moins. Il résumait les choses ainsi : une nouvelle tentation exterminatrice prendrait forme en Europe et Zemmour en serait le haut-parleur. Zemmour ne se distinguerait des nazis qu'en choisissant un autre bouc émissaire qu'eux — il s'en prendrait aux musulmans plutôt qu'aux juifs, et Plenel se portera à la défense des premiers en les présentant comme les victimes absolues de notre temps. Je cite très exactement le délire de Plenel pour qu'on ne m'accuse pas de fabuler : « Nous ne sommes pas ici en présence d'une opinion qu'il s'agirait de discuter ou de réfuter. Mais d'une idéologie meurtrière dont les ressorts sont ceux-là mêmes qui, par la construction fantasmée d'une question juive, ont, hier, entraîné l'Europe dans l'abîme du crime contre l'humanité[3]. » Plenel a beau avoir l'habitude de criminaliser ses adversaires, il allait quand même loin et ne s'est, comme on dit, gardé aucune gêne. L'accueil pourtant favorable réservé à son article dans l'intelligentsia n'a rien de surprenant. La gauche — française, en particulier, mais la gauche en général, pour le dire franchement — aime ses ennemis monstrueux, et s'interdit bien rarement le plaisir de les nazifier implicitement ou explicitement. Car, alors, tout est permis. L'amour déclaré et prétendument exclusif de l'humanité pousse

2. E. Plenel, «L'idéologie meurtrière d'Éric Zemmour», *Médiapart*, 4 janvier 2015.

3. E. Plenel, *Pour les musulmans*, Paris, La Découverte, 2014.

paradoxalement à la transformation de l'adversaire en ennemi public, d'abord, en ennemi de l'humanité, ensuite, avec qui il ne faudra plus discuter. Plenel, d'ailleurs, le disait clairement : on ne doit pas discuter les thèses de Zemmour, on doit seulement les exposer et les vomir. On devine pourtant la suite : faudrait-il poursuivre Zemmour, le mettre à l'amende, le conduire en prison, peut-être ? La question n'est pas si dénuée de fondements et la liberté d'expression est aujourd'hui fragilisée par les nouvelles ligues de vertu qui, en France, disposent d'une capacité de nuisance exceptionnelle.

Alain Minc, dans une formule célèbre, avait déjà soutenu qu'il ne fallait admettre dans la discussion politique que ceux qui se tiennent dans le « cercle de la raison ». C'était sa manière d'en congédier les adversaires de la construction européenne et de la mondialisation heureuse. Il y aurait les éclairés et les fous. Les premiers devraient gouverner, les seconds, au mieux, auraient le droit de s'égosiller, même si on préférerait tout bonnement qu'ils se taisent. Les premiers seraient illuminés par le progrès, ressenti comme une révélation, les seconds seraient dans l'obscurité de l'histoire, incapables d'apercevoir, ou peut-être même de désirer, le paradis multiculturel à venir, où toutes les différences s'exprimeront sans jamais se confronter. Maintenant, les éclairés n'ont plus seulement le monopole de la raison, mais aussi celui de la vertu. Leurs adversaires passent quant à eux pour des criminels rêvant de guerre civile et de discriminations. Les hommes qui savent l'histoire tragique seront accusés de la souhaiter cruelle. Le cercle de la raison s'est transformé en cercle de la vertu. Le bien ne débat pas avec le mal : il lance une croisade contre lui et entend l'exterminer. L'émancipation humaine est à ce prix. Plusieurs liront Zemmour en s'y lançant comme des enquêteurs criminels, pour trouver la phrase dont ils s'indigneront, à laquelle ils réduiront le livre, en espérant ensuite gagner un certain prestige médiatique dans le créneau de l'anti-Zemmour. En l'agressant dans une émission, souvent en déformant une de ses citations, on obtiendra un peu de buzz, et sur Facebook comme sur Twitter, on recevra les félicitations attendues de ceux pour qui Zemmour n'est tout simplement plus respectable. Combien parmi eux ont pris la peine de le lire ?

Si les gardiens de l'orthodoxie progressiste ont réagi si vivement au livre de Zemmour, mais surtout à son ascension comme figure à part entière de la vie publique française, c'est évidemment parce qu'ils ont pris peur. Zemmour parle. C'est déjà grave. On l'écoute : ce l'est encore plus. Le lectorat le plébiscite : les bons esprits sentent venir une révolte contre eux, d'autant qu'elle gronde effectivement, en Europe. Zemmour occupe désormais, au cœur de l'espace public, la fonction tribunicienne — mais il ne s'en contente plus et voudrait même voir ses idées au pouvoir. Il s'est lancé dans une grande offensive pour l'hégémonie idéologique et culturelle. C'est une entreprise risquée. Quiconque s'aventure dans l'espace public sait qu'il peut à tout moment se faire accuser de *dérapage*, ce qui nous confirme, pour peu qu'on prenne la formule au sérieux, l'existence d'un corridor étroit dont on ne peut sortir sans subir les pires épithètes. Et à trop souvent déraper, on risque l'ostracisme, l'exclusion de la cité. On se fera accuser d'être d'extrême droite, un terme très souvent indéfinissable qui sert surtout à marquer négativement celui à qui on le collera, ce qu'a très justement noté Pierre-André Taguieff dans son remarquable ouvrage *Du diable en politique*[4]. C'est normalement en se faisant coller une phobie au derrière qu'on rejoint les infréquentables, et on notera que le politiquement correct les multiplie à bon rythme, ce qui lui permet de criminaliser en temps réel ceux qui doutent du programme progressiste. On a ainsi découvert, en 2014, que les souverainistes européens sont désormais des *europhobes*, et les critiques de la théorie du genre, des *transphobes*. Aussi bien dire, des malades à guérir de leur intolérance. Récemment, l'extrême gauche universitaire nord-américaine a même inventé la *multiculti-phobie*. En pathologisant le désaccord, en le psychiatrisant, on restreint le débat à ceux qui communient à l'orthodoxie progressiste. C'est ce qu'on pourrait appeler une gestion néosoviétique de la dissidence idéologique — ou encore une psychiatrisation de la dissidence. Et traiter l'autre de fou, c'est se féliciter soi-même d'être si rationnel. De même, si le peuple adhère aux idées conservatrices, on conceptualisera la chose

4. P.-A. Taguieff, *Du diable en politique*, Paris, CNRS éditions, 2014.

sur le mode de la contamination, de l'épidémie à contenir en dressant contre elle un cordon sanitaire.

Restons-en encore un instant aux étiquettes. Faut-il voir Zemmour comme un représentant de la droite? Peut-être. L'homme n'est manifestement pas de gauche même s'il ne se reconnaît plus depuis longtemps dans ce que la droite est devenue et même s'il cite Marx avec un plaisir manifeste, en retournant l'auteur du *Capital* contre une gauche selon lui ralliée au mondialisme libéral. Il ne faut pourtant pas se laisser bluffer et il ne suffit pas de citer Marx pour devenir marxiste : la droite n'est pas consubstantiellement libérale, et plus encore sa branche conservatrice s'est toujours méfiée des effets dissolvants du marché et de l'individualisme sur la société, ce qui explique en bonne partie qu'elle fasse les yeux doux, aujourd'hui, à un philosophe, par ailleurs remarquable, comme Jean-Claude Michéa, qui retrouve des intuitions communes au socialisme populaire du dix-neuvième siècle et à un certain traditionalisme catholique[5]. Mais Zemmour se voit surtout, lui, comme le représentant du peuple. Dans un entretien au *Figaro*, il le dira ainsi : «être le porte-voix des classes populaires est ma plus grande fierté[6]». Ce privilège, les élites médiatiques le lui reconnaissent aussi, même si elles voient là une raison supplémentaire de le faire taire car, lorsque le peuple parle, ou fait entendre sa voix par des représentants inattendus, on accusera ceux-ci de *populisme*. On sait que c'est une accusation très grave. La démocratie contemporaine veut se passer de *demos*, mais le peuple justement tolère mal qu'on se passe de lui, et Vincent Coussedière a raison de dire que le populisme contemporain est non pas une réaction irrationnelle mais une tentative par le peuple de se reconstituer politiquement, ce qui ne veut pas dire que le tout se fasse bellement[7].

---

5. De Jean-Claude Michéa, on lira notamment *Le complexe d'Orphée*, Paris, Climats, 2013, et *Les mystères de la gauche*, Paris, Climats, 2013.

6. A. Devecchio, «Entretien avec Éric Zemmour : être le porte-voix des classes populaires est ma plus grande fierté», *Le Figaro*, 15 novembre 2014.

7. V. Coussedière, *Éloge du populisme*, Saint-Étienne, Elya, 2012. Sur cette question, on lira aussi C. Delsol, *Populisme : les demeurés de l'histoire*, Monaco, Rocher, 2015.

En fait, pour un grand nombre de Français, Éric Zemmour est devenu au fil des ans le représentant, au cœur du système médiatique, de cette France qui ne consent pas à sa dissolution sous la quadruple pression de la mondialisation, de la construction européenne, de la déconstruction anthropologique et de l'immigration massive, qui recoupe en bonne partie cette « France périphérique » mise en lumière par Christophe Guilly dans ses deux derniers ouvrages[8]. Les élites médiatiques entretiennent un rapport condescendant au peuple : elles lui expliquent pourquoi la souveraineté nationale est désuète, pourquoi l'identité nationale l'est aussi. C'est ainsi qu'elle l'infantilise : le peuple n'aurait tout simplement pas la maturité nécessaire pour comprendre que le modèle de civilisation auquel il tient est périmé. Peut-être devrait-on parler d'un rapport thérapeutique ? Les élites transforment les craintes légitimes du peuple en peurs irrationnelles et entendent le chasser du jeu démocratique tant qu'il n'en sera pas délivré. Elles tournent en ridicule son « insécurité culturelle » et identitaire, comme le note le politologue Laurent Bouvet, qui entend quant à lui réconcilier la gauche et les classes populaires[9]. De là une condescendance devenue la seconde nature de la caste médiatique, qui ne comprend pas que les classes populaires rechignent à applaudir le nouveau monde dont elle chante les louanges. Elles traduisent le débat public en épopée des progressistes contre les réactionnaires et les phobies qui les animent, mais ont le culot ensuite de se réclamer du journalisme objectif. Zemmour force ces élites à s'expliquer. Il les prend de face et questionne leurs présupposés, le vocabulaire par lequel elles entendent souvent normaliser leurs positions les plus radicales. Il révèle le biais idéologique du journalisme pseudo-objectif. Cela dit, faut-il le préciser, nul besoin de toujours endosser Zemmour, qui ne demande d'ailleurs pas à ce qu'on lise ses livres comme d'autres consultent leur catéchisme.

On accuse désormais Zemmour de faire de la politique, et dans la tournée promotionnelle de son livre, de transformer

8. C. Guilly, *La France périphérique*, Paris, Fayard, 2014, et *Fractures françaises*, Paris, François Bourin, 2010.

9. L. Bouvet, *L'insécurité culturelle*, Paris, Fayard, 2015.

les conférences et séances de signatures en assemblées politiques, presque militantes. Stéphane Le Foll, porte-parole du gouvernement Valls, l'a ainsi assuré que ses propos ne resteraient pas «sans réponse». Étrange formule. Accuse-t-on les autres éditorialistes et chroniqueurs de «faire de la politique» alors qu'ils ont leur propre programme et ne mettent pas toujours des gants pour l'avancer? On a oublié que Zemmour est un peu devenu un tribun malgré lui. C'est parce qu'il s'est retrouvé à contester au cœur même du système médiatique, pendant quelques années, dans l'émission de Laurent Ruquier, l'héritage de Mai 68, devenu idéologie officielle de la France d'en haut, qu'il s'est attiré la sympathie d'un grand nombre de Français qui se sentaient sans voix. Zemmour ne venait pas de l'extérieur du système médiatique : il évoluait en son cœur. Il n'est pas arrivé dans l'espace public avec l'étiquette du proscrit, même si on l'a ensuite transformé en paria. Il avait néanmoins un capital de crédibilité initial. Dans un système qui repose sur la censure des dérèglements majeurs causés par Mai 68, et qui entend convertir l'ensemble de la réalité à sa logique, il suffit qu'un homme venu du cœur du système commence à dire autre chose que les paroles suggérées pour bien paraître à la table des bien-pensants pour qu'il trouble la fête. Faut-il ajouter qu'il n'est plus seul à mener ce travail?

Denis Tillinac, certainement une des plus belles plumes de France, qui parvient magnifiquement à faire sentir ce qui ne va pas avec le monde moderne, va même jusqu'à dire qu'Éric Zemmour est devenu la véritable opposition idéologique au pouvoir socialiste — un pouvoir complètement refaçonné par le logiciel idéologique du *think tank* Terra Nova. C'est qu'il ne se contente pas d'une opposition technique, mais s'oppose bel et bien idéologiquement au régime. Comme il l'écrit, l'opposition de droite au socialisme «ne passe jamais le cap des rengaines d'usage sur le matraquage fiscal, l'assistanat et l'insécurité. Rengaines d'autant plus usées qu'au fond, la droite au pouvoir n'a guère corrigé ces méfaits qu'à la marge. Et encore. Ignorant les ressorts de l'idéologie qu'ils prétendent combattre, les ténors de la droite s'interdisent d'enraciner une réforme économique dans un projet politique étayé par une réflexion sur le malaise d'un peuple las d'être dépossédé, et méprisé par surcroît[10]. » Quant à lui, Alexandre Devecchio, dans le *Figaro Vox*, a vu dans le succès populaire du livre de Zemmour le signe d'un renouveau conservateur[11], d'une droite se déprenant de la seule logique gestionnaire pour enfin se lancer dans la guerre des idées. Dans la mesure où la politique est en bonne partie l'art de livrer un récit, de produire du sens à partir des évènements, de situer l'action dans le temps long — pour assurer la lisibilité de la société, comme disent les sociologues —, Éric Zemmour a probablement livré à la droite française le livre qui lui manquait, il a rassemblé mille critiques et désaccords avec l'époque dans un portrait global qui retourne au point de départ de la révolution soixante-huitarde, et qui ne cherche plus à se faire accepter par ses gardiens[12].

Et pourtant, il faut lire le livre

Il y a donc un phénomène Zemmour et on pourrait s'y attarder encore bien longtemps, tout comme on devra tôt ou tard porter l'attention qu'elle mérite au renouveau intellectuel de la droite conservatrice française. C'est tout un ouvrage qu'il faudrait y consacrer, en fait, en sortant, d'ailleurs, du cercle des seuls hommes de droite qui se revendiquent comme tels. Mais le phénomène Zemmour en est venu paradoxalement à cacher le livre de Zemmour, réduit, par le système médiatique, à un brûlot polémique au contenu douteux, ou encore en symbole

10. D. Tillinac, « L'opposition, c'est lui! », *Valeurs actuelles*, 1er janvier 2015, p. 26.

11. Alexandre Devecchio, « La révolution conservatrice continue », *Le Figaro Vox*, 2 décembre 2014.

12. Le pouvoir idéologique de la gauche est singulier. Il consiste, devant les capitulations idéologiques à répétition de la droite, à déplacer vers la gauche le centre de gravité idéologique, du moins sur les questions identitaires, culturelles et sociétales. L'adversaire de droite est neutralisé d'autant qu'il n'a aucune consistance idéologique et qu'il espère se voir reconnaître par la gauche comme un interlocuteur légitime, médiatiquement respectable — et pour cela, dans son propre camp, il n'aura de cesse de se démarquer des éléments plus conservateurs, pour avoir l'air d'un admirable moderne. La dynamique idéologique fait alors en sorte que le centre d'avant-hier devient la droite d'hier et l'extrême droite d'aujourd'hui. Celui qui résiste à ce mouvement est ainsi condamné, malgré lui, et cela, tôt ou tard, à se faire traiter d'extrémiste.

d'une résistance qu'on se procurera fièrement sans nécessairement prendre la peine de le lire. Zemmour est tellement un habitué des plateaux télés qu'on ne croit plus nécessaire de le lire pour savoir ce qu'il pense. À quoi bon écrire un livre, s'est déjà demandé un Jean-François Revel désabusé, puisque le débat public portera essentiellement sur les quelques phrases qu'on répétera en boucle et qui alimenteront la machine médiatique. Un livre n'est médiatiquement bon qu'à faire le buzz. Manuel Valls, quant à lui, s'est permis de dire que *Le suicide français* ne méritait pas d'être lu, en reconnaissant lui-même ne pas l'avoir lu. Étrange pouvoir que celui de juger de la qualité d'un livre dont on n'a même pas tourné les pages. Faut-il mettre Zemmour à l'index? On le suppose. Il fait désormais partie de ces auteurs marqués qu'il suffira de mentionner pour être chargé à son tour de tous les crimes qu'on leur prête. Ils sont de plus en plus nombreux, d'ailleurs, et on se demandera bien quoi faire avec eux : les lire secrètement? De temps en temps, la gauche idéologique française, dans ses magazines, publie un dossier à la Lindenberg sur les nouveaux réacs, désignés à la vindicte publique à la manière d'intellectuels dangereux mettant en danger la démocratie. Devra-t-on évoquer en cachette ces écrivains et intellectuels lors de réunions clandestines entre hommes et femmes de bonne volonté? Mais quelqu'un risquera toujours de dénoncer publiquement les mauvaises fréquentations de ce club de lecture. Il y avait autrefois un index, qui regroupait les ouvrages en contradiction avec la religion catholique : il y en a un nouveau, pour ceux qui embêtent la religion soixante-huitarde.

 Le suicide français mérite pourtant d'être lu pour lui-même. L'auteur a du style et une érudition hors du commun. Sa culture est à la fois classique et populaire. C'est un véritable écrivain, qui maîtrise l'art du portrait politique à la française, qui consiste à dévoiler les liens intimes entre une personnalité, son rapport au pouvoir et les convictions qu'elle adopte — la France n'est-elle pas la nation littéraire par excellence[13]? Il suffit de relire sa biographie de Chirac, *L'homme qui ne s'aimait pas*[14], pour s'en

---

13. Comme l'a rappelé Alain-Gérard Slama il y a quelques années, dans *Les écrivains qui ont fait la République*, Paris, Plon, 2012.
14. É. Zemmour, *L'homme qui ne s'aimait pas*, Paris, Balland, 2002.

convaincre, ou encore *Le livre noir de la droite*[15], certainement son premier grand livre, qui contenait déjà, à sa manière, le projet du *Suicide français*, qui poursuit une réflexion engagée depuis les années 1990 sur la prise du pouvoir idéologique en France par l'idéologie soixante-huitarde. Zemmour raconte le remplacement d'une légitimité par une autre, la substitution d'une anthropologie par une autre, aussi — il raconte également, et j'y reviendrai, la capitulation de ceux qui auraient pu résister à cette révolution. Son projet est brillant et le livre l'est tout autant : raconter, année par année, de 1968 à 2007, la décadence de son pays, en retraçant le déploiement d'une idéologie mortifère à laquelle les élites ont consenti, alors que le peuple, pour l'essentiel, l'a refusée, même s'il s'est laissé inhiber par elle. Son ton est celui d'un historien de la décadence, qui cherche à étouffer ses sentiments profonds pour décrire avec le plus de froideur possible l'agonie de son pays — peut-être même s'enorgueillit-il exagérément de tant de froideur ? Il raconte le renversement des valeurs, et le fait souvent avec des rapprochements historiques saisissants. Zemmour, à sa manière, a une vision cyclique de l'histoire, comme si ses schèmes fondamentaux étaient appelés à toujours se répéter, ce que croyaient aussi, en d'autres temps, les classiques, ou comme on dit souvent, pour les frapper du sceau de la désuétude, les anciens.

Le suicide français retrace le déploiement de cette idéologie de la décadence non seulement sur la scène politique et dans les milieux économiques et culturels, mais aussi au fil de la vie quotidienne. Il prête attention aux intellectuels, ce qui va de soi, mais également aux chansons populaires, aux innovations technologiques, aux restructurations d'entreprises et aux nombreuses élections qui rythment la vie politique française. Il s'intéresse pêle-mêle aux footballeurs qui deviennent des mercenaires, à la fin de la francisation et de la christianisation des prénoms donnés aux enfants d'immigrés, aux chansons et chansonnettes imbéciles qui glorifient n'importe quel marginal jouant la carte victimaire contre la France historique, au transvasement de la souveraineté de Paris à Bruxelles, à la trahison des patrons français qui renoncent à l'intérêt national pour

15. É. Zemmour, *Le livre noir de la droite*, Paris, Grasset, 1998.

enfin rejoindre l'*overclass* mondialisée. Et à tant d'autres choses. Je l'ai dit, cette histoire, Zemmour la raconte d'année en année en cherchant à montrer la dimension globale de la révolution culturelle et politique subie par la France. C'est le talent du chroniqueur qui sert ici l'historien, et lui permet d'offrir une vision d'ensemble de ces tristes décennies. Chroniqueur de son époque, Zemmour, à sa manière, en est venu à faire de l'histoire totale, et c'est un genre qui lui convient[16].

C'est la bonne piste à suivre, puisqu'il faut décrypter, derrière l'actualité ordinaire, le conflit des idéologies. Les idées mènent le monde. Les modernes aiment nous expliquer que tout était écrit à l'avance, que l'histoire a un sens, et qu'on peut bien s'en désoler, mais qu'on ne saurait vraiment le renverser. Terrible mais puissante illusion qui fonde la légitimité du régime post-soixante-huitard : elle a surtout pour fonction de dissuader les dissidents de voir comment changer la situation. Au mieux, ils pourront pleurer leur monde perdu, et maudire le nouveau, mais c'est tout. Cette illusion permet de distinguer ceux qui marchent au rythme du progrès et ceux qui traînent à l'arrière-garde : pourquoi les premiers perdraient-ils leur temps avec les seconds ? La conscience historique fonde la légitimité politique et, qu'on le veuille ou non, l'écriture de l'histoire s'inscrit dans une plus vaste querelle idéologique. De là l'importance des guerres de mémoire. C'est ce que Zemmour appelle, suivant Gramsci et quelques autres, la guerre culturelle et la métapolitique. C'est une des forces du *Suicide français* de faire le procès du sens de l'histoire : si les hommes sont emportés par des logiques, ils conservent néanmoins une emprise sur les évènements. Ils peuvent leur donner une nouvelle impulsion. Et c'est lorsqu'un homme s'entête longtemps, contre les évidences qu'on lui matraque médiatiquement, qu'il peut peut-être faire dérailler le système.

---

16. On relira d'ailleurs avec grand bonheur les trois recueils de ses chroniques lues à la radio RTL : *Z comme Zemmour* (Paris, Cherche midi, 2011) ; *Le bûcher des vaniteux* (Paris, Albin Michel, 2012), *Le bûcher des vaniteux 2* (Paris, Albin Michel, 2013).

La gauchisation de la droite

La scène inaugurale du *Suicide français* est aussi choquante que perspicace : c'est la capitulation morale du général de Gaulle après Mai 68. La mémoire est de temps en temps trompeuse : du général en 68, on garde le souvenir du procès de la chienlit et des centaines de milliers de gaullistes sur les Champs-Élysées. Et pourtant, dans les faits, la France du général n'en avait plus pour longtemps. De Gaulle n'y croyait plus. Il ne se sentait plus la force de contenir un nouveau monde, et crut devoir l'embrasser. Ce n'était pas neuf chez le général, nous dit Zemmour, mais, en 68, c'est un peu comme si le prophétisme gaullien, avec son sens du sacré national, n'avait plus d'emprise sur le réel, comme si le général, de grand homme, était devenu comédien, comme s'il n'y croyait plus — « de Gaulle vira gauchiste » (p. 25), dit cruellement Zemmour. C'est ainsi, si on comprend bien Zemmour, que le général décidera de se suicider politiquement pour quitter la scène en 1969 avec son référendum sur la participation, qui connut le triste sort que l'on sait. De Gaulle, l'homme de la vieille France, ou plutôt, de la France éternelle, renia ce qu'il était intimement. Zemmour commente ce qu'il croit être cette déchéance du vieux général avec une plume aussi belle que cruelle : « j'imagine, au fond de la Boiserie enneigée et mal chauffée, un vieux général malheureux et désabusé seulement sauvé par l'espérance du chrétien » (p. 28).

Le général avait renoncé à résister à l'époque[17] — il la sentait plus forte que lui. On touche ici un élément central de ce qu'on pourrait appeler la politique réactionnaire (je reviendrai sur cette notion plus loin) telle que la conçoit Zemmour : la

---

17. Zemmour avait déjà décrit ce mouvement dans *Mélancolie française*, en écrivant que « seul le général de Gaulle tenta l'impossible synthèse, le mouvement et le conservatisme, la droite et la gauche, la nation et l'Europe, l'autorité de l'État et la démocratie, l'industrialisation à marches forcées et le respect des traditions, la massification de l'école et le maintien du niveau scolaire, l'alliance américaine et l'affirmation de la puissance française. Mais son suicide électoral de 1968 sonna comme le renoncement du grand homme à tenir ensemble tous les fils d'une époque qui le portait où il ne voulait pas aller » (Paris, Fayard et Denoël, 2010, p. 153-154).

vocation du grand homme politique est de contenir le désastre ou de sauver son pays. Encore doit-il être sauvé, ce qui nous rappelle pourquoi la grandeur du politique est inséparable d'un sens du tragique et pourquoi il est souvent condamné à la médiocrité gestionnaire les jours ordinaires. Le politique est une digue, il doit aménager et conserver le monde, et non pas fabriquer une société nouvelle, encore moins accoucher d'un homme nouveau, comme le croient toujours les utopistes. Le politique ne doit pas nécessairement adapter la société aux évolutions, et le législateur n'a pas toujours à devancer les mœurs. Il doit quelquefois même contenir les pulsions sociales qui se maquillent en élan démocratique mais qui compromettent l'existence même de la société. Son travail le plus important consiste à lutter contre la déliquescence de la société, car le lien social, sans harnais politique, a tendance à se relâcher. La grande erreur du libéralisme[18] consiste à croire que la société s'auto-régule, que le politique est simplement un instrument d'adaptation, et qu'il n'est pas nécessaire, à l'occasion, de contrarier les excitations anarchiques qui poussent à l'atomisation sociale. Le libéralisme désacralise la cité, il oblitère sa part existentielle, et c'est le drame du gaullisme d'après de Gaulle, celui à la Chaban-Delmas, d'abord, et à la Chirac ensuite — le Chirac d'après l'appel de Cochin — de s'être défini comme un modernisme empruntant la trompette nationale le temps des élections pour la ranger le soir même de la victoire.

De Gaulle, étonnamment, n'annonçait-il pas ainsi une tendance lourde du monde dans lequel nous vivons, soit la gauchisation de la droite, la dissolution philosophique du conservatisme, qui n'entend plus affronter frontalement la gauche ? Sa reculade ne représentait-elle pas la première étape d'une droite se redéfinissant à la lumière de la gauche, cherchant

---

18. Auquel il ne faut toutefois pas prêter tous les torts, et la tradition libérale-conservatrice française, magnifiquement représentée par Raymond Aron et, aujourd'hui, par Pierre Manent est d'une fécondité politique et philosophique admirable. J'avais abordé la question dans un précédent article : M. Bock-Côté, « Raymond Aron : notre contemporain », *Argument*, 17 octobre 2013, < http ://www.revueargument.ca/article/1969-12-31/589-raymond-aron-notre-contemporain.html ?MagazineArgument=794c80 857664ced4d761e406a39f817f >.

à l'imiter, se voulant toujours plus progressiste et moderne qu'elle, et renonçant ainsi à ses propres fondements? Cette question, Zemmour l'a remarquablement analysée dans son *Livre noir de la droite*, paru en 1999, et elle accompagne encore ici sa réflexion. On pourrait dire qu'il s'agit de la grande question qu'il n'abandonne jamais, et qui ne l'abandonne jamais : comment se fait-il que la droite si souvent se juge à la lumière de la gauche, comme si elle reconnaissait à cette dernière une supériorité morale? «Pour servir les idéaux et les intérêts de gauche, la droite est l'instrument idéal» (p. 161). Est-ce parce que la gauche est directement connectée sur cette logique de la modernité et que la droite se voit condamnée à défendre quelques maigres traditions qui seront demain considérées comme désuètes? La droite est-elle simplement retardataire, peut-elle faire autre chose que de défendre l'ordre établi d'avant-hier ou est-elle capable d'avoir son propre programme, au-delà du seul libéralisme qui est sa manière à elle d'être progressiste[19]?

---

19. On aurait tort, toutefois, de croire que la droite française s'est laissée vider d'elle-même sans résister de bien des manières. Son histoire des trente dernières années est aussi désarmante que passionnante. À quelques reprises, la droite a cherché à renouer avec son substrat conservateur, et cela d'abord en 1986-1988, mais son programme a alors avorté avec la cohabitation. C'est autour de la question européenne que la droite gaulliste, historiquement associée au conservatisme populaire du Rassemblement pour la République (RPR), qu'elle parviendra à se manifester, d'abord à Maestricht, ensuite aux élections européennes de 1999, quand la liste Pasqua-de Villiers déclassera celle de la droite gouvernementale, ensuite en 2005, lors du vote sur la constitution européenne. Le drame de ce souverainisme conservateur, toutefois, est de ne jamais parvenir à dépasser le stade du soulèvement circonstanciel, d'autant qu'il se retrouve étouffé entre la droite classique et la droite populiste. Cette droite prend moins forme autour des enjeux liés à la gestion quotidienne de l'État qu'autour des questions régaliennes — c'est-à-dire qu'elle n'est pas vraiment appelée à évoluer dans les paramètres de la société gestionnaire. C'est pourtant en se tournant vers cette mouvance, et en misant sur elle, que Nicolas Sarkozy parviendra à se faire élire en 2007, en politisant, en quelque sorte, la réaction anti-soixante-huitarde, un discours qu'il s'empressera de renier, et même de trahir, une fois installé à l'Élysée. C'est dans cette béance politique, à bien des égards, que Zemmour a émergé, qu'il s'est déployé, et qu'il a occupée médiatiquement. Sur la question, on lira notamment É. Branca, *Le roman de la droite*, J.-C. Lattès, 1999.

A-t-elle sa propre consistance philosophique et historique ? Zemmour se fait tranchant : « C'est la grande force de la gauche que d'envahir jusqu'à dominer la sphère culturelle, pour capter, endoctriner l'esprit public » (p. 188). Ceux qui veulent y évoluer seront obligés de s'y soumettre, à moins de consentir à se faire traiter comme des ennemis publics, accusés, d'une époque à l'autre, d'être fascistes ou réactionnaires.

Chose certaine, une fois la digue du grand homme tombée, la France sera emportée — on ajoutera que c'est tout l'Occident qui tombera, et les hommes du vieux monde qui incarnaient avec ou sans talent le refus du grand nombre de se laisser emporter seront ringardisés ou moralement exécutés, comme ce sera le cas de Nixon, aux États-Unis, qui avait pourtant bien été élu sur un programme anti-soixante-huitard (p. 61-64). C'est d'une révolution qu'il faut parler, même si on apercevra au fil du temps différentes résistances s'exprimant souvent autour de la question européenne, les référendums qu'elle occasionnera donnant l'occasion de jacqueries démocratiques. La nouvelle légitimité qui s'imposera, à partir de 68, sera fondée sur l'idéal d'un démantèlement de la France historique et, plus largement, de la civilisation dans laquelle elle s'inscrit. On assistera donc à une déconstruction progressive de l'identité française, de la souveraineté française, et à la diabolisation des classes populaires qui y tiennent, car elles n'ont jamais oublié que la patrie est le seul bien des pauvres. Les soixante-huitards en voudront d'abord au peuple de ne pas avoir fait le grand saut révolutionnaire, et le détesteront ensuite pour sa fidélité au vieux monde qu'ils voulaient à tout prix déconstruire, croyant par là libérer et émanciper un individu étouffé par de trop pesantes institutions, par de trop poussiéreuses traditions.

L'idéologie soixante-huitarde

Une nouvelle société sera construite à l'enseigne de la légitimité soixante-huitarde, de son idéal déconstructeur, post-chrétien, post-national et post-occidental — à moins qu'il ne faille simplement dire « anti » plutôt que « post » ? Il s'agira désormais d'extraire la France de son histoire et de réduire sa civilisation comme sa culture à un amas de préjugés arbitraires sans valeur particulière. C'est le travail de la déconstruction. On s'est imaginé que les normes étaient toutes écrasantes, comme les institutions d'ailleurs et on se tournera vers les marges pour retrouver la pureté révolutionnaire, celle qui retourne le stigmate de l'exclusion en prétention à régénérer l'humanité, les derniers, comme on aime le dire, devenant les premiers. De là la sacralisation de l'exclu, quel qu'il soit — on connaît l'histoire, ici, avec le remplacement de l'ouvrier par l'immigré, et du bourgeois capitaliste par l'homme blanc hétérosexuel, ou si on préfère, la redéfinition de la société par une lutte à finir entre une majorité bête et méchante et des minorités à émanciper. Ainsi pensée, c'est une guerre sociale qu'on rend possible, et, tout comme hier on chantait le prolétariat, aujourd'hui on chantera ceux qui l'ont remplacé en tant qu'exclus providentiels, au nom desquels poursuivre le procès de la civilisation.

La France devra s'abolir dans les seuls droits de l'homme — comme chaque pays, d'ailleurs, ce qui les rend aujourd'hui tristement interchangeables. Comme l'écrit Zemmour, « la déclaration des droits de l'homme a pris la place des Saintes Écritures » (p. 41). Le lien politique se redéfinira à leur seule lumière. C'est fondamentalement autour de la question nationale que se jouera politiquement cette querelle, c'est ainsi qu'elle donnera un sens aux nouveaux affrontements issus de Mai 68. La gauche soixante-huitarde travaillera à convertir la France au multiculturalisme, au nom de l'ouverture aux immigrés, et ceux qui ne se reconnaîtront pas dans un tel programme le payeront cher : « La gauche invente un clivage fallacieux entre racistes et antiracistes, fascistes et antifascistes » (p. 244). C'est-à-dire que le simple attachement à la nation vaudra plus souvent qu'autrement une association au racisme, et qu'on redéfinira le fascisme comme résistance à l'esprit de 68 (n'avait-on déjà pas dit : CRS = SS ?). La nazification de l'adversaire est encore la meilleure manière de le mettre hors d'état de nuire. Ce qu'il y a de singulier, c'est que la gauche cherchera à camoufler le crime en le menant au nom des grands ancêtres, des grands anciens. Ce sera le cas notamment d'un BHL, nous dit Zemmour, qui « se réfère à de Gaulle pour mieux détruire son œuvre. Il fait son éloge pour mieux le vider de sa substance, le dénaturer. Pour mieux le tuer » (p. 195). C'est aussi au nom du gaullisme que, plus récemment, Edwy Plenel entendait réduire la France à la seule philosophie des droits de l'homme et la détacher de l'identité française historique. Faut-il dire qu'à son époque de Gaulle était fascisé et diabolisé par les devanciers de ceux qui se réclament de lui aujourd'hui ?

L'antiracisme étend sans cesse la définition de ce qu'il combat, et c'est finalement la nation qu'il a en ligne de mire et qu'il exécute. Dans ses remarques perspicaces sur la querelle du voile, devenu le symbole de la crise de l'intégration dans toutes les sociétés occidentales, Zemmour montre bien comment ces dernières se laissent convertir au multiculturalisme. « La question posée par ce morceau de tissu n'était donc pas celle de la laïcité mais de l'assimilation. Parce qu'on avait renoncé à celle-ci, on essaya de faire jouer son rôle à celle-là. On prit donc la mauvaise arme pour frapper, et on s'étonna de manquer la cible » (p. 324). Il voit bien comment l'individualisme ouvre paradoxalement le chemin à la frange la plus régressive de l'islam. « Mais dans la béance provoquée par l'irruption de cet individualisme arrogant et nihiliste, l'angoisse existentielle, la solitude, le désarroi et le déracinement qu'il entraîna, l'islam s'engouffra pour imposer son modèle holiste, impérieux mais chaleureux, contraignant mais rassurant » (p. 325). Cet individualisme dénaturé par sa radicalisation devient ici la brèche permettant à un communautarisme ethno-religieux de faire valoir ses revendications au nom des droits de l'homme. On se retrouve ici devant un pays qui n'a plus accès politiquement à son héritage historique, et qui voit sa citoyenneté se découpler de plus en plus de son identité. Devant l'islam qui porte une forte conscience communautaire, d'autant qu'il sert d'identité culturelle de remplacement pour fusionner les populations déracinées par l'immigration, la France ne sait plus parler d'autre chose que de ses valeurs universelles, censées se confondre avec celles de l'humanité dans son ensemble — elle s'en tire en se prenant depuis 1789 pour le phare de l'humanité. On rencontre ici un problème majeur : celui de l'incapacité des nations occidentales à penser leur propre particularisme, ce qui les rend inaptes à penser aussi le particularisme de l'autre, sinon sous le visage fantasmé de l'ouverture à l'altérité. À Rome, fais comme les Romains, disent les Anglais — mais cela suppose que les Romains se comportent encore en Romains.

Officiellement, c'est une culture libertaire qui s'imposera, mais elle préparera la voie à une France morcelée, blessée, humiliée, d'autant que la haine de soi deviendra dominante dans l'intelligentsia. En fait, elle s'impose de manière très autoritaire, car il faut reprogrammer les mentalités d'un peuple qui n'a pas vraiment envie qu'on le transforme. L'utopie des années 1970 s'est concrétisée à partir des années 1990. L'homme historique est voué à la disparition : déraciné, privé de cadre politique, coupé de son identité, il erre, sans trop savoir ce qui l'attend. Il est voué au nihilisme, et s'est laissé convaincre, du moins en surface, que ce monde nouveau tenait la sublime promesse de la liberté. Après la chute du communisme, la mondialisation s'est présentée comme une promesse radieuse : à travers l'ouverture des marchés, c'est l'unification humaine qui s'opérerait. «Ils avaient une approche religieuse du libre-échange qui devait "universaliser" l'humanité et apporter la richesse et le bonheur aux déshérités de la planète, sans oublier la paix» (p. 235). Les querelles des temps de prospérité ne sont pas celles d'une société prenant conscience de sa décomposition. De nouveaux clivages idéologiques s'imposent. Ceux qui chantaient la fin de l'histoire ont l'air aujourd'hui de terribles insignifiants : la querelle autour du régime est de retour, à travers la dissolution de la souveraineté populaire dans le gouvernement des juges et des administrations non élues, et à travers la dissolution de la souveraineté nationale dans la construction européenne et l'idéologie du droit international, qui enserre la souveraineté et la vide de son contenu. La question du régime est évidemment la plus vive qui soit.

Zemmour, mais il n'est naturellement pas le seul, voit l'utopie du siècle à venir et l'homme nouveau censé la porter : l'individu indifférencié, sans sexe ni racines, sans famille ni pays, persuadé d'être absolument libre mais absolument soumis aux exigences du capitalisme global, prêt à le déplacer n'importe où, à la manière d'une simple ressource humaine, soumis aussi à la propagande publicitaire, qui le transforme en bête à consommer, dans un univers de produits jetables[20]. À ce monde, il faut résister, dit

---

20. On lira à ce sujet le livre magnifique du regretté Bernard Maris, *Houellebecq économiste*, Paris, Flammarion, 2014.

Zemmour, non pas en construisant une autre idéologie à partir de rien, mais en s'ancrant dans les réalités qui ne veulent pas mourir, et, parmi celles-là, le peuple français. Et quoi qu'en disent ceux qui font tout pour le faire passer pour un maniaque occupé à écraser les minorités, son grand ennemi, ce n'est ni la femme ni l'immigré, c'est la mondialisation libérale, c'est la logique de déracinement généralisée. Mais pour le savoir, encore fallait-il le lire et ne pas se fier aux cancans et rumeurs qui entourent son ouvrage. Fondamentalement, Zemmour s'en prend à « un capitalisme new-look qui niait les frontières, les nations, les lois, les langues vernaculaires. Jusqu'à nier l'âge puisque l'adolescence était son moment pour toute la vie » (p. 109).

Pour le dire d'un euphémisme, Zemmour n'annonce pas un monde joyeux. Il imagine une France neutralisée, vouée à l'insignifiance, ou alors plongée dans une guerre civile. « L'avenir de notre cher Hexagone se situe entre un vaste parc d'attractions touristiques et des forteresses islamiques, entre Disneyland et le Kosovo » (p. 526). Houellebecq a proposé un troisième scénario, dans *Soumission*, en imaginant la soumission volontaire de la France, puis un jour, de l'Europe, à l'islam, comme si elle n'avait plus la volonté de vivre et cherchait à s'abolir historiquement, pour se délivrer du fardeau de son destin. Chose certaine, les écrivains ou les philosophes les plus perspicaces de notre temps cherchent tous à penser une forme d'épuisement spirituel et de fatigue historique de l'Occident. La France se meurt. Mais elle résiste, et Zemmour, au terme de ce demi-siècle, croit qu'il ne suffit plus de critiquer morceau par morceau ce qu'il rejette dans l'idéologie de 68. Il faut mener un procès d'ensemble, ne rien concéder. La Révolution 68 est un bloc ? Il faut la rejeter de la même manière. « Il est temps de déconstruire les déconstructeurs » (p. 16), écrit Zemmour. Qui lui donnera tort ? La fatalité historique est une illusion entretenue par le dominant de l'heure, qui laisse croire que le monde dont il est le gardien et le promoteur est le seul possible. L'idée qu'il existe un sens à l'histoire est une folie liberticide qui neutralise le politique et le transforme en simple stratégie d'adaptation des sociétés à un mouvement sur lequel elles auraient une emprise minimale, insignifiante — c'était l'idéologie de la troisième voie à la Anthony Giddens qui a représenté dans les années

1990 la normalisation gestionnaire du radicalisme soixante-huitard. Zemmour a donc raison d'ouvrir un procès en légitimité et celui-ci passe inévitablement par une révision des grands mythes historiques qui fondent l'hégémonie progressiste.

Zemmour réactionnaire?

Et pourtant, c'est peut-être là, paradoxalement, que sa thèse s'affaiblit un peu, au-delà des détails qu'on pourrait lui reprocher au fil du texte. Car mener un procès en légitimité contre la vision du monde héritée de 68, c'est une chose, mais s'opposer pour s'opposer, en basculant dans l'esprit de système, cela le pousse à affaiblir sa propre thèse. Zemmour n'a pas tort de dire que le monde d'avant 68 n'était pas un enfer pour les femmes, les homosexuels et les immigrés, en rappelant qu'ils étaient bien plus libres qu'on ne se l'imagine aujourd'hui. Il refuse cette idée farfelue d'un monde passant de la noirceur à la lumière. Il refuse la diabolisation du pré-68. Conséquemment, il ne se sent pas obligé de féliciter notre époque d'avoir libéré des catégories de la population qui n'étaient pas selon lui dominées, ou, du moins, qui ne l'étaient pas autant qu'on veut nous le faire croire. Dans *Le voyageur égoïste*, Jean Clair disait très justement que «les régimes communistes sont moins occupés à façonner l'image du futur, comme l'assure leur propagande, qu'à remodeler sans cesse l'image du passé de sorte à le faire coïncider avec la réalité, provisoire, du présent[21]». La chose est aussi vraie pour les régimes

---

21. J. Clair, *Le voyageur égoïste*, Paris, Payot, 2010, p.58. On le sait, la réception du livre de Zemmour a aussi été marquée par une controverse sur sa soi-disant réhabilitation du régime de Vichy. La chose avait quelque chose de loufoque car Zemmour ne s'est jamais commis dans une telle entreprise. Qui doutera un seul instant que Vichy fut un pouvoir abject? Mais Zemmour s'oppose à l'instrumentalisation de Vichy par la gauche post-soixante-huitarde et surtout, refuse cette fâcheuse manie qu'elle a de ramener à Vichy toute politique de l'identité nationale. D'ailleurs, Zemmour s'oppose aussi à la réécriture de l'histoire du gaullisme, qui cherche à réduire la politique du Général à une simple défense des droits de l'homme, comme si ce dernier n'était pas un défenseur de la souveraineté et de l'identité françaises. C'est le paradoxe de l'antifascisme de poursuivre sa carrière une fois le fascisme vaincu, au point même de se retourner contre les idéaux qu'on avait mobilisés contre lui, parmi ceux-ci, le patriotisme ou l'attachement à l'héritage chrétien de l'Occident.

multiculturalistes, qui ne cessent d'assombrir l'histoire des minorités qu'ils prétendent libérer pour mieux déconstruire aujourd'hui les structures sociales et politiques qui auraient contenu leur émancipation. On en revient à la géniale intuition d'Orwell : « Celui qui contrôle le présent contrôle le passé. Celui qui contrôle le passé, contrôle le futur. » Plus on entretient l'idée que le passé était absolument abject, plus il est aisé de s'en séparer radicalement et d'abolir les institutions qui s'enracinent dans l'histoire. On pourra alors tout recommencer à neuf, tout reprendre à zéro, ce que commande l'utopisme, qui entend abolir l'histoire comme la nature pour confier à quelques idéologues démiurges la fabrication d'un nouvel ordre social correspondant à leurs fantasmes.

Soit. Mais Zemmour ne néglige-t-il pas ainsi certains vrais progrès dans la liberté des mœurs ? Il s'agit moins de lui reprocher certaines phrases indélicates pour la sensibilité contemporaine que de l'inviter à apporter à ses propos quelques nuances. La question des femmes est ici centrale. Zemmour ne serait-il pas prêt à admettre que les femmes, par exemple, se sont réellement émancipées, qu'elles ont gagné une liberté qu'il serait quand même malavisé de contester ou de regretter ? L'émancipation féminine est un phénomène fondamentalement positif. On peut défendre la figure du père, me semble-t-il, ce que Zemmour fait avec justesse, sans regretter une structure sociale où la femme se voyait pratiquement refoulée de bien des domaines d'activité où elle peut pourtant s'épanouir. Le procès du féminisme par

---

Ce serait une bonne chose à rappeler aux héritiers de Daniel Cohn-Bendit : ce ne sont pas des libertaires en culottes courtes qui ont lutté contre les totalitarismes au vingtième siècle. En fait, on l'aura compris, autant on identifie exclusivement la France aux valeurs républicaines (et celles-ci, à une forme d'universalisme désincarné), autant on associe automatiquement une conception historique et enracinée de la France à Vichy. L'histoire est ici réécrite grossièrement, et on laisse ainsi entendre que le droit-de-l'hommisme le plus intransigeant serait la seule traduction possible de l'héritage de la Résistance, alors que sa critique ou celle du multiculturalisme conduirait inévitablement aux crimes commis par Vichy. C'est la consécration de la gauche BHL qui, depuis la publication de *L'idéologie française* en 1981, a voulu systématiquement *pétainiser* l'attachement à la nation. Tout cela dit, on peut accepter ou non l'analyse que Zemmour propose du régime de Vichy sans lui prêter quelque complaisance ou sympathie secrète que ce soit à son endroit.

Zemmour est connu, et l'étrange psychanalyse qu'il applique aux femmes a peut-être la vertu de défier directement le néo-féminisme académique qui veut abolir la différence sexuelle. C'est une bonne chose que ce dernier soit remis en question. Mais Zemmour enfonce toutefois la différence sexuelle dans une conception archaïque qui la fossilise et la condamne à la désuétude, tant elle est contradictoire avec les mœurs contemporaines, alors qu'une Bérénice Levet, avec une grande subtilité, en renouvelle notre compréhension à travers son procès de l'indifférenciation sexuelle. C'est moins la nature qu'il faut brandir contre le néo-féminisme que l'histoire, en cessant de la penser comme un ramassis de préjugés — ce qui ne veut évidemment pas dire non plus qu'il faille congédier l'idée de nature comme le souhaitent ceux et celles pour qui la vie humaine est strictement artificielle[22].

Ne faudrait-il pas être plus subtil? Zemmour ne devrait-il pas, de temps en temps, travailler non pas à la hache mais au scalpel? Je dirai ce que plusieurs de ses amis ont dit : il lui arrive de céder à l'esprit de système. C'est peut-être une question de style, ou même de stratégie : dès qu'on entre dans le système idéologique progressiste, il nous avale, semble-t-il croire. Il faut alors lui dire un non clair, ferme, sec. Zemmour explique peut-être indirectement sa fermeté en évoquant Georges Pompidou et sa pensée politique. «Ce conservatisme éclairé était sans doute trop subtil pour résister à la folie destructrice de l'époque» (p. 113). Zemmour, en quelque sorte, a retenu la leçon, et il refuse lui-même de se dire conservateur, puisqu'il ne voit plus trop quoi conserver dans un monde en ruine. Il ne travaille pas à sauver ce qui peut encore l'être : il souhaite une renaissance. Il ne restaurera pas le monde d'hier, mais il entend ranimer son esprit pour féconder celui de demain. Son œuvre croise ici celle d'historiens comme Jean Sévillia qui a cherché dans son *Histoire passionnée de la France* à ressusciter l'identité nationale en renouvelant le roman national[23]. Sévillia, à sa manière, célèbre le sacrifice créateur des héros, la beauté terrible des hommes et des femmes qui sèment ce qu'ils ne récolteront pas,

22. B. Lévet, *La théorie du genre*, Paris, Fayard, 2014.
23. J. Sévillia, *Histoire passionnée de la France*, Paris, Perrin, 2013.

parce qu'ils participent à l'histoire d'un peuple qui transcende leur seule existence individuelle. François Taillandier, dans *L'écriture du monde* et dans *La croix et le croissant*, a beaucoup insisté sur cette idée : « Les hommes véritablement utiles sèment ce qu'ils ne verront pas fructifier. L'arbre qu'ils ont planté donnera de l'ombre à leurs descendants, ils le savent, et se résignent de gaieté de cœur, ayant labouré et semé, de n'être plus là quand viendra le temps des moissons[24]. »

Zemmour est ainsi un réactionnaire. Il revendique le terme, d'ailleurs, ce qui est assez singulier. La plupart du temps, le réactionnaire demeure dans les marges de la cité et maudit son époque, souvent en écrivant des livres magnifiques. Il accepte sa défaite et la transfigure esthétiquement, quelquefois dans le dandysme[25]. Zemmour a décidé de mener une guerre ouverte contre son temps, c'est-à-dire contre le système philosophique et idéologique sur lequel il repose. Réactionnaire, Zemmour l'est en quelque sorte dans un double sens : il s'oppose au principe même de la révolution soixante-huitarde, et il se montre hostile à ce qu'on pourrait appeler l'utopisme révolutionnaire en général, l'esprit de la table rase, qui entend abolir l'histoire et faire naître l'homme nouveau. Mais immédiatement, on corrigera l'excès du précédent propos, car Zemmour chante aussi le patriotisme de la Révolution française et n'accepte pas sa liquidation, tout comme il est plutôt sympathique à la figure de Bonaparte. D'ailleurs, une certaine droite ne lui pardonne pas ce qu'elle appelle son gaullo-bonapartisme et l'accuse d'occuper un espace qui devrait lui revenir.

Ce qui est certain, c'est que sa vision de l'histoire s'accompagne d'une philosophie du pouvoir. Il faudrait un jour faire la psychologie du réactionnaire, comprendre la mission qu'il assigne à l'homme politique — c'est ce que j'appelais plus haut la politique comme une digue. L'homme de droite demande à l'homme politique non pas de sauver le monde, encore moins de le créer, mais de l'empêcher de se défaire. Il sait que le mal existe. Il sait que si les pulsions se déchaînent, et si l'ordre civilisé se décom-

---

24. F. Taillandier, *La croix et le croissant*, Paris, Stock, 2014, p. 103.
25. À ce sujet, et sur cette psychologie singulière, on lira d'Antoine Compagnon, *Les antimodernes*, Paris, Gallimard, 2005.

pose, les passions anarchiques reviendront, peut-être sous le signe du lyrisme festif, comme l'aurait dit Philippe Muray, mais qu'à travers cela c'est la barbarie qui reprendra ses droits. Toute civilisation est fondée en bonne partie sur un travail de refoulement et de sublimation. Dès lors qu'il cesse et que la société n'est plus tenue, d'une manière ou d'une autre, par le politique ou la culture, elle peut déchoir. Mais la loi de l'histoire est implacable : les cités naissent, grandissent, dominent, s'affaissent et, quelquefois, renaissent. Il appartient à l'homme politique dès lors de lutter contre la déchéance de la cité, d'en raffermir les principes, de revivifier les institutions, sachant par ailleurs que sur cette terre rien n'est éternel, rien même n'est immortel, et qu'un jour, nos pays, auxquels nous vouons un amour sacré, ne seront plus qu'un souvenir, peut-être glorieux, peut-être triste ou peut-être insignifiant, dans la mémoire des hommes. Mais le fait qu'on sache que rien en ce monde n'est éternel ne devrait pas nous conduire à croire que rien ne vaut rien. C'est le souci de la durée, de l'héritage, de la transmission de ce qu'il sait fragile qui fait la grandeur de l'homme.

L'homme de droite a la psychologie d'un gardien de la cité, mais encore doit-il savoir contre quoi il la garde. Dans *Le livre noir de la droite*, Zemmour notait qu'avec l'effondrement du communisme « la droite occidentale perdait […] son usage existentiel de rempart[26] ». La formule est aussi forte qu'exacte. C'est la peur du socialisme et le contexte de la guerre froide qui avait poussé les libéraux et les conservateurs à s'unir dans la guerre froide, dans une commune défense de la civilisation occidentale. L'alliance était d'autant plus naturelle que les deux partageaient pour l'essentiel un fond commun culturel, même si les premiers s'inquiétaient moins de sa possible liquidation par la modernité que les seconds. La grande crise des années 1960 conduira même les libéraux à revendiquer cet héritage de civilisation, directement attaqué par la contre-culture, ce qui entraînera la naissance du néo-conservatisme, un terme ensuite malmené par l'histoire et sa déformation médiatique, mais qui a initialement désigné ce libéralisme qui ne désire ni ne peut s'abstraire d'un patriotisme de civilisation qui l'alimente et

26. É. Zemmour, *op. cit.*, p. 210.

l'éclaire. Avec les années 1990, toutefois, le mouvement s'inversera et la synthèse libérale-conservatrice se défera assez brutalement, le libéralisme redevenant un modernisme fasciné par l'universalisme le plus intransigeant. Les conservateurs seront refoulés dans les marges droitières et transformés en infréquentables, d'autant que la déconstruction étape par étape des grandes institutions «traditionnelles» sera menée au nom des droits humains, une rhétorique à laquelle les libéraux ne peuvent en dernière instance que céder. La crise de la mondialisation ouvre peut-être un nouveau contexte pour la droite occidentale, pour peu qu'elle travaille non pas à l'adaptation des sociétés au libéralisme mondialisé, mais serve de rempart contre leur tendance à l'autodissolution. Encore doit-elle voir autre chose dans la société qu'un assemblage de consommateurs excités par les biens à acheter et protégés par leurs droits. Est-elle capable de se refaire une identité devant la crise des sociétés multiculturelles ?

Je me permets quelques derniers mots sur la psychologie réactionnaire. Elle n'est pas sans grandeur. Elle n'est pas sans misère. Elle condamne quelquefois l'homme au ridicule, tant il a tendance à se représenter de manière apocalyptique la moindre altération à l'ordre social, et Zemmour l'a déjà noté drôlement. Dans *L'homme qui ne s'aimait pas*, son portrait aussi subtil que décapant de Jacques Chirac, Zemmour raconte comment Valéry Giscard d'Estaing, après une défaite électorale mineure, crut se refaire une image en se tournant vers Pierre Juillet, l'homme qui, avec Marie-France Garaud, a probablement le mieux porté et chanté le gaullisme de droite d'après de Gaulle. La défaite est mineure, mais le conseiller suggère à son président de la dramatiser au possible. La scène fait sourire : «Après l'échec de la majorité aux cantonales de mars 1976, inquiet, Giscard appelle le docteur Juillet en consultation à l'Élysée. Qui lui prescrit ses remèdes habituels : grandeur et solennité. Le président obtempère, Juillet savoure. [...] Giscard apparaît à la télévision, en costume noir de deuil, tragique. Sinistre. Pour une défaite aux cantonales! Toute la France se marre[27].» L'homme de droite a le sens du tragique. Dans ses mauvais jours, il a la tentation apocalyptique, ce qui le rend comique

---

27. É. Zemmour, *L'homme qui ne s'aimait pas, op. cit.*, p. 75.

malgré lui. Ce qui fait sa grandeur et sa misère, c'est la conscience intime qu'il a de la fragilité des choses humaines, le sentiment que toujours, à tout moment, une faille profonde, dans le noyau de la société, pourrait s'élargir et l'engloutir. Il suffit qu'on lise de Gaulle pour sentir chez lui une étrange proximité avec un moraliste de génie comme Cioran — d'ailleurs, d'autres ont noté sa proximité avec Nietzsche. De Gaulle, souvent, est tenté par le nihilisme, tenté par l'abîme, même, il sent bien que tout peut sombrer, mais il transcende ce vertige par sa foi dans la France et la civilisation qu'elle incarne, ce qu'a merveilleusement noté Régis Debray dans un très beau livre, *À demain de Gaulle*[28]. Le réactionnaire est un pessimiste, il sait que l'homme a chuté, et chutera de nouveau, qu'aucune cité ne peut traverser le temps sans s'effriter. Un jour nous ne serons plus rien. Il n'est pas interdit, pourtant, d'espérer qu'on se souvienne néanmoins que nous avons déjà été quelque chose et que nos actions comme nos œuvres inspirent ceux qui chercheront demain quelque inspiration dans le passé. Il n'est pas non plus interdit d'espérer que, pour longtemps encore, notre cité rayonne, ainsi que notre civilisation, et le politique œuvre à cela.

On parle souvent de la querelle entre les réactionnaires et les progressistes. La plus intéressante met pourtant en scène les réactionnaires et les conservateurs, dans la mesure où les deux conçoivent les limites intrinsèques de la modernité, bien que les premiers la congédient intégralement (elle serait en faillite philosophique et mènerait le monde à sa chute) alors que les seconds considèrent, à tort ou à raison, que la modernité bien pensée, civilisée par la mémoire et le sens de l'enracinement, fait aussi partie de notre héritage. Le conservateur pense la tension entre l'héritage et l'émancipation — peut-être est-ce un pari impossible, mais je n'en connais pas de plus important à tenter. Si je ne suis pas réactionnaire, c'est aussi parce que je ne me résous pas à faire le deuil du monde dans lequel je suis né, que je ne veux pas le sacrifier pour qu'il renaisse peut-être. Tel qu'il existe, il ne me semble pas absolument condamné, et j'entends davantage le réparer que le transfigurer par la puissance créatrice du politique. Cela ne veut pas dire qu'on ne peut

28. R. Debray, *À demain de Gaulle*, Paris, Gallimard, 1990.

souhaiter une renaissance spirituelle (qui ne serait pas nécessairement une renaissance religieuse, mais un nouvel élan vers la transcendance d'une civilisation se délivrant enfin du subjectivisme libéral), mais cela veut dire que je ne me verrais pas, comme Zemmour, clore un si beau livre en écrivant : « la France se meurt, la France est morte » (p. 527). Il y a toujours, dans le monde, plus à sauver qu'on ne le croit. Cela nous conduit à mes dernières réflexions — on verra pourquoi.

Zemmour, Finkielkraut et le Québec

Je terminerai ce petit essai en y amenant de manière un peu inattendue la question du Québec, ce qui ne surprendra pas de la part d'un Québécois. Début janvier, Éric Zemmour était de passage à *Répliques*, la formidable émission d'Alain Finkielkraut, sur France Culture, et la discussion, pendant quelques minutes, a tourné autour du rapport à la nation des Français. Alain Finkielkraut, profondément marqué par sa méditation sur les petites nations d'Europe de l'Est, et devenu au fil du temps compagnon du Québec, demandait à Zemmour si la France elle-même ne devait pas être aimée justement parce qu'elle est fragile et chose précieuse. Finkielkraut invoqua Simone Weil, qui a magnifiquement dit que c'est justement parce qu'une chose est fragile qu'elle mérite d'être aimée. Kundera disait d'ailleurs, dans *Un Occident menacé*, son célèbre article sur les petites nations, qu'elles se définissaient par la conscience intime de leur précarité. Nous sommes ici, en quelque sorte, dans un rapport fondamentalement conservateur au monde : face à une modernité qui éradique la diversité humaine, la nation demeure le cadre d'une appartenance politique et culturelle à échelle humaine, et les petites nations auraient cette vertu de l'avoir toujours su. Pour elles, la conservation de leur propre existence est un projet. On leur explique sans cesse qu'elles devraient renoncer à leur existence, pour se fondre dans un empire : elles répondent qu'elles ne sont pas qu'une province d'une grande puissance, qu'elles existent à part entière, et n'ont pas l'intention de se laisser dissoudre. Les petites nations éduquent à la fragilité des choses humaines, elles nous rappellent que tout peut toujours disparaître, et qu'il faut conséquemment transmettre et se souvenir, pour que le passage des hommes sur cette terre ne soit pas vain. Il y a d'ailleurs dans le nationalisme québécois une part conservatrice qui ne dit pas son nom, et c'est sa meilleure part.

C'est justement ce que lui a reproché Zemmour pour qui le patriotisme français doit nécessairement avoir quelque chose d'impérial — la France n'est-elle pas l'héritière de l'empire romain, comme il le suggérait dans *Mélancolie française*? La France ne saurait être une petite nation sans trahir sa vocation, croit-il. Pour Zemmour, la France ne semble être la France que lorsqu'elle est au premier rang, et c'est ainsi qu'il rend hommage, volontairement ou non, à un de Gaulle qui demeure le dernier grand homme du vingtième siècle. On aurait bien aimé que la conversation entre Finkielkraut et Zemmour se poursuive. Peut-être est-il possible de retourner l'argument : la France n'est-elle pas aujourd'hui la plus grande des petites nations? De Gaulle l'avait déjà suggéré : dans le monde, elle peut porter le message de l'indépendance des peuples, qui se complète aujourd'hui par le droit des peuples de demeurer ce qu'ils sont, de conserver leur identité historique, de ne pas se dissoudre dans la mondialisation qui fabrique l'homme hors-sol. De Gaulle voyait bien que la France ne serait plus la puissance dominante de notre temps, mais n'acceptait pas de la voir déchoir au rang de pays parmi d'autres. La grandeur française, il l'a alors trouvée non plus dans une prétention impériale mais dans un appel lancé à la dignité des peuples. Se pourrait-il que Zemmour, dans son amour déçu pour de Gaulle, retrouve cette intuition? Cela pourrait le conduire, qui sait, à une méditation sur le Québec. Nous savons depuis longtemps, chez nous, que notre peuple peut disparaître, et c'est parce que nous ne l'avons jamais accepté que nous existons encore.

Mathieu Bock-Côté est chroniqueur et sociologue (Ph. D.).
Il est notamment l'auteur de La dénationalisation tranquille *et*
de Fin de cycle : aux origines du malaise politique québécois
(Boréal, 2007, 2012), de Exercices politiques *(VLB, 2013)*
et, en collaboration avec Jacques Godbout, du Tour du jardin
(Boréal, 2014).

Modulation des tarifs de garde : le lien familial et social au cœur de la politique familiale

Annie Cloutier

Dans le cadre de sa politique d'«austérité», le gouvernement libéral a récemment mis fin à l'universalité des tarifs en services de garde. Au moment où j'écris, la modulation des tarifs, incluse dans le projet de loi 28 (qualifié de «mammouth») vient d'être adoptée sous le bâillon par le gouvernement libéral de Philippe Couillard. La date d'entrée en vigueur de la modulation est imminente, mais non encore précisée.

À l'heure actuelle, les nouveaux tarifs, après déductions fiscales, s'élèvent à environ 8 dollars par jour par enfant pour les familles touchant un revenu annuel de 75 000 dollars ou moins; de 8 à 12 dollars par jour par enfant pour les familles jouissant d'un revenu annuel compris entre 100 000 et 150 000 dollars; et de 15 à 20 dollars par jour par enfant pour les familles dont le revenu annuel varie entre 150 000 et 200 000 dollars[1]. Ce tarif était auparavant de 7,30 dollars par jour par enfant, peu importe les revenus des parents.

La mesure s'avère pour le moins controversée. Plusieurs arguments sont invoqués, qui camouflent parfois difficilement l'intérêt de classe qui les sous-tend. De nombreuses féministes se disent inquiètes quant à l'accès au travail rémunéré des mères

---

1. M. Bélair-Cirino, «Services de garde. Fin du tarif unique le 1er avril», *Le Devoir*, 5 novembre 2014.

de jeunes enfants[2]. Les tenants de l'« universalité » et de la « modulation » s'affrontent à la surface des enjeux, négligeant peut-être de s'interroger sur les fondements philosophiques et sociaux d'une politique familiale visant à favoriser le mieux-être de l'ensemble de la population, y compris les enfants.

Au Québec, il est difficile, voire suicidaire, de remettre en question la place centrale qu'occupe le réseau des centres de la petite enfance (CPE) dans la politique familiale gouvernementale. Le fait même de suggérer que l'égalité puisse reposer sur autre chose que le consentement de tous les couples à faire garder leurs enfants dans des centres étatiques à bas prix en échange de leur travail rémunéré à temps plein pose problème.

Notre réflexion collective au sujet du rôle que peut jouer l'État afin que les membres des familles (adultes *et* enfants) puissent mener une existence riche, sereine et sensée, la plus humaine possible, a depuis longtemps été jetée aux oubliettes. Ce qui compte désormais, c'est la stricte égalité d'occupations des mères et des pères et la préservation du réseau des CPE en tant que pilier de notre politique familiale. Bien-être des enfants ? « Les enfants adorent leur vie en CPE et en service de garde parascolaire. » Bien-être des mères ? « Les Québécoises adorent leur travail. » Bien-être des couples-parents ? « Les Québécois sont heureux de pouvoir compter sur un système de garde étatique à bas tarifs. » Point final. On ne revient pas là-dessus.

Pourtant, ailleurs en Occident, ces questions continuent d'être débattues. Nancy Fraser, de la New School for Social Research de New York, fait partie de ceux qui se sont consacrés à l'étude de la justice et des politiques sociales. Tout comme pour Karl Polanyi, le concept de justice doit être pour elle au cœur de notre réflexion sur l'organisation de la vie sociale. La distribution des moyens d'action, la reconnaissance des contributions de chacun et la représentation sociale de toutes les personnes sont des questions essentielles qui remettent en cause le paradigme marchand que le néolibéralisme a réussi à imposer comme mesure de toutes nos décisions.

---

2. Conseil du statut de la femme, *Impact d'une modulation de la contribution parentale aux services de garde subventionnés sur la participation des femmes au marché du travail*, 2014, < https ://www.csf.gouv.qc.ca/ >.

En octobre 2013, Nancy Fraser écrivait dans *The Guardian* : « En tant que féministe, j'ai toujours considéré qu'en luttant pour l'émancipation des femmes je contribuais à bâtir un monde meilleur — plus égalitaire, plus juste et plus libre. Mais ces derniers temps, je me suis mise à craindre que les idéaux défendus par les féministes ne soient en train de servir d'autres fins. Je crains surtout que notre critique du sexisme ne serve à justifier de nouvelles formes d'inégalités et d'exploitation[3]. » Féministe engagée, mais perplexe, donc, et toujours attentive à la capacité des individus, au sein de sociétés, à vivre une vie qui ait du sens à leurs yeux, Nancy Fraser rappellerait sans doute, si elle se penchait sur la société québécoise, que les politiques familiales doivent être examinées sous l'angle de leur justice et de leur équité d'abord et avant tout. Non sous celui de l'égalité (au sens de « pareil ») et de l'universalité (c'est-à-dire de l'égalité des chances à l'américaine).

Devant les choix du gouvernement Couillard, Fraser critiquerait d'abord le paradigme de l'austérité. À l'instar de Martha Nussbaum, d'Amartya Sen, voire du FMI lui-même[4], elle affirmerait que l'abondance, dans toute société, est fonction de l'accès concret de chacun aux moyens de gagner sa vie et d'améliorer son sort ; non de coupures tous azimuts dans les programmes sociaux. Elle insisterait aussi sur le fait que la lutte contre la pauvreté et l'appauvrissement de la classe moyenne est le principal moyen d'épanouissement économique et social de notre société. Une politique familiale abondamment financée en constituerait donc une composante importante.

Puis, relevant l'entêtement de ce gouvernement néolibéral à prendre prétexte de la prétendue nécessité de l'équilibre budgétaire pour démanteler la politique sociale québécoise et parant au plus urgent afin d'éviter un désastre collectif, Fraser demanderait que l'accent soit mis sur la participation fiscale

---

3. N. Fraser, « How feminism became capitalism's handmaiden — and how to reclaim it », *The Guardian*, 14 octobre 2013.

4. M. Nussbaum, *Capabilité : comment créer les condition d'un monde plus juste ?*, Paris, Climats, 2012 ; A. Sen, *Repenser l'inégalité*, Paris, Seuil, « Points », 2012 ; K. Rettino-Parazelli, « Rapport du FMI. Un meilleur partage de la richesse ne tuera pas la croissance », *Le Devoir*, 27 février 2014.

(et, dans le cas qui nous intéresse, tarifaire modulée) des mieux nantis, plutôt que de sabrer les services à la population et d'augmenter la participation tarifaire de la classe moyenne.

La philosophe en viendrait finalement au cœur de son argumentation : une politique familiale juste, équitable, efficace et souple repose sur une conception humaniste des soins, de la solidarité et de la diversité des compétences et des aspirations, ainsi que sur la compréhension fine des besoins des familles, des parents *et des enfants*. Elle ne repose pas — bien qu'il s'agisse d'une évidence, il semble qu'il faille le marteler — sur des calculs coûts / bénéfices simplistes visant à établir le rapport entre les sommes directement injectées dans la mise en place ou le maintien d'une telle politique et le pourcentage des mères dont la présence sur le marché du travail est une source de revenus pour l'État. Elle ne repose pas non plus sur des croyances erronées en la suprématie morale d'une vie vouée exclusivement au travail rémunéré et en une égalité des femmes et des hommes fondée principalement sur le fait d'occuper un emploi rémunéré.

Politique familiale québécoise

Le réseau des CPE instauré en 1997 fait partie d'une politique familiale qui comporte aussi deux autres piliers : le régime d'assurance parentale créé en 2006 et le soutien aux enfants. Les raisons principales qui ont sous-tendu sa mise en place étaient les suivantes : maintenir les conditions de vie socioéconomique *des parents qui travaillent contre rémunération* ; favoriser le partage « égalitaire » (entendre « identique ») des tâches entre les femmes et les hommes ; améliorer le bien-être des enfants (particulièrement en milieu défavorisé), des parents et des familles ; encourager la natalité ; et préserver le lien des parents avec un travail rémunéré au-delà de la naissance de leur enfant.

« Joyau » de la politique familiale québécoise, le réseau des CPE permet notamment aux parents de préserver leur lien d'emploi, ainsi qu'un important pourcentage de leurs revenus, après la naissance de leur enfant. Il favorise aussi, tant dans les faits que dans le signal que son implantation envoie à la population, une division sexuelle du travail moins prononcée et une nouvelle représentation de la place normative de chacun des parents. Des études suggèrent toutefois que ces effets n'ont pas eu la portée souhaitée[5]. Dans la plupart des familles, les mères prennent encore des congés parentaux plus longs que les pères et elles les utilisent davantage pour mener à bien des tâches de soins aux enfants et d'entretien domestique que ne le font les pères.

Le soutien aux enfants est versé à tous les parents, travailleurs ou non. Il pourrait donc être vu comme une mesure qui encourage le libre choix des parents en matière de conciliation famille-travail (c'est-à-dire choisir de garder ses enfants soi-même ou non). Or, ce n'est pas le cas. Parce qu'elle ne propose pas des sommes suffisantes (loin s'en faut !) pour remplacer un revenu de travail, cette mesure chercherait en fait, selon certaines études, à faire en sorte que le plus de parents possible intègrent le marché du travail s'ils n'y sont pas déjà.

Quant à l'assurance parentale, malgré ses critères d'adhésion inclusifs (les étudiantes et les travailleuses autonomes y ont droit), elle continue de ne venir en aide qu'à ceux qui travaillent contre rémunération ou qui ont accès à un régime de prêts ou de bourses. Si on est à la maison auprès de ses enfants, y compris entre la naissance de chacun d'eux, on n'y a pas droit.

On peut donc affirmer, à la suite de Jane Jenson, que la politique familiale québécoise fait du parent travailleur sa figure centrale[6]. Son objectif général est que le plus de parents possible travaillent contre rémunération et s'en remettent à des professionnelles qualifiées pour une large part des soins à leurs enfants.

Si Fraser scrutait de près la politique familiale québécoise actuelle, elle constaterait que celle-ci accorde peu de place à l'expression des choix et des valeurs individuels vis-à-vis de la famille, du travail rémunéré et de leur conciliation. Le fait que cette politique familiale soutienne le travail rémunéré des mères et donc avant tout le pouvoir d'achat des parents — qui disposent déjà de deux revenus de travail comparativement aux familles

5. M.-È. Surprenant, *Jeunes couples en quête d'égalité*, Montréal, Sisyphe, 2009.

6. J. Jenson, « Family policy, child care and social solidarity : the case of Quebec », dans Susan Prentice (dir.), *Changing Child Care*, Halifax, Fernwood, 2008, p. 39-59.

qui n'en ont qu'un seul, voire aucun — amènerait Fraser à conclure probablement que le gouvernement manque à son devoir de justice et de soutien social.

Car pour Fraser, la satisfaction des besoins humains — à plus forte raison, peut-être, ceux des enfants — repose non pas sur le fait d'occuper un emploi rémunéré (bien que cet emploi soit souvent souhaité ou nécessaire) et sur le surplus d'argent, mais sur la possibilité offerte à chaque personne de développer ses capacités, ses talents, et le sens qu'elle donne à son existence d'une façon qui lui convienne le mieux, afin de contribuer à la bonne marche de sa société.

Équité / égalité / universalité

Or, officiellement du moins, l'universalité des tarifs de garde repose d'abord et avant tout sur la notion d'égalité, tant entre les femmes et les hommes qu'entre les classes sociales et les individus. Égalité et universalité, ici, vont de pair et consistent en l'octroi des mêmes avantages à toutes et à tous, peu importe leur situation de départ. C'est l'égalité des chances à l'américaine.

Bien qu'elle soit chère aux Québécois, la notion d'égalité, appliquée à tout, peut causer problème selon Fraser. Alors que l'égalité est fondée sur la conception universalisante des droits… de l'*homme* (et donc viciée dès le départ du fait de son incapacité à penser le féminin), l'équité, elle, est attachée à l'idée de différences entre les individus et notamment entre les classes sociales et entre les sexes. Contrairement à l'égalité, l'équité permet ainsi de penser un octroi d'avantages selon les situations de départ, afin de rectifier certaines injustices inhérentes à la diversité des contextes et des individus.

Nancy Fraser défend donc la notion d'équité. Elle considère que des différences entre les individus peuvent découler des aspirations distinctes et que la reconnaissance de ces différences doit être le fondement de politiques qui offrent la possibilité que les parents occupent des emplois à temps partiel, par exemple, ou qu'ils se consacrent eux-mêmes aux soins de leur famille. Au contraire de la notion d'égalité, l'équité admet que les femmes et les hommes, de façon générale, peuvent vouloir se vouer à des tâches différentes, mais qui doivent néanmoins être équitablement rémunérées ou valorisées. L'équité tient aussi compte des besoins des enfants, qui ne peuvent pas nécessairement, dans toutes les situations, être gardés à temps plein dans des CPE.

Ainsi brièvement décrite, la notion d'équité peut sembler supposer une conception anachronique du type de socialisation qui encourage les femmes à se consacrer aux tâches domestiques. C'est d'ailleurs là un argument qu'on brandit dans le débat actuel : mettre un terme à l'universalité des tarifs en matière de garde, c'est *imposer* aux femmes de rester à la maison. En bonne universitaire, Fraser s'élèverait contre cette position : bien qu'il soit important de vérifier l'impact de toute décision sur la situation des femmes et leur capacité de prendre un emploi salarié si tel est leur choix, les statistiques disponibles à ce jour sont loin de montrer que la mesure (fondée sur la modulation par rapport au revenu et non sur une augmentation importante et généralisée, rappelons-le) pourrait faire du travail rémunéré des deux parents — ou du parent à la tête d'une famille monoparentale — une option «non rentable». De plus, certaines statistiques suggèrent que le lien entre l'instauration du réseau des CPE et un plus grand accès au travail rémunéré pour les mères pourrait au moins en partie s'avérer fallacieux[7]. Ce lien est encore plus difficile à démontrer en ce qui a trait à la tarification universelle du service.

Le lien familial et social au cœur de la politique familiale

Parce qu'il ignore la nécessité du travail «personnel» lié aux soins, l'équité financière entre les classes sociales, la diversité des choix et des aspirations et parce qu'il fait du travail rémunéré la norme universelle («masculine») du prestige et du succès, le concept d'universalité égalitaire, juge Fraser, aboutit à une impasse. Aux yeux de la philosophe, l'équité répond mieux aux besoins divers de la société parce qu'elle implique la coexistence des valeurs associées tant à la justice qu'à la diversité, soit

---

7. R. Rose, par exemple, conclut notamment que l'emploi des mères serait surtout lié à leur scolarisation (*Les femmes et le marché du travail au Québec : portrait statistique*, Québec, Comité consultatif Femmes en développement de la main-d'œuvre, 2013).

notamment un respect équivalent envers les femmes et les hommes — de fait, envers tous les citoyens, indépendamment de ce à quoi ils emploient leurs capacités —, une équivalence de ressources et de moyens d'action pour tous les individus, indépendamment de leurs différences, de leurs aspirations et de leurs revenus, une équité dans la participation sociale et dans la contribution financière aux programmes sociaux, et un décentrement des valeurs « masculines » en ce qui concerne la valeur des occupations sociales[8].

À quoi pourrait alors ressembler une politique familiale québécoise qui tienne compte du fait que la classe moyenne est déjà prise à la gorge, que les individus ne sont pas uniquement des travailleurs et que plusieurs d'entre eux désirent ou doivent, pendant certaines périodes de leur vie, prodiguer des soins à des personnes de leur entourage ?

Elle soutiendrait tous les parents et tous les enfants, et non quasi exclusivement les parents travailleurs.

Elle soutiendrait en priorité les parents, les enfants et les familles à faible revenu.

Elle se fonderait sur des principes de justice, de diversité et d'équité, plutôt que sur l'égalité (au sens de « non-différence ») et l'universalité.

Elle comprendrait des programmes qui soutiennent le revenu des personnes qui prodiguent des soins, et ce jusqu'au niveau d'un salaire à temps complet suffisant pour soutenir une famille entière[9].

Elle compenserait les bénéfices liés au travail rémunéré tels que les assurances et les REER.

Les années passées à prodiguer des soins devraient, de plus, être comptabilisées dans les calculs liés aux pensions de vieillesse.

---

8. N. Fraser, « After the family wage : gender equity and the Welfare State », dans *Political Theory*, vol. 22, n° 4, 1994, p. 591-618.

9. C'est le point de vue de Fraser. Pour ma part, soucieuse de protéger le don au sein des familles, je ne souhaite pas que les activités humaines vouées à la création de liens et au soin se voient attribuer une valeur monétaire et qu'elles soient marchandisées. Je soutiens plutôt l'idée d'un revenu de citoyenneté universel et la protection juridique des personnes qui se consacrent à ces activités de manière prioritaire.

Au terme de la période consacrée aux soins, la réinsertion dans un travail rémunéré devrait être soutenue par des programmes de remise à niveau, de formation et de recherche d'emploi.

Elle protégerait, enfin, juridiquement, de façon claire et équitable, le conjoint qui prodigue personnellement les soins nécessaires à sa famille, qu'il soit marié ou non[10].

Évidemment, dans une société parfaite, on offrirait à la fois un réseau de garde étatique universel et gratuit *et* des mesures généreuses de soutien aux soins aux proches. Néanmoins, dans un contexte financier dont on affirme qu'il est limité, tenir compte de la diversité des besoins et des aspirations, de l'équité, d'une conception humaniste des soins, du sens et de la solidarité exige de revoir notre politique familiale de fond en comble. Non pas pour l'amputer de ses ressources, mais pour en assurer la distribution avec plus d'équité.

Dans un contexte budgétaire dont on nous impose les limites, une politique de frais de garde majorés selon les revenus familiaux constituerait pour Nancy Fraser une avenue envisageable qui permettrait de libérer des sommes pour les consacrer au soutien des personnes qui prodiguent elles-mêmes les soins à leurs proches et à leurs enfants. Il s'agirait là, à ses yeux, d'une politique familiale minimalement équitable et équilibrée. Une politique qui fasse du lien familial et social le cœur de son inspiration.

Autrement dit : la modulation des tarifs de garde devrait s'accompagner d'un soutien inédit aux familles qui prennent soin elles-mêmes de leurs enfants. Elle devrait également s'accompagner de la gratuité pour les familles aux plus faibles revenus (disons jusqu'à 80 000 dollars) et par le gel des tarifs pour les autres familles. Elle ne devrait se traduire en une augmentation de la contribution des parents que chez les mieux nantis (revenu familial de 150 000 dollars et plus).

Il ne s'agit pas de nier que la majorité des parents québécois désirent travailler contre rémunération dans une certaine mesure, ni de nier l'apport du réseau des CPE à l'extension du domaine des possibilités des parents québécois. Nancy Fraser serait la

---

10. Cet élément n'est pas proposé par Fraser, bien qu'il revête pour moi, comme je l'ai dit, une importance cruciale.

première à féliciter l'interventionnisme du gouvernement québécois en la matière. Mais attention !, rappellerait-elle toutefois. Cet interventionnisme doit être mis au service de la vie humaine dans ce qu'elle a de plus diversifié et non à celui de l'austérité, du travail rémunéré et de la productivité élevés au rang d'idéologie.

Annie Cloutier est écrivaine, blogueuse et doctorante en sociologie. Elle a notamment publié Aimer, materner, jubiler. L'impensé féministe au Québec *(VLB, 2014), ainsi que des romans (*Ce qui s'endigue, La chute du mur *et* Une belle famille, Triptyque, 2009, 2010, 2012). On peut la lire régulièrement sur < annieetlasociologie.wordpress.com >.*

ARGUMENT
POLITIQUE SOCIÉTÉ HISTOIRE

Tarifs d'abonnement

	Canada	États-Unis	Autres Pays
Individu, annuel	29 $*	48 $	60 $
Individu, bisannuel	50 $*	96 $	120 $
Institution, annuel	70 $*	90 $	110 $

*Taxes incluses

NOM   PRÉNOM

INSTITUTION

ADRESSE   rue

         ville   pays   code postal

TÉLÉPHONE   au travail   à domicile

         télécopieur   adresse électronique

PAIEMENT   CHÈQUE ☐   MANDAT ☐ _____ $

Faites votre chèque ou mandat au nom d'*Argument*

Visa nᵒ

Master Card nᵒ

Les 3 derniers chiffres figurant sur le panneau de signature ☐ ☐ ☐

Date   Signature

Date d'expiration

Faites parvenir votre coupon d'abonnement à l'adresse suivante :
Revue Argument, Éditions Liber, 2318, rue Bélanger,
Montréal, Québec, H2G 1C8

Courriel : abonnement@revueargument.ca
On peut aussi s'abonner directement sur le site d'*Argument* :
www.revueargument.ca

Éditions Liber
2318, rue Bélanger, Montréal, Québec, H2G 1C8
Téléphone : 514 522-3227 ; Télécopie : 514 522-2007
site : www.editionsliber.com ; courriel : info@editionsliber.com

Achevé d'imprimer en mai 2015,
sur les presses d'imprimerie Gauvin
Gatineau, Québec